成果受到南京大学应用经济学博士后流动站资助

准入制度变迁下农村信贷资金流动研究

莫媛　易小兰　著

中国金融出版社

责任编辑：王雪珂
责任校对：刘　明
责任印制：陈晓川

图书在版编目（CIP）数据

准入制度变迁下农村信贷资金流动研究/莫媛，易小兰著．—北京：中国金融出版社，2023.7
ISBN 978-7-5220-1887-4

Ⅰ．①准…　Ⅱ．①莫…②易…　Ⅲ．①农业信贷—信贷资金管理—研究—中国　Ⅳ．①F832.43

中国国家版本馆 CIP 数据核字（2023）第 023573 号

准入制度变迁下农村信贷资金流动研究
ZHUNRU ZHIDU BIANQIAN XIA NONGCUN XINDAI ZIJIN LIUDONG YANJIU
出版发行　中国金融出版社
社址　北京市丰台区益泽路 2 号
市场开发部　（010）66024766，63805472，63439533（传真）
网上书店　www.cfph.cn
（010）66024766，63372837（传真）
读者服务部　（010）66070833，62568380
邮编　100071
经销　新华书店
印刷　北京九州迅驰传媒文化有限公司
尺寸　169 毫米×239 毫米
印张　13
字数　200 千
版次　2023 年 7 月第 1 版
印次　2023 年 7 月第 1 次印刷
定价　49.00 元
ISBN 978-7-5220-1887-4
如出现印装错误本社负责调换　联系电话（010）63263947

"南京大学应用经济学博士后流动站、中国博士后基金面上项目（2019M661802）、国家自然科学基金项目（71403116、70973055）、江苏高校哲社科题一般项目（2019SJA0266）、全国统计科学研究项目（2022LZ09）联合资助"

目　　录

第1章 导 论

金融作为国民经济的核心，长期以来在经济发展过程中发挥着至关重要的作用。谈到“金融”，很多人首先都会想到银行。的确，银行是主要的金融机构之一，尤其在我国农村地区，银行甚至是唯一的金融机构。因此，银行的设置关系着农村地区金融资源的投入。在自然经济时期，农民自给自足的生产不需要金融资源的投入；在计划经济时期，农民缺少生产自主权，银行的配置行为也更多地体现了政府的偏好，所以对农村有限的金融资源的投入是由政府决定的；但在市场经济时期，农民的生产观念、生产方式等变化需要依赖金融资源，而金融资源有序或无序地流入、流出农村是多种多样因素综合的结果，受制于农村经济的高度波动性和信用环境的脆弱性，农村信贷资金呈现大量外流的现象。

根据经济学理论，供不应求或供大于求都会导致金融资源配置的无效，会给中国的农村经济发展、农业结构调整、农民的经济文化生活带来深刻变革，也会给中国农村和农业发展带来一系列的问题。所以我国也在不断采取一些政策措施遏制信贷资金外流的趋势。2006 年底，在中国人民银行和银监会的推动下，农村金融市场“准入新政”出台，伴随着农业银行和邮储银行先后成立“三农事业部”，区域性商业性金融机构与贷款公司、村镇银行和农村资金互助社等新型农村金融机构也进入县域；2008 年，允许农商行、农合行跨区经营设立异地支行；2009 年，放松了股份制银行和城商行异地新设分支机构的限制；同年，《关于中小商业银行分支机构市场准入政策的调整意见（试行）》进一步放松对中小商业银行在中国西部和东北等地设立分支机构的限制，取消了对城市商业银行运营资金的限制，鼓励金融机构向经济相对落后地区拓展；2012 年，鼓励民间资本参与农村金融机构重组改造；2014 年，《中国银监会关于进一步促进村镇银行健康发展的指导意见》（银监发〔2014〕46 号）要求在商业可持续和有效控制风险的前提下，加快推进村镇银行县（市、旗）全覆盖工作；2015 年，《关于做好 2015 年农村金融服务工作的通知》（银监办发〔2015〕30 号）鼓励评级良好、管控能力强的城商行和农商行到西部地区发起设立村镇银行，重点布局老少边穷地区、农业主产区和小微企业聚集地区，不断提升村镇银行在农村的覆盖面；2017 年，中央 1 号文件提出支持金融机构增加县域网点，适当下放县域分支机构业务审批权限；2018 年，中央 1 号文件进一步提出推动农村金融机构回归本源，把更多金融资源配置到农村经济社会发展的重点领域和薄弱环节，满足乡村振兴多样化金融需求。2019 年 1 月，银保监会发布《关于推进农村商业银行坚守定位强化治理提升金融服务能力的意见》，要求新增贷款用于当地的比例大于等于 70%，涉农及小微企业贷款占比逐年上升至超过 80%。多年来，相关文件相继出台充分体现了下沉金融服务在平衡农村信贷资源配置中的重要性和紧迫性。如果能够将网点布局与信贷资源配置的现状与规律梳理清楚，无疑将有助于在理论和实践层面解决金融配置无效的问题，必将使得中国的国民经济和农村经济得到协调健康的发展。

1.1 问题的提出

1.1.1 农村金融资源的不平衡性

金融资源的分配与配置状态决定了社会经济资源的分配结构与利用状态，经济资源的帕累托最优分配要求金融资源的配置也应达到帕累托最优。基于金融资源视角，以白钦先等为代表的金融可持续发展理论认为，金融资源是区别于自然资源的特殊资源，既是资源配置的对象，又是配置其他资源的方式和手段，其兼具战略性、脆弱性、中介性、社会性和层次性的特征。Besley（1994）认为，只有在配置有效前提下，资金才能分配至具有最佳投资机会的农户或企业手里，才能促进生产和投资。结合我国农村地区脆弱的金融发展水平，银行网点在引导金融分配上发挥着重要作用。从银行网点的布局上便可见我国农村地区金融资源配置的失衡。截至 2018 年末，农村地区银行网点达 12.66 万个，平均每万人拥有银行网点 1.31 个，县均银行网点 56.41 个，乡均银行网点3.95个，村均银行网点0.24个[①]。但是，全国金融机构空白乡镇仍有1296个[②]。在法人机构方面，我国东部地区占比34.5%，中部和西部地区分别占比25.3%和31.4%，东北地区占比仅8.8%[③]。在涉农贷款方面，我国东部地区占比45.4%，中部和西部地区分别占比21.1%和25.7%，东北地区占比仅7.7%[④]，全国“三农”金融的缺口达3.05万亿元[⑤]。可见，我国区域金融资源配置是不平衡的，而且银行网点的分布几乎决定了涉农贷款的规模及覆盖范围。农村金融资源的缺失导致了农村严重的系统性负投资，农户可支配收入的降低以及贫困的发生（王曙光和王东宾，2011）。这恰恰与现实中城乡发展不平衡、区域发展不平衡的矛盾相对应。对这一社会主要矛盾的正确认识和准确把握对于新时代中国特色社会主义建设具有重大意义。如何实现金融资源总量发展与区域协调发展值得进一步研究，这一研究将为我国农村金融资源布局提供理论基础，为我国实现乡村振兴、实现均衡发展提供支撑。

1.1.2 县域农村信贷资金外流

1. 县域农村经济的特征

2004—2017年，连续14个中央一号文件强调推动“三农”发展，县域经济作为统筹城乡发展的重要节点，是解决“三农”问题的重要切入点。2017年5月《关于县域创新驱动发展的若干意见》描绘了“创新驱动县域发展，因地制宜差异发展”的蓝图。回顾一些发达省份经济发展的历程，我们可以发现县域经济快速、持续、健康的发展，是这些发达省份经济的一个重要增长点。

县域经济是指以县为行政区划的区域内的经济，是一个功能相对完备和健全的经济系统单元。具体地说，县域经济是指以我国的行政性区域为范围，以一级独立财政为标志，以县城镇、乡、村各层次的经济元素间的联系和比例关系为基本结构，通过双向反馈的人力流、资金流、物质流、信息流而显示出整体功能的经济系统（李小兰、徐鸣，2000）。

---

① 数据来自中国人民银行《2018年农村地区支付业务发展总体情况》。
② 数据来自中投顾问《2018—2022年中国农村金融行业深度调研及投资前景预测报告》。
③ 数据来自中国人民银行《中国区域金融运行报告（2017）》。
④ 根据中国人民银行《中国农村金融服务报告2016》中的相关数据整理。
⑤ 中国社科院，《“三农”互联网金融蓝皮书》，2016年8月。

县域经济是以县城为轴心，集镇为纽带，乡村经济为基础的区域性经济网络。它具有区域性和层次性的特征：第一是区域性，由于历史文化因素、认识与观念因素、资源与环境因素、经济与社会因素、制度与体制因素等方面的不同，县域经济一般都形成了经济优势，包括产业部门优势和产品优势等。它可以是种植业、养殖业、加工业，也可以是旅游业。社会生产活动大体是在县域范围内进行。第二是层次性，县城经济、乡镇经济和村经济是县域经济的三个层次。其中，村经济层次是基础层，乡镇经济层次是中间层，县城经济层次是中心层。因此，农村经济是县域经济的基本单元，县域经济是农村经济的有效载体。

2. 县域农村金融发展的特征

无论是在发达国家，还是在发展中国家，农村资本的正常流动是传统农业向现代农业转变的主要内容和重要前提（杨满沧，2006）。但农村资本流动的渠道主要有三种，分别是信贷资金流动、外商直接投资和企业上市融资，但鉴于目前我国实际状况，后两者在欠发达的农村地区非常少。因此，农村资本的流动主要表现为信贷资金的流动。但无论是理论还是实际，都显示出我国农村信贷资金不断外流的趋势。从全国角度来看，杨国中和李木祥（2004）发现通过银行系统资金上存和系统内调剂或拆借等渠道，我国信贷资金不断地从经济欠发达地区流向经济发达地区，从农村流向城市，且这种现象越来越严重。伍艳（2006）同样认为国有商业银行和邮政储蓄、农村银行（如农信社等）是县域和农村信贷资金向大中城市流动的主要渠道。从省域层次来看，中国人民银行徐州市中心支行课题组和薛星（2007）以江苏省为例，通过分析存贷款余额、存贷款差额、存贷款增长速度等指标，指出经济发展水平越高吸纳信贷资金的能力越强，同时信贷资金会从经济发展水平较低的地区流出；刘伟玲（2008）发现了黑龙江逐渐增加农业贷款，但农业发展和农民收入却没有足够增长这一矛盾，通过对1995—2006年数据进行FH测试，结果显示，随着各农村存贷款率相关性的提高，信贷资金倾向于向发达农村地区和城市流动，降低了信贷资金的流动效率，遏制了农业发展和农民增收。在现实中，截至2016年末，在涉农贷款方面，我国东部地区占比45.4%，中部和西部地区分别占比21.2%和25.7%①，县域中存贷比最高的达1.28，最低的却只有

① 根据中国人民银行《中国农村金融服务报告（2016）》中的相关数据整理。

0.25[①]。由此可见，许多县域的信贷资金是外流的，农村信贷资金外流会降低农户信贷可得性，减少农民收入。而在银行业市场化改革的背景下，银行等金融机构在自身信贷资源配置方面取得越来越多的自主权（中国人民银行徐州市中心支行课题组和薛星，2007），银行等金融机构成为了信贷资金外流的主要渠道。所以，近年来国家不断改革农村金融体系，从1998年国有商业银行撤并农村地区的分支机构，到2000年农村信用社股权结构优化，再到2006年农村金融市场“准入新政”及城商行的跨区经营、2007年邮储银行改制及村镇银行设立、2012年鼓励民间资本参与农村金融机构重组改造等系列政策措施均推动着县域金融机构的种类、数量、规模呈现积极变化，希冀由此带动信贷资源配置的效率有所改善。因此，进一步梳理信贷资金流动与县域银行网点布局的关系将有助于厘清其中的经济规律，把握信贷资金流动的作用机制，从而有助于合理地引导信贷资金回流，而不是运用强大的“看得见的手”，避免“过犹不及”。

1.2 理论基础

1.2.1 市场准入制度理论

所谓市场准入，一般是指货物、劳务和资本进入市场程度的许可。市场准入制度是国家对市场主体资格的确立、审核和确认的法律制度，包括市场主体资格的实体条件和取得主体资格的程序条件。其表现是国家通过立法，规定市场主体资格的条件及取得程序，并通过审批和登记程序执行。实行市场准入制度的原因有以下几点（赵庆庆，2004）。

（1）保护公共利益与追求局部利益

公共利益理论认为，公用企业产品为社会公众日常生活必需品，与人民生活息息相关，同时又是社会公用的基础设施，是其他社会产品生产的前提和基础。在一定程度上，公用企业是社会经济生活的神经中枢，非一般竞争性企业，由谁经营，事关国计民生、国家主权与安全。因而，严格限制自由的进入

① 数据来自《中国县域经济发展报告（2017）》。

与竞争，由国家实行垄断经营，防止公用企业被不当利用而损害社会公共利益和国家安全。除了追求局部利益的需要，俘虏理论认为，立法者或者监管机构被被管制企业所俘虏，管制政策有助于被管制企业。立法者所通过的法案是响应某行业的需求而制定的，旨在保护该行业生产者的利益。信息经济学解释了管制机构会被被管制企业所俘虏的原因，即交易费用和信息不对称等问题的存在，导致被管制企业可以通过向管制机构提供有利于自己的虚假信息而使得管制机构制定有利于自己的管制政策，从而导致管制机构被被管制企业俘获。

（2）市场信息不对称与不完全信息的普遍存在

信息不对称理论认为，在日常经济活动中，由于某些市场主体拥有另一些市场主体所不了解的信息，由此造成不对称信息下交易关系和契约安排。西方信息经济学就是主要研究在非对称信息情况下，当事人之间如何制定合同契约及对当事人行为进行规范的问题，故信息不对称理论又称为契约理论或机制设计理论。从不对称发生的时间看，信息不对称性可能发生在当事人签约之前，也可能发生在签约之后，分别称为事前不对称和事后不对称；从不对称信息的内容看，不对称信息可能是指某些参与人的行动，也可能是指某些参与人的知识和信息，分别称为隐藏行动和隐藏信息。信息经济学所讨论的信息即指影响双方利益的信息，事前发生的信息不对称会引起逆向选择问题，而事后的信息不对称会引起道德风险问题。不对称信息对交易双方都不利，拥有信息的一方有欺骗的倾向，不掌握信息的相对方持怀疑态度，延缓或阻碍交易。而著名的诺贝尔经济学奖获得者阿克尔罗夫指出，政府干预是解决信息不对称问题的必然手段，克服逆向选择和道德风险的办法是建立起激励机制和信号传递机制，缺乏信息的一方要改变自己在交易中的信息劣势，采取一定的措施获取对方的隐藏信息，这种活动称为筛选。同样地，掌握信息的一方也要极力展露自己的优势，赢得市场，这种活动称为发信号。这样筛选和发信号虽然采取行动的主体不同，但实质是一样的，即暴露隐藏信息，消除或减缓信息的不对称性。

（3）外部性的存在

外部性是指一个厂商的经济活动附带的对其他厂商、消费者和社会整体造成有害或有利的影响，但该厂商并不承担相应的成本或获得相应的报酬。当生产或消费对其他人产生附带的成本或效益时，外部性或外部效应就发生了。也就是说，成本或效益被施加于他人身上，然而施加这种影响的人却没有为此付出代价或为此获得报酬。更为确切地说，外部效应是一个经济主体的行为对另一个经济主体的福利所产生的效果，而这种效果并没有从货币或市场交易中反映出来。

外部性包括外部经济和外部不经济。外部经济是指人们的经济行为有一部分利益不能归自己享用，对他人产生正效应，而没有获得报酬。外部不经济是指人们的经济行为中有部分成本不必自行承担，厂商的行为对社会有负效应，而没有承担由此产生的成本。外部性会导致边际私人成本与边际社会成本、边际私人收益与边际社会收益的差异。由于外部性导致私人成本（收益）与社会成本（收益）的差异，因此在存在外部性的情况下，市场机制会在一定程度上失灵，资源配置不能达到帕累托最优，社会福利不能达到最大。而政府管制则是应对外部性的一种有效措施。管制是指政府行政机关根据有关法律、法规，对微观经济主体所采取的一系列控制与监督行为，可以分为经济管制与社会管制。经济管制主要是针对自然垄断和存在信息偏差的领域，为防止发生资源配置的低效率和使用者的不公平利用，政府用法律权限，通过许可和认可等手段，对企业的进入和退出、价格、服务的数量和质量、投资、财务会计等有关行为加以规制，例如市场准入制度。社会管制主要是针对所有可能产生外部不经济或内部不经济的企业或事业行为的规制。其规制范围主要包括消费者保护、产品质量、生产安全保护、环境保护等，用来保护环境以及劳工和消费者的健康与安全。社会管制并不是针对特定行业，任何产业内行为会对社会或个人、环境等造成伤害，就要受到政府规制，经济性管制则是政府对特定产业内的纵向制约。

1.2.2　资源优化配置理论

资源优化配置是指在市场经济条件下，不是由人的主观意志而是由市场根据平等性、竞争性、法制性和开放性等原则形成的一般规律，由市场机制通过自动调节对资源进行配置，即市场通过实行自由竞争和“理性经济人”的自由选择，由价值规律来自动调节供给和需求双方的资源分配，用“看不见的手”优胜劣汰，从而自动地实现对全社会资源的优化配置。

（1）资源优化配置的内涵

由于市场调节作用的有限性使其又具有自发性、盲目性、滞后性等弱点。

因此，社会生产和再生产所需要的供求的总量平衡，经济和社会的可持续发展，社会公共环境等，必然由国家的宏观调控来实现。在企业内部，部门或地区资源的合理使用，则主要是由市场途径来实现的。这种优胜劣汰的竞争机制促使企业改进技术，改善经营管理，提高劳动生产力，降低生产成本，提高经济效益，实现资源优化配置。同时，也促进企业面向市场组织生产，优化资产结构，形成合理的创新机制，从而在微观的企业、部门或地区范围内实现资源的合理配置。

资源的优化配置是以合理配置、经济和社会的可持续发展以及整个社会经济的协调发展为前提的。人类社会的生产过程，就是运用资源，实现资源配置的过程。由于资源的有限性，投入到某种产品生产的资源的增加必然会导致投入到其他产品生产的这种资源的减少。因此，人们被迫在多种可以相互替代的资源使用方式中，选择较优的一种，以达到社会的最高效率和消费者、企业以及社会利益的最大满足。从这个意义讲，人类社会的发展过程，就是人们不断追求实现资源的优化配置，争取使有限资源得到充分利用，最大限度地满足自己生存和发展所需要的历程。在市场经济中，市场按照适当比例对生产资料和劳动力在社会各部门之间进行的调节；国家宏观调控在制定国民经济和社会发展战略目标、搞好经济发展的规划及总量控制以及重大结构和重大生产力布局等方面的作用，从整个社会看，其目的都是为了保证社会生产的顺利进行，保证有限资源得以最大限度地利用。

（2）资源优化配置的前提条件

市场要完全实现优化配置资源这一功能必须具备以下条件：完全自由竞争的市场环境、理性经济人假设、完全自由的市场选择、完全由价值规律来调节、全部供需双方受同一规则支配、真正地实行优胜劣汰；同时还受到时空（环境）条件的限制：任何“市场”中一切主体的全部市场行为或资源配置行为都是在一定时空（环境）条件下进行的。特别是在经济全球化时代，市场的竞争主体、交易主体、管理主体、中介服务主体等都处于一定的时空条件下，在许多情况下各个主体分属于不同的国家和地区。而这些市场主体所处空间的变化，将直接影响到社会制度、法律环境的变化，从而影响市场规则的变化。而且，任何市场行为的发生及其对资源配置的影响，都需要有一个时间发展过程，不可能在瞬间完成，所以，也就必然会受到不同时空（环境）条件下不同的政治、经济、社会等各种条件的制约和影响。而这些条件的任何变化（即“蝴蝶效应”）也都会使上述几个条件产生变化，而这种变化对“资源配置”所产生的影响并非一定是“优化”的，也可能是“劣化”的，从而让所谓的“市场机制”的调节功能失灵。

（3）资源优化配置的积极作用

依靠市场运行机制进行资源配置的方式。这种方式可以使企业与市场发生直接的联系，企业根据市场上供求关系的变化状况以及市场上产品价格的信息，在竞争中实现生产要素的合理配置。市场调节的实质就是价值规律调节。价值规律是通过价格、供求和竞争调节社会劳动分配比例的，是一种“看不见的手”的调节。正如恩格斯所说：“只有通过竞争的波动，从而通过商品价格的波动，商品生产的价值规律才能得到贯彻，社会必要劳动时间决定商品价值这一点才能成为现实”。

1.2.3 金融供给模式

帕特里克（1966）研究了金融发展与经济增长之间的相互作用，提出金融发展的两种模式：一是“需求追随”模式，认为随着经济的增长，经济主体会产生对金融服务的需求，作为对这种需求的反应，金融体系不断发展。也就是说，经济主体对金融服务的需求，推动了金融机构、金融资产与负债和相关金融服务的产生，强调的是金融服务的需求方；二是“供给领先”模式。金融机构、金融资产与负债和相关金融服务的供给领先于需求，强调的是金融服务的供给方对于经济的促进作用。这两种模式与经济发展的不同阶段相对应，两种模式之间存在一个最优顺序问题，在经济发展的早期阶段，供给领先型金融居于先导地位，而随着经济的发展，需求型金融逐渐居于主导地位。

（1）需求追随型

需求追随型金融即经济增长是金融发展的动因，金融发展只是完全被动地适应经济增长的要求。现代金融机构对相应的金融服务的提供，仅仅是对实体经济活动中参与者如投资者、储蓄者对需求的反应，随着不断满足经济增长的需求，金融发展也不断深化。

需求追随型金融实际上是以现存消费需求为经济启动的出发点和驱动力。此时经济增长或发展实际上本身比较顺利，金融只是顺应实质经济对其的要求；此时金融领域的任务就是提供正常经济运行所需的资金，特别是消费领域所需的资金更应优先满足。所以从经济运行本身和本质来看，它不可能产生大量经济泡沫，更不可能使整个经济泡沫化，既不会出现泡沫经济，更不会有泡沫的破灭，经济运行与发展良好。

（2）供给领先型

供给领先型金融强调金融服务的供给方对于经济的促进作用。在实行供给领先型金融时，应注意提高企业创新能力，即企业运用金融提供的资金通过表面上的投资、生产，来挖掘、创造出新消费领域。金融提供企业中具有先导性产业的资金需求。也就是说供给领先型金融的目的就是为了使企业能够创造出先导性产业或至少能创造出先导性产品，特别是先导性消费品，找到新消费领域，从而刺激经济增长，找到新的经济增长点。这里的前提是企业要有创新能力，企业要有找到人们的新需求，从而激活经济运行的能力。但若企业缺乏这方面的能力，有可能搞重复生产，则供给领先型金融容易导致 GDP 单方面上升，导致商品积压，GDP 上升只对经济增长作用比较大而对经济发展或经济良性运行本身的作用甚小。

1.2.4 资本流动理论

（1）资本与资本流动的表现形式

货币资本。从微观方面，货币资本表现为资本的预付形式；从宏观方面，货币资本在市场经济条件下是影响了资源配置的生产手段，可以借助货币资本的投资来实现资源的合理分配，在各个经济部门之间投资规模及其投资规模的比例是国民经济协调发展的基础。在宏观经济中，不论是财政渠道，还是金融渠道，都把货币资本作为动员或分配生产要素的手段。因此，货币资本作为生产的投入要素对经济增长有着重要的作用。

实物资本。实物资本的实质是指企业为从事产品生产或者提供服务的经济活动而将货币资本直接投入到生产经营活动所形成的固定资本和流动资本，例如厂房设备、机器存货等。实物资本的最终目的是运用资本投入所形成的实际生产经营能力，从事产品生产、销售或者提供经营服务等具体的经济活动，以获取利润。

资本流动是指资本作为一种生产要素，以获利为目的，通过金融机构及其他渠道在部门之间进行流转的经济行为。从流向角度看，资本流动可以分为纵向流动和横向流动。纵向流动是指资本从储蓄转化为投资的过程，即资本的形成和积累。资本的横向流动是指资本在不同部门之间的流动。从流动的内容来看，资本流动既可以是商品与劳务的流动，即实物形态的资本流动，也可以是单纯的货币形态的资金流动。本书所指的资本流动是指银行信贷资金在地区之间的转移。

（2）流量理论

在古典流量理论中，Fisher 在 Ricardian 的比较利益论的基础上解释了国际短期资本流动的原因。他们认为，一国有限的资本可以用于现在生产或是选择未来生产。由于各国生产结构不同，自然禀赋也存在差异，表现为各国实际利率不相等。利率高的国家在生产未来产品上具有比较优势，利率低的国家则在生产现在的商品上具有比较优势。合作分工是实现福利最大化的方式，各国之间进行资本的交换则能达到社会福利最大化。比较优势和利差则是各国交换资本的动机，这时比较优势和利差诱使资本由利率较低的国家流向利率较高的国家。Fisher 在此基础上进一步指出交换引起的资本流动结果便是利率的平均化。

现代流量理论将资本流动理论引入开放经济的宏观经济模型中，例如 Fleming（1962）和 Mundell（1968）认为给定两国利差，资本流动则会持续出现。这一思想可以通过一个两国模型简单说明。

$$\Delta F_A = I_A + f_A(r_A, r_B) \quad (1-1)$$

式（1-1）中，F_A 为 A 国对 B 国的负债存量，ΔF_A 是 A 国负债存量的变化量，I_A 是与利率无关的资本流量，f_A 是由两国利差引起的资本流动量，r_A 和 r_B 分别表示 A 国和 B 国的利率。在模型中 $\frac{\partial f_A}{\partial r_A} > 0$，$\frac{\partial f_A}{\partial r_B} < 0$，说明 A 国资本流向与 A 国利率正相关，而与 B 国利率负相关。该理论意味着给定 A 国和 B 国的利率，只要存在利率差就会有持续不断的资本流入或流出，且流动是单向流动。但该理论无法解释大量出现的资本双向流动，一个重要的原因就是它忽略了资本流动的其他影响因素。

新古典理论从自由竞争和生产要素充分流动的假设出发，认为资本在区域间的自由流动会使其自动达到均衡状态，从而使各地区资本的边际效率相等。但实际上由于资本不具备充分流动性，区域间资本流动导致区域间资本收益率均等的推论很难实现。一般认为，资本流动的影响因素还包括成本、当地市场环境、风险分散、生产技术和管理技术及政府政策导向。一些地区由于经济发展落后，基础设施差，城市化水平低，交通通信条件不发达等原因，使得这些地区存在资本流动的障碍。另外，政府会对落后地区的产业提供优惠并扶持，或者地方政府通过税收优惠等措施吸引外部资本流入，从而发展地方经济。

1.2.5 金融约束理论

（1）金融约束理论的背景

1973 年，Shaw E. 和 Mckinnon R. 先后分别出版了《经济发展中的金融深化》（*Financial Deepening in Economic Development*）和《经济发展中的货币与资本》（*Money and Capital in Economic Development*）两部著作。对发展中国家的经济发展与经济增长的关系作出了独到的分析。在发展中国家，利率被人为地压低，或由于通货膨胀率较高，导致实际利率太低甚至为负，则货币积累不足，从而导致投资不足，抑制了经济的发展，这被 Mckinnon R. 称作“金融抑制”。金融抑制理论使得急于摆脱低经济增长和贫困状态的发展中国家积极推行了以金融自由化为方向的金融和经济改革。

发展中国家在 20 世纪 70 年代初掀起了以自由化为趋向的金融改革浪潮。然而，多数发展中国家尤其是非洲和拉美国家的金融自由化的结果与理论描述的情况相差太远。发展中国家金融发展水平低，机构组织薄弱，储蓄动员能力差，资产收益为负，金融自由化似乎并未能增加储蓄和投资，更没有形成金融发展和经济增长相互促进的良性循环。

在此背景下，经济学家 Hermann、Mourdock、Stiglitz 于 1997 年发表《金融约束论：一个新的分析框架》，提出了“金融约束”理论，认为政府对金融部门选择性地干预有助于而不是阻碍金融深化。提出经济落后、金融深化程度低的发展中国家应该实行“金融约束”政策，如对存贷款利率加以控制，对市场准入及竞争加以限制以及对定向信贷配给政策等，以此在金融部门和生产部门内创造租金，并提高金融体系运行的效率。

（2）金融约束理论的原理

金融约束理论认为给定宏观经济环境稳定、通货膨胀率较低且可预测、金融发展水平低等前提条件，由利率水平监管、市场准入限制、限制资产替代等组成的一整套金融约束政策有助于促进经济增长。金融约束的本质是政府通过一系列的金融政策在民间部门创造租金机会。这里的租金不是指属于无供给弹性的生产要素的收入，而是指超过竞争性市场所能产生的收益，也可以被看作一种超额利润。这种租金能够诱导民间部门增加在纯粹竞争的市场中可能供给不足的商品和服务。

金融约束论是从分析租金机会而展开的，在金融约束机制下，政府可通过控制利率上限为金融机构人为地创造租金机会。在此引入一个简单的三部门信贷市场供需模型。假设：（1）宏观经济环境稳定、通货膨胀率较低且可预测、实际利率为正；（2）金融体系分为居民、企业和银行三部门，其中，居民是资金的净供给者，企业部门是资金的净使用者，银行部门是金融中介。

图1－1（a）表示没有政府干预，在自由的金融市场上资金供需均衡。均衡点由居民的资金供给曲线和企业的资金需求曲线 D 的交点决定，均衡利率为 r_0，均衡的信贷规模为 Q_0。图1－1（b）表示政府以限制利率的手段对金融市场进行干预，不限制贷款利率，而是将存款利率控制到没有政府干预时均衡利率的之下 r_d，此时存款规模为 Q_d，市场决定的贷款利率为 r_L，高于没有政府干预时的贷款利率 r_o。那么，$(r_L - r_d)$ 即为政府通过限制利率创造的租金机会，银行中介若按此定价经营则能获得全部租金（$r_L - r_d$）。得到租金对银行中介形成了新的激励，图1－1（c）表示银行获得租金后促使其增加存款基数，扩大中介范围，将更多的资金融通行为纳入正规的金融渠道。这样，资金供给曲线右移至 S'，可贷资金规模由 Q_d扩大到 Q_d'，企业以比 r_L更低的价格 r_L' 获得可贷资金。以上的讨论为基于政府不限制贷款利率的情形，图1－1（d）表示政府同时限制存款利率和贷款利率，例如设定贷款利率 r_1（小于 r_0），存款利率仍为 r_d（小于 r_0），此时，银行和企业分享政府限制利率创造的租金，其中，银行获得租金为（$r_1 - r_d$），企业获得的租金为（$r_L - r_1$）。

当然，政府创造租金的手段不只是控制利率，采取诸如市场准入限制、定向信贷配给等政策均可以创造租金。只要政府使银行或企业获得了超过它们在竞争性市场中所能得到的收益，而政府本身并不瓜分收益，就可以说政府创造了租金。

普遍的观点认为，农村金融市场存在严重的信息不对称问题，这也是农村贷款难的首要因素。一方面，金融机构对借款人使用贷款的信息难以跟踪。另

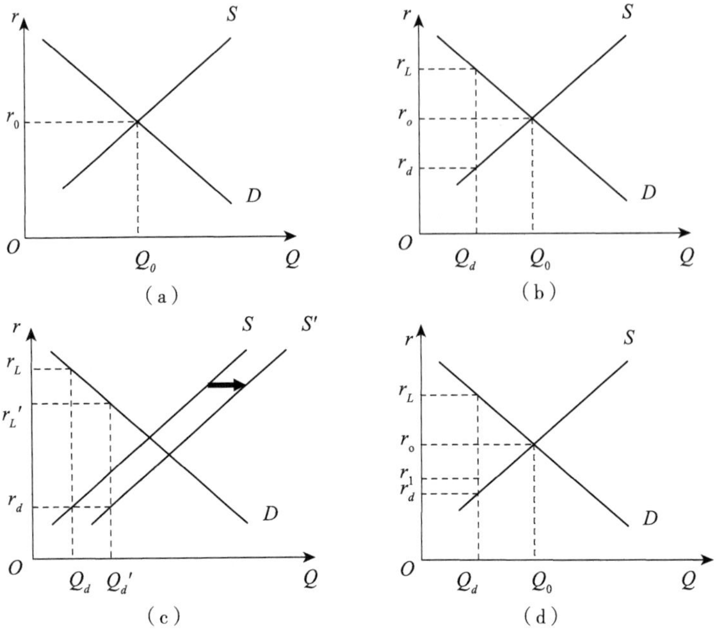

图 1－1　金融约束下租金创造的利率机制

一方面，金融机构缺乏借贷者还贷决策和还贷能力的信息。这使得农村信贷市场尚未形成完全竞争的形势。从资金需求方角度来看，金融需求者通常有居住分散、收入低、生产周期有季节性、单笔存贷款规模小、农业自然风险大、缺乏银行指定的担保和抵押品等特点。同时，在中国中西部地区的农村，农户借贷的目的多数为满足非生产性需求。农村贷款对象的弱质性决定了农村贷款服务风险较高。

因此，建立在不完全竞争市场理论基础上的金融约束论是中国农村金融改革值得借鉴的农村金融发展理论。与强调政府对农业支持的农业融资论相比，金融约束论中政府的干预限定在控制利率上，保证金融机构的激励和约束机制，有利于动员储蓄，扩大贷款规模。与强调市场作用的金融市场论相比，金融约束论保证政府干预能兼顾到对农业的扶持，有利于支持农业发展。

1.2.6　产业组织理论

产业组织理论起源于微观经济学，主要侧重从供给角度分析产业内部的市场结构、企业行为和经济绩效。产业组织理论起源于1959年贝恩的《产业组织》一书，在书中他详细论述了产业组织政策和产业理论体系，规定市场结构、企业行为和市场绩效为产业组织理论研究的三个基本范畴。

产业组织理论也处在不断发展的过程中。早期的产业组织理论以哈佛学派结构主义观点为代表。根据贝恩提出的市场结构、企业行为和市场绩效三个基本因素，哈佛学派提出了经典的SCP分析框架。SCP分析框架基于完全竞争和垄断两种市场结构开展研究，认为市场结构决定企业行为，企业行为决定市场绩效。其中，完全竞争市场具有最高的资源配置效率，而垄断市场中企业间会通过共谋、协调等行为控制市场，通过剥夺消费者剩余来实现自身的利益最大化，导致市场整体的经济绩效遭到破坏，资源配置效率出现下降。早期产业组织理论的基本逻辑是不良的市场绩效来自不良的企业行为，而不良的企业行为源于不良的市场结构。因此，哈佛学派主张通过行政干预来抑制垄断行为，提高市场绩效。

后来，反垄断的高成本和负面影响使得学术界怀疑哈佛学派的理论，其中芝加哥学派的效率主义尤为突出。芝加哥学派与哈佛学派的不同点在于，芝加哥学派认为起关键作用的是市场绩效。由于规模经济的存在，高效率经营能提高企业规模和市场集中度。芝加哥学派强调市场的自我调节能力，认为只要不存在市场进入的政策壁垒，整个市场依靠自动调节作用就能实现资源的高效配置。所以芝加哥学派主张政府不要过度干预市场，政府的干预应以维护竞争为主。

20世纪70年代以来，博弈论、激励理论和信息经济学等理论开始运用到产业组织理论中，开始形成新产业组织理论。新产业组织理论认为市场结构不再是单纯决定企业行为和市场绩效的外生变量，市场结构和企业行为和市场绩效之间存在相互作用关系。企业可以通过战略性行为影响市场环境，进而影响其他市场主体的行为决策。同时新产业组织理论也大量运用了博弈论和信息不对称理论。在信息不对称的条件下，信息劣势企业的市场预期与信息优势企业的市场行为相关。信息劣势企业的决策会受到信息优势企业行为的影响。因此，信息优势企业具有采取战略性行为向竞争对手传递不真实信息的倾向，新产业组织理论据此推导出了非完全信息状态下的均衡。在政策主张上新产业组织理论坚持反垄断，但政策目标由保护消费者利益转移到提高市场效率上，在效率优先的条件下兼顾消费者利益。

1.3 银行网点布局与信贷资金流动的研究思路

1.3.1 研究视角

目前对银行网点布局及信贷资金流动的研究，大多从特定金融机构出发，考察一定区域范围内的金融资源配置情况，但不同的地区、不同的经济发展状况及不同的金融机构，对金融资源配置的影响肯定会存在差异。而且难以忽视的是，我国发展的是中国特色社会主义市场经济，以市场经济为主体，但国家宏观调控也对经济主体的行为产生较大影响，所以从准入制度变迁的角度出发，研究不同地区农村金融的发展历程及在这一过程中实现的资源配置具有一定的意义。

市场准入拥有较为宽泛的内涵。但在国内，市场准入主要指国家监管机关依照相关法规政策准许合格市场主体进入某一行业并从事相关市场经营活动的程序规则和各种制度规范的总称。它主要包括投资主体资格准入、注册资本投资准入、业务准入、机构人员准入、治理机构准入和内部控制准入六个方面。可以说，市场准入是商品经济发展到一定程度的产物。并且随着市场对人们日常生产生活的影响程度日益深化，市场准入是为了进一步抑制金融风险、保护社会公共利益而逐步建立的一种制度。市场准入是国家对市场进行干预的基本制度，作为有效事前金融监管的首要环节，它是市场经济条件下政府管理市场的起点。在农村金融市场准入方面，我国逐步放宽了农村金融机构的准入门槛，农村金融机构的进入与资源配置的回流间关系将影响到农村经济的健康有序发展（王烨，2013）。

作为一项系统的研究，本书基于农业经济学、金融学、发展经济学、区域经济学等相关理论的分析框架，结合准入制度的变迁，考察农村金融资源配置。其目的在于：通过分析准入制度变迁下，不同地区银行网点布局的空间特征以及由此导致的信贷资金流动趋势，考察农村金融资源配置的效率。并对信贷资金流动对县域经济包容性发展的影响进行评价，以便于剖析我国县域金融资源配置的整体情况，为未来中国农村金融改革和发展提供理论指导和政策建议。

1.3.2 研究综述

（1）银行网点布局及其影响因素研究综述

银行网点覆盖面是地区金融供给规模的重要标志。银行网点的存在可以有效缓解金融排斥（Dymski 和 Veitch，1996）。从信息获取角度，银行网点的设立可以减少机构与客户之间的信息不对称并提高互信度，同时能将贫困人群获取适当金融服务的成本维持在一定水平上（Leyshon 等，2006）。即使机构与客户生活在同一个区域范围，地缘性信贷配给仍会发生。借贷双方相距越远，借贷发生额则越小，而且地理距离对小银行信贷配给行为的影响超过大银行（Brevoort 和 Hannan，2006）。从市场竞争角度，网点是各家银行开展业务竞争的主要平台。随着竞争加剧，由于银行放松企业会计稳健性要求（蔡卫星，2016）以及不同的市场定位和目标群体（Awusabo - Asare 等，2009）等原因，融资约束问题得到一定缓解。因此，如果地区银行网点数量越多，则供给型信贷约束发生的概率越小。相关实证检验还发现，放松银行分支机构设立限制、增加金融机构贷款网点加速了农业机械化的增长，也显著降低了农村贫困的程度（Jayaratne 和 Strahan，1996；Dehejia 和 Lleras - Muney，2007；Burgess 和 Pande，2005）。

基于银行网点的经济功能，诸多学者针对银行网点布局的影响因素展开了系统的研究。Davis（1988）的金融企业选址理论和 Lanzillotti 和 Saving（1969）的理论模型指出，作为以利润最大化为目标的金融机构，其在某个地区设立网点的选择是由当地的金融需求、金融机构的供给以及其他影响到金融机构可持续发展的因素所决定的。在农村地区，金融机构建立网点的最重要驱动力就是为中小企业和贫困家庭提供服务能够实现盈利（焦瑾璞、陈瑾，2009；许圣道、田霖，2008），然而这类群体恰恰是当前金融机构实施信贷配给的主要对象。董晓林和徐虹（2012）分机构考察表明，商业银行在进行县域网点布局时更多地关注城镇人口规模与城镇居民收入，而农信社在进行网点布局时主要关注人口规模变量尤其是乡村人口规模，收入变量并不显著；研究还指出在信息不对称的农村信贷市场上，商业银行与农信社在网点布局时存在一定程度的理性羊群效应，这与 Chang 等（1997）解释金融集聚成因的结论是一致的，即银行在进行分支机构布局时可能会考虑其他银行的网点分布。当多数银行机构定位于同一个地区时，它们可共享基础设施和协作信息，那么这些地区对于其他金融参与者来说也更具吸引力（Tschoegl，2000；Park，1989）。因此，社会经济等因素并不能完全反映农村地区银行网点布局的动机，我国银行机构在县域的网点布局带有浓厚的行政色彩。

（2）银行网点布局对经济金融发展的影响研究综述

国内外学者对银行分支机构与金融发展及经济增长的关系已做了大量的研究工作。第一种观点认为银行分支机构的设立可增加信贷可获得性，如果以某一地区银行网点数作为信贷可获得性的一个标志，那么，该区域银行网点数量越多，则信贷可获得性就越高。Dehejia 和 Lieras – Muney（2007）研究发现，1930 年后跨州设立银行分支机构使得农户取得现金收入更加便利，促进了农业机械化的发展。相比未跨州设立银行分支机构的地区，设立银行分支机构地区的制造业就业率增加了7%，工资水平提高了2%，产品附加值上升了10%。Leyshon 等（2006）指出金融机构营业网点的设立可以减少机构与客户之间的信息不对称、提高互信度，同时将贫困人群获取适当金融服务的成本维持在一定水平。相反，撤并基层分支机构将会使银行与客户（农户或乡镇企业）之间已经建立起的信誉和信息沟通桥梁消失，导致客户贷款困难，从而阻碍农村经济的发展（钟笑寒、汤荔，2005）。张满红（2002）在调查陇南市国有银行分支机构市场退出的情况后发现，贫困乡镇金融机构的退出给扶贫资金的发放和支农工作带来困难，而且对中小企业信贷支持下降。

第二种观点认为银行分支机构设立有助于银行提高运营效率。对银行本身来说，设立分支机构类似于保险，总行可以在更大的地域范围内分散某家分行的风险，Calomiris（1992）认为允许跨区设立分支机构有利于银行有效应对大范围的冲击，同时能给银行带来规模经济效应。扩大银行的分支机构数量在一定程度上可以使金融中介的运营效率得到提高（Jayaratne 和 Strahan，1998；Abrams 等，1999）。国内有学者用金融密度概念表述提供金融服务的金融机构网点数或人均机构网点数（石盛林，2011；田杰、陶建平，2012），并得出了一致的结论，农村金融密度通过增加贷款数量和提高信贷配置效率两种途径来促进农村经济的增长，但是东、西部地区农村金融密度的积极效应是显著的，而中部地区则不显著。

第三种观点认为各个银行之间的竞争主要是通过各地的分支机构展开的，

银行分支机构的设立促进了金融市场竞争。理论分析和国际实践证明，外部竞争的引入可以促进金融部门的竞争，从而推动金融市场的发展（Levine，2004；Yildirim 和 Philippatos，2007）。Jayaratne 和 Strahan（1996）实证研究的结果表明，银行分支机构设立限制的放开以及银行分支机构数量增多，使得银行竞争加剧，银行贷款的质量提高。黄惠春和褚保金（2011）发现农村金融市场开放能够显著地促进县域农村金融市场竞争度的提升。降低市场准入限制，不论在欠发达地区引入新型农村金融机构，还是在发达地区引入商业性和外资金融机构对提升农村金融市场的竞争水平都是有效的，他们进一步的研究还发现降低农村金融市场准入限制，使得企业贷款市场竞争加剧，追求利润最大化的农村信用合作社为了充分发挥对农户贷款的比较成本优势，支农“意愿”增加，对农户的贷款强度和广度均显著提升。相反，金融市场垄断会导致不公平的资源配置，尤其是处于低下的市场地位的民营企业，无法公平地得到社会融资资源的支持导致创业和发展受到抑制，因为难以培育出庞大的中产阶层和相应的市场需求（刘小玄、周晓艳，2011）。但是贾春新等（2008）对国有银行分支机构变化的研究获得了不一样的结论，他们认为，我国国有商业银行的设置独具特点，由于设置上带有浓厚的计划色彩，地方政府干预以及特殊利益的驱动还有相关政策等差异导致我国银行分支机构是独立于经济增长而设置的。银行分支机构的增减对东部和中西部银行竞争格局有不同的边际影响，银行分支机构与东部经济显著正相关、与中西部经济不显著。而农商行则具有地方性质，其具体的政策制定会依据地方的经济特点，比国有商业银行更具有针对性（谭燕芝等，2014）。

第四种观点认为银行分支机构的设立加剧了金融资源的区域不平衡。在经济发展的不同阶段，金融结构对经济增长的影响不同（Demirguc－Kunt 等，2011）。尽管从短期来看，金融竞争助推了我国金融系统的快速发展和数量扩张，制造了表面的金融繁荣。但是从长期来看，金融竞争背后隐藏的地方干预，作为资本深化过程中的一种外生力量扭曲了当地的金融结构，使之偏离地方要素禀赋结构所决定的最优金融结构，导致资本深化过程中的效率损失（袁云峰等，2012）。从审批制度来看，辖区大多数银行只能享受贷款管理的特殊政策待遇，贷款只收不贷，奖金限额使用，每一笔新增贷款都必须报省分行审批。最终其较长的时间和较高的门槛限制了县域企业贷款融资（张静，

2006）。县级基层行已逐渐演变为只吸收存款不发放贷款的窗口，资金外流过快，大部分资金上存，由省行统一调拨使用，资金按照利益最大化的经营原则流向发达地区和大中城市及垄断行业、大企业，如国家和省级基础设施和基础产业类项目（刘芳，2002），非国有企业被排斥在融资体系之外（孙红霞、张志超，2011）。从业务设置来看，高交易成本和高风险使农业银行将政府指定的扶贫贷款以外的贷款业务基本上撤出了县及县以下地区，而不断累积的不良贷款和亏损也使农村信用社在贫困地区的贷款逐年减少（徐忠、程恩江，2004）。国家通过农村金融机构投入农村的资金，又经邮政储蓄回流到城市，形成农村资金向城市转移的局面（钱小安，2004）。从集群效应看，商业银行与农信社在网点布局时存在一定程度的理性羊群效应（董晓林、徐虹，2012）。具体来说，某一区域若原来银行分支机构较多，将会吸引更多的其他银行来该地设立新网点。因为县域内农信社网点数量较多，能从侧面反映当地的金融市场环境较好，商业银行也更有意愿进驻此类县域。谭燕芝（2018）基于2005—2012年县域经济和新增网点数据，指出新增金融机构对资金外流的影响约占金融机构资金外流总影响的48%，估算得到农村金融机构每新增一个网点，当期人均资金外流增加4.8～6.2元，次年继续增加5.2～9.0元资金。东部新增金融机构资金外流并不显著，而中西部新增金融机构资金外流较为显著。

（3）信贷资金流动特征及其成因研究综述

资本在国别、省域及东中西部流动的相关文献可为我们研究农村信贷资金流动带来启示。著名的“卢卡斯之谜”描述了国别研究中资本流动非逐利的特征，Debray和Wei（2005）利用中国省域数据对此特征作了进一步验证，国内对东中西部的研究（米运生等，2007；李钊、王舒健，2009；龙海明等，2011；李西江，2012）均发现金融资源向发达的东部区域聚集。目前理论和经验上对此现象的原因解释主要有四种：一是遗漏了对经济结构有影响的基本要素，如技术差异、遗漏的生产要素、政府政策和制度结构等。林毅夫（2004，2005，2011）的最优金融结构理论认为经济结构和金融结构都是经济发展的内生变量，在不同的经济发展阶段（或处于不同经济发展水平的经济体），要素禀赋结构决定了经济结构而经济结构决定了经济系统的最优金融结构。完善的制度结构伴随着更多的资本流入，较差的制度结构则意味着更少的资本流入

（Lothian，2006），制度质量因素具体来说包括政府管制程度、司法的独立性、产权执行力度、公民自由权的保证等制度质量因素（Alfaro 等，2005）；二是资本市场的缺陷，主要指主权风险和信息不对称。不发达地区由于市场机制发育程度、政局的稳定性等社会经济禀赋相对弱于发达地区，致使大量资本要素源源不断流向发达地区（Myrdal，1951）。在市场失灵的作用下，资本并未流向具有更高的资本回报率的发展中国家（Gertler 和 Rogoff，1990；Gordon 和 Bovenberg，1996；杨国中、李木祥，2004）；三是地方政府对金融机构信贷的干预行为（巴曙松等，2005；李泽广等，2010；孙犇、宋艳伟，2012）。他们的主要观点是，地方政府为缓解财政压力、发展本地经济等出于自身利益的考虑，利用金融机构改革中的制度缺陷，为本地区争夺金融资源而干预辖区内金融机构的信贷，最终影响各地金融资源配置效率；四是区域产业发展差异。金融资源区域集聚是以区域产业集聚与金融创新集聚为前提条件，区域产业发展差异及产业结构差异是造成区域金融资源配置失衡的主要原因之一。信息的高度集中将加速金融机构和金融业务向该区域的布局与集结，从而形成金融资源向该区域配置、流动及组合的空间动态过程，并呈现金融产业空间梯度发展的格局（张世晓，2009；曹源芳等，2012）。

中国农村经济固有的特征和金融市场的制度变迁现实与国别、省域及东中西部不能相提并论。发展中国家农村资金流动的资本配置效率显著地低于发达国家（Wurgler，2000），而农业部门净剩余的外流则进一步造成了农村地区的贫困（Spoor 和 Khaitov，2003）。从全国角度来看，杨国中和李木祥（2004）发现正是通过银行系统资金上存和系统内调剂或拆借等渠道，我国信贷资金不断地从经济欠发达地区流向经济发达地区，从农村流向城市，且这种现象越来越严重。伍艳（2006）同样认为国有商业银行、邮政储蓄和农村银行（如农信社等）是县域和农村信贷资金向大中城市流动的主要渠道。从部分省份来看，中国人民银行徐州市中心支行课题组和薛星（2007）以江苏省为例，通过分析存贷款余额、存贷款差额、存贷款增长速度等指标，说明经济发展水平越高吸纳信贷资金的能力越强，同时信贷资金会从经济发展水平较低的地区流出；刘伟玲（2008）发现了黑龙江逐渐增加农业贷款，但农业发展和农民收入却没有足够增长这一矛盾，通过对 1995—2006 年数据进行 FH 测试，结果显示随着各农村存贷款率相关性的提高，信贷资金倾向于向发达农村地区和城市流动，降低了信贷资金的流动效率，遏制了农业发展和农民增收。

国内部分学者基于资本边际产出和边际成本的关系给出了农村资本短缺的证据（杨军、莫媛，2011；丁洲锋等，2006），还有很多学者致力于农村资金外流的影响效应及其原因探析。与价格渠道和财政渠道外流资金相比，金融体系资金的流出加剧了农村资本短缺，成为1994年以来农村资金外流的主流渠道（Huang等，2003；冯林等，2013；易远宏，2013）。长期以来农村资金的大量流出为城市经济发展贡献了大量资本红利，但同时也使农村经济发展“失血严重”，农户、农村企业及各类经济组织发展步履维艰（张传勇，2011），农村生产面临长期非均衡的严重信贷约束（焦兵，2007）。究其原因，一是中国工业化城市发展模式的影响（彭小辉、史清华，2012），新中国成立初期优先发展重工业、改革开放后向城市发展倾斜的宏观战略使得资本从农村配置到城市。二是金融市场区域分割的影响（褚保金、莫媛，2011），张杰（1996）指出通过行政手段堵截资金造成的金融市场分割成本要大于缓解资金短缺矛盾的收益，因为资金外流地区的经济结构本身尚不存在金融资源的自我循环与增值补偿机制，这种缓解仅仅是暂时的。可是金融市场分割带给宏观经济的影响却是持久消极的。三是农业补贴对非正规金融市场和正规金融市场的“挤出效应”（熊娜等，2011）。综观以上学者的观点，他们均默认了农村金融市场中存在的金融控制政策，其中农村金融市场的资金供给主体能否进入、是否合法，都是政策安排的结果（岳改之，2002；莫媛、徐虹，2012），而正规金融组织正是影响农村信贷资金流动的直接原因。从县域银行分支机构的角度分析农村信贷资金的流动正是本研究的新视角。

（4）金融资源配置效率研究综述

现有文献分别从微观和宏观两个层面展开了金融效率的相关研究。在微观层面，通过参数或非参数方法研究金融中介机构的操作及管理效率问题。例如规模效率，Benston（1972）发现给定其他条件不变，银行规模扩大1倍，平均成本将下降5%～8%。当规模处在合理范围内，规模经济是银行提高效率的关键因素。祝晓平运用浙江省绍兴市六家农村信用联社的数据，实证分析发现农村金融机构要有适度规模，这样才能提高农村资金运用的效率。而Berger（1995）通过对美国银行业的研究发现，与规模效率和范围效率相比，管理无效率影响程度更大，管理无效率导致效率损失约占总成本的20%。Paxton

（2006）也认为制度性因素比资金投入等因素更加影响农村金融服务部门效率。

金融效率虽然本身多发生于微观金融机构，与其投入或产出相关，但当人们致力于区域金融协调发展的目标时，就会更加关注它的宏观效应。由于金融发展往往与经济增长这一宏观范畴相对应，所以研究宏观金融效率时，一些学者从资源最优配置状态出发，研究行业或区域层面如何有效分配有限的金融资源，从而获得最大产出或其他政策目标（Wurgler，2000；Koetter 和 Wedow，2010）。随着农村经济的发展，农村金融与农村经济相互依存、相互制约的关系也越来越明显。丁志国等（2012）指出农村信贷结构失调和投资产出效率的“瓶颈”限制了农村金融对经济的促进作用，因此农村金融效率呈现出典型的滞后效应。

在金融发展不平衡的背景下，农村金融效率的区域差异受到越来越多关注。黎翠梅和曹建珍（2012）在东中西部的研究中运用因子分析法对农村金融效率的区域差异进行综合评价，发现东部地区农村金融效率较高，中西部地区呈现“塌陷”特征。张永刚和张茜（2015）在山西省地市间的研究中运用DEA 法测量农村金融效率，发现农村金融效率的高低与农村金融政策、农村金融机构改革、经济环境等因素息息相关，而且农村金融技术效率存在明显的地区差异。温红梅、姚凤阁和常晶（2014）在县域层面研究中运用四阶段DEA 法指出我国农村金融效率整体处于较低水平，农村金融存在大量的投入冗余。经济最发达和经济最落后地区的农村金融效率基本实现了内外均衡。针对农村金融效率低的原因讨论，部分观点认为是正规金融机构资金供给不足（Gonzalez-Vega，2003），另一种观点认为是金融制度性原因（Paxton，2006），比如国有大型银行信贷管理体制和模式、农村金融产品创新缓慢、农村金融结构单一及农村金融市场机制的内在缺失和利率管制等。

（5）金融资源流动与经济包容性发展研究概述

农村金融与农村经济的关系问题一直是学者们研究的重点，大多数学者均认可农村金融发展促进经济增长的观点。从信贷可得性角度来看，Guiso 等（2016）通过意大利的家庭数据来检验地区间金融发展对区域经济增长影响的差异，其衡量地区金融发展的指标是居民和企业的信贷可得性和信贷配给程度，即向金融机构申请贷款时是否被拒绝，研究发现地区金融发展可以增加个人从事商业活动的可能并增强产业竞争，并最终促进经济增长。从产业发展角度来看，King 等（1993）研究表明，发展中国家政府提供的低效率农业信贷投入对农业生产增长产生了制约效应。苏理云等（2014）则证明了二者之间的正相关性，认为现代的农村金融对农村经济增长有极大的促进作用，并渗透在农业产业链的各个环节。温涛等（2018）的研究指出，仅单方面强调增加货币供给，并不必然导致资本的积累，金融扶贫必须以其产业发展为基础，若本末倒置，必会适得其反。

农村金融发展对农民收入的影响也受到越来越多的关注。在农民收入水平方面，大多学者证明了农村金融发展能够有效减缓农村贫困（Galor 和 Zeira，1993；Sehrawat 和 Giri，2016）。早期基于“农业信贷补贴论”的主要研究观点表明，由政府主导的农业低息贷款有效促进了农村居民的收入增长，从而有助于缓解农村贫困（Adams 和 Hillier，2000；张晓山、何安耐，2002）。Beck 等（2007）的面板数据研究结果证实，金融发展会不均匀地倾向于提高最低收入人群的收入水平。国内最新研究采用全国省域面板数据也证实了农村金融发展能够通过提高收入水平的途径有效减贫（傅鹏、张鹏，2016；谭燕芝、彭千芮，2018）。王汉杰等（2018）的研究发现深度贫困地区农村正规金融增收效应具有明显的异质性，具体表现为“精英农户”的增收效应远高于“贫困农户”。这从侧面反映出尽管农村正规金融能够有效促进贫困农户的收入增长、减缓贫困，但这一作用依然十分有限。张兵和翁辰（2015）、罗斯丹等（2016）均提出农村金融发展的减贫效应随着经济发展水平的提升，呈现出边际收益递增的态势，且存在一定的区域差异。在收入不平等方面，Greenwood 和 Jovanvic（1990）的研究发现，金融发展与收入分配之间呈现为库兹涅茨“倒 U 形”关系，当金融发展对经济增长存在正向促进作用时，由于穷人无法支付金融参与的初始成本，一开始会被排斥在金融服务之外，因此，金融发展会加剧收入不平等。但随着收入水平的增长，更多的人得以参与金融交易，金融发展会降低收入不平等。Aghion 等（2005）和 Townsend 和 Ueda（2007）通过构建计量模型分析了金融发展对农民收入差距的影响，研究认为金融发展同农民收入差距之间存在倒“U”形关系，即不同的金融发展水平，对农民收入的影响不同。平新乔和李淼（2017）研究发现我国农村金融发展同样存在库兹涅茨效应。在短期内，由于金融发展在金融服务可得性方面明显地有利于高收入组家庭，而不利于低收入组家庭，因此有可能扩大农村内部的收入不平等程度；但从长期来看，“涓滴效应”会显著地使低收入组家庭的收入增速快于高收入和中等收入家庭，因此会显著地缓解农村收入不平等程度。王汉杰等（2018）区分了正规金融和非正规金融，发现农村正规金融显著降低了农户内部收入差距，而农村非正规金融则扩大了农户内部收入差距。从内部结构差异来看，深度贫困地区农村非正规金融的收入不平等效应主要表现为扩大了农户的非农收入差距与财产性收入差距。王修华和关键（2014）进一步考察了农村金融包容性水平的收入分配效应，结果表明农村金融包容性水平的提升有助于缩小城乡收入差距。

Nurkse（1953）提出的恶性循环理论认为，资本形成不足是造成发展中国家贫困循环的根源。同时，他也强调了资产资源对于反贫困的重要性。金融资源配置的扭曲在需求和供给两方面使贫困地区和人群陷入了“金融资源配置扭曲—贫困—金融资源配置扭曲”的恶性循环圈。在资源有效性的前提下，资源配置的合理性影响重大。只有在提高资源配置效率前提下，具有最佳投资机会的农户或企业才能获得发展所需资金，生产和投资才能得以推动（史彦龙等，2012），因此从信贷资金流动的角度分析农村金融发展对包容性经济发展的影响是本研究的新视角。发展中国家农村资金流动的资本配置效率显著明显低于发达国家（Wurgler，2000），而农业部门净剩余的外流则进一步造成了农村地区的贫困（Spoor 和 Khaitov，2003；AgCa 和 Mozumdar，2008）。张满红（2002）在调查陇南市国有银行分支机构市场退出的情况后发现，贫困乡镇金融机构的退出给扶贫资金的发放和支农工作带来困难，而且对中小企业信贷支持下降。针对农村信贷资金外流的原因，谢平和徐忠（2006）提出金融机构承担过多支持“三农”的财政责任，扭曲了经营者的激励机制，不但无法完成支持“三农”的任务，而且造成资源的大量浪费和损失，农村金融机构不但未达到金融支农的目的，反而成为资金外流的渠道。就连被众多农村金融机构视为扶贫重要工具的“小额信贷”同样具有支农无效性。因为小额信贷的高息与农业低收益形成强烈反差，而且暂无有效机制确保小额信贷的用途，导致一些小额信贷并没有留在农村和农业，而是转移到城市（汪旭晖，2009）。宋立新（2003）则从宏观经济周期的角度研究县域资金外流问题，他认为在宏观调控较为宽松的背景下，县域金融持续紧缩，国有商业银行地区性存差、邮储资金上存、政策金融调剂作用弱、农村信用社支农作用有限。农村信贷资金外流对农村经济会产生负面影响：一是导致城乡经济发展失衡，李富有和金娟（2011）指出，由于马太效应，缺乏资金的农村地区资金大量外流，加剧了城乡经济发展失衡；二是影响了农村经济结构调整，伴随着农村资金日益成为稀缺的要素，农村资金需求主体的融资成本将上升，农户和中小企业均因资金短缺而不愿投资生产，不愿采用新技术改造传统农业、提升产业层次，严重影响农业和农村经济结构调整（巴红静等，2009）；三是扩大收入不平等程度，Galor 和 Zein（1993）指出，如果投资机会和进入资本市场的机会是依赖于参与人的初始财富禀赋，那么各种流向农村的金融资源就会集中到少数富人手里，反而会扩大收入不平等程度。Aghion 和 Bolton（1997）提出资本积累的涓滴效应发生机制，他们认为更多的资本积累可以为低收入人群提供更多的投资机会，而财富不平等上升是因为投资是有风险的，且贷款人不能完全消除风险。

涓滴效应专注于缓解贫困，经济发展关注如何实现经济增长，二者不尽相同但也密切相关，最终都汇聚到包容性增长上（王雪冬，2018）。Hirschman（1958）的涓滴效应理论为我们考察农村信贷资金流动对经济包容性发展的影响提供了启示。Kuznets（1955）以工业化为分界，对比工业化完成前后人均财富增长和人均财富差距。他指出，在以人均财富增长为横坐标，人均财富分配为纵坐标的坐标系中，二者呈现“倒 U 形”关系，揭示了涓滴效应的存在。Leite 和 Ravallion（2010）运用 1985—2004 年的巴西相关数据进行分析，发现巴西的高增长率是无法解释较低的减贫率的。这说明经济发展的成果没有从高收入人群扩散到低收入人群，涓滴效应甚至无法得到证实。谢超峰等（2017）使用江浙沪三地相关数据，按照收入计算经济增长发现了一定的益贫性，但按实际消费计算却发现益贫性在下降。可见，在不同标准下涓滴效应的检验结果会有差异。有学者指出，在欠发达地区，各种金融项目给农民发放信贷，通过涓滴效应进行金融渗透，有利于农民克服信贷制约，促进欠发达地区经济发展，从而有利于消除地区之间的不平等程度。在农村金融发生涓滴效应的过程中，由于贫困人群相比于富裕人群所受的信贷制约更为严重，因此，金融支持对于贫困人群所产生的增收的边际效应会更大。纵向视角下，涓滴效应具有一定的滞后性。众多关于农村金融发展与农村经济增长及农民收入的时间序列法研究（Emilia 和 Robert，2001；余新平等，2010；孙永强，2012；赵洪丹、朱显平，2015），都证明了农村金融发展影响的滞后性，长期农村金融发展有利于促进经济增长，有利于促进农民增收。Owyong（2010）利用新加坡的典当交易数据，通过冲击响应函数发现在 GDP 增长正向冲击之后会在第三年引起涓滴效应。横向视角下，涓滴效应解释了经济发达区域与欠发达区域之间的相互作用及影响。根据地理学第一定律（Tobler，1970），所有的事物都是存在相互联系的，离得越近的事物彼此之间的联系越强。杨振山等（2011）认为从经济的角度来看，农村和城市发展不是封闭的系统，反而农业受其自身发展特点的限制，更多地需要依赖城市。在城镇化和市场化初期，农业经济的大部分收益来自城市的涓滴效应，大约占到60%～70%。

尽管国内外学者的研究取得了一些有价值的成果，但是无论是从研究视角还是经验分析的技术方面来看，还有进一步完善的空间。首先，县域银行分支机构的设立兼具了政策设计和市场机制的双重特征。结合农村经济结构特点，建立其与农村资金外流的系统联系是本研究的新视角。其次，现有相关文献研究对象多为一家银行或某几家银行（钟笑寒、汤荔，2005；贾春新等，2008），从县域层面考察各类银行分支机构的经济行为将是本研究关注的新动向，且以分支机构为基础更能反映地区因素的影响。最后，现有研究绝大多数采用常规面板数据的普通最小二乘法（OLS）和两阶段最小二乘法（2SLS），忽视了县域银行分支机构在地理空间上的依赖性和溢出效应。空间计量经济学（Anselin，1988；Fortheringham 等，2000）的发展为研究银行分支机构的县域分布特征提供了一个新的研究方法。运用系统广义矩估计（GMM）解决县域银行分支机构与农村信贷资金流动可能存在的内生性关系，也是本研究拟突破的问题。

1.3.3　研究内容

本书首先根据国内现实和研究基础，提出本书的研究问题和研究的创新之处，为后文开展详细研究奠定基础。第二章从宏观层面详细阐述我国县域农村金融发展、资源配置与信贷资金流动的现状和趋势；第三章分析县域银行网点分布的空间特征和演变趋势；第四章分析县域银行网点布局的空间效应，基于银行网点的设置行为揭示金融资源不平衡的原因；第五章研究县域银行网点布局与银行信贷资金流动的关系，通过对不同类型银行和不同经济水平的农村地区网点的比较研究，探寻县域银行网点布局和农村信贷资金流动关系的规律；第六章以支农主力军农信社为例，分析准入制度变迁下农信社支农力度；第七章对县域农村金融资源配置效率进行评价，并在金融资源配置不平衡的背景下，对如何提高农村金融效率、协调区域金融发展提出政策主张；第八章研究农村信贷资金流动与县域经济包容性发展的关系，为引导农村金融资源精准投入、降低收入不平等及减少贫困提供科学的政策依据；第九章针对研究结果，进行总结并提出针对性的对策建议。

1.4 本书的研究对象和数据来源

为了从县域的角度研究影响我国县域农村资金流动等问题，研究需要选取具有代表性的县域样本。本书以江苏省为例，选择江苏省 1995—2015 年 42 个县（市）为样本，分别为如东县、太仓市、海安县、溧阳市、如皋市、宜兴市、张家港市、江阴市、常熟市、海门市、昆山市、睢宁县、东台市、扬中市、靖江市、新沂市、句容市、东海县、灌云县、响水县、灌南县、滨海县、射阳县、涟水县、泗阳县、阜宁县、泗洪县、建湖县、宝应县、洪泽县、盱眙县、金湖县、高邮市、仪征市、沛县、丰县、邳州市、泰兴市、兴化市、启东市、沭阳县、丹阳市。

在经济发展方面，江苏省在样本期间实际 GDP 年均增长率为 12.7%，人均实际 GDP 年均增长率为 12.0%（以 1990 年为基期），其中第一产业增加值年均增长率为 4.5%。总体来看，江苏省县域从南到北处于不同的经济发展阶段。相对来说，苏南地区经济较为发达，而苏北地区仍是传统农区。从表1－1可以看出区域之间经济发展和经济结构差异明显，表中数据基本上能反映出我国目前县域农村发展不平衡的特征。在金融发展方面，截至 2015 年 9 月末，江苏省银行业金融机构在县域及以下的网点超过 7300 家，平均每个县拥有 139 个网点，每个乡镇有 4 个以上的网点[①]。截至 2015 年 12 月底，江苏省涉农贷款余额 2.61 万亿元，占全部贷款余额总量的 1/3[②]。

---

① 新华网《江苏银监局着力推动小微企业金融服务提质增效》。

② 江苏省人民政府网《江苏全力做好财政金融工作》。

表1－1　2015年样本县（市）经济发展指标与比较

	苏南	苏中	苏北
名义地区生产总值（亿元）	41518.70	13853.14	16564.30
人均地区生产总值（元/人）	125002	84368	55127
年末常住人口（万人）	3324.08	1642.52	3009.70
一般公共预算收入（亿元）	4179.92	1278.95	1885.93
三次产业结构值	2:47:51	6:49:45	11:45:44
县域单位数	22	37	38

数据来源：《2016年江苏省统计年鉴》。

本书中国宏观层面的数据部分来自《中国统计年鉴》《中国金融年鉴》《中国县域经济年鉴》中的统计数据，并转引了相关研究者的研究结论。县域经济层面的数据来自《江苏省统计年鉴》，县域金融发展指标和部分经济发展的面上数据借助中国人民银行南京分行统计调查获得。

第 2 章　准入制度变迁和农村信贷资金流动现状分析

农村金融控制的一个显著特点是制度规定农村资金供给渠道的组织形式。进入农村金融市场的资金供给主体由制度决定，能否进入、是否合法，都是政策安排的结果。为贯彻落实国家产业和区域发展政策，1994 年 4 月，国务院批准成立了农业发展银行，筹集农业政策性信贷资金，承担国家规定的农业政策性金融业务。2006 年 12 月，银监会制定发布了《关于调整放宽农村地区银行业金融机构准入政策，更好支持社会主义新农村建设的若干意见》，自此村镇银行、小额贷款公司、农民资金互助社等新型农村金融机构走上农村金融的舞台。2008 年后农商行开始跨区设立异地支行。农村金融准入门槛的降低和农村金融组织的创新，缓解了农村地区金融机构网点覆盖率低、金融供给不足的问题。正规金融机构是资金筹集和投放的主要渠道。因此，农村金融市场投放规模也会受到国家政策和管理当局的影响。

2.1　农村金融政策改革变迁历程

新中国成立初期，为尽快恢复经济、发展生产，我国建立了以国有银行为主、信用合作和民间借贷为辅的农村金融体制。在此后的 70 多年时间里，农村金融体制不断发展完善，目前已成为我国金融体系不可或缺的重要部分。纵观整个农村金融体制的发展历程，改革开放是一个关键的时间点。改革开放后，我国的农村金融体制开始朝着市场化、商业化、开放化和普惠化的方向进行改革，发展至今，大致分为四个阶段。

2.1.1　第一阶段（1978—1995 年）

以农业银行为主导，农村信用合作社为基础，其他金融机构和融资方式为补充的多元农村金融体系。

这一时期农村金融体制改革的思路是“农业银行商业化，农村信用合作化，逐步实现政策性金融与商业性金融分离”，形成以农业银行为主导，农村信用合作社为基础，其他金融机构和融资方式为补充的多元农村金融体系。

1979 年 2 月，国务院发布了《关于恢复农业银行的通知》，决定正式恢复中国农业银行，但此时的农业银行作为国务院的一个直属机构由中国人民银行代管。1993 年 12 月，国务院颁布了《关于金融体制改革的决定》，决定组建中国农业发展银行，并于 1994 年 4 月批准了中国农业发展银行章程和组建方案，这标志着农村金融领域政策性业务和商业性业务的分离。1996 年 8 月，国务院又作出了《关于农村金融体制改革的决定》，明确要求农业银行要适应新的变化，发展成为真正的国有商业银行，进一步发挥在农村金融中的主导作用。至此，经过了 15 年的改革与发展，中国农业银行逐步实现由专业银行向国有商业银行的历史性转变。

同一时期，作为农业银行的基层机构，农村信用社由于其经营管理僵化、经营效率低下等原因，难以满足农村经济发展对合作金融的需求。1983 年，由中国农业银行总行发布，并于 1984 年由国务院批转的《关于改革信用合作社管理体制的报告》，其指出要恢复农村信用社合作金融的性质，恢复并加强信用社组织上的群众性、管理上的民主性、经营上的灵活性，由“官办”变为“民办”。强调信用社组织的资金要优先用于农村，逐步取消农业银行对信用社的亏损补贴办法，实行独立经营、独立核算、自负盈亏。在此基础上，由各个基层信用社组织建立信用合作社的县联社。这次改革促进了农村信用合作社的发展，截至 1995 年底，全国已有独立核算的农信社 20219 个，总资产达 9587 亿元。但此次恢复合作金融的改革没有突破行政管理的框架，管理体制也没有发生实质性的变革，因而并未取得突破性的进展。

随着农村经济的发展，正规金融机构提供的融资远不能满足农村融资的需求，这使得民间借贷有了发展的空间。对于民间借贷，中央政府起初是支持的。早在 1981 年 5 月，国务院批转的《中国农业银行关于农村借贷问题的报告》中，就肯定了民间借贷的作用，认为它是农业银行和信用社的补充，并提出通过银行、信用社的改革和发展来引导和管理民间信用的设想。

2.1.2 第二阶段（1996—2004 年）

以农村信用社改革为重心，建立和完善以合作金融为基础，商业性金融和政策性金融分工协作的农村金融体系。

这一时期的改革主要围绕农村信用社展开。1996 年，国务院发布《关于农村金融体制改革的决定》，其核心是把农村信用社逐步改为由农民自愿入股、由社员民主管理、主要为入股社员服务的合作性金融组织。通过分离农村信用社与中国农业银行行政隶属关系，使农村信用社在股权设置和民主管理等方面逐步向“合作金融”方向回归，基本上突破了农村信用社“既是集体合作金融组织，又是国家银行基层机构”的管理体制。但因在此次改革中承接了大量累积的不良资产，农村信用社的发展举步维艰。

2002 年 3 月颁布的《关于进一步加强金融监管，深化金融企业改革，促进金融业健康发展的若干意见》首次提出农村信用社改革的重点是明确产权关系和管理责任，强化内部管理和自我约束机制。农村信用社改革要因地制宜，分类指导。

2004 年，国务院印发的《国务院办公厅关于进一步深化农村信用社改革试点的意见》中，确定北京、天津、河北等 21 个省（区、市），作为进一步深化农村信用社改革试点地区。这一轮改革的重点有三个方面：一是改革农村信用社产权制度；二是改革农村信用社管理体制，将农村信用社的管理交由省级人民政府负责；三是以加强支农服务、改善支农效果为目标，转换农村信用社经营机制，加强内控制度建设，逐步推进经营机制转换。此次改革使农村信用社实现了十年以来的首次盈余。但只强调了支农目标，模糊了合作性质，如此迅速的扭亏为盈引发了农村信用合作社性质的争论。

经过此轮改革措施，我国基本形成了以农村信用社为主包括农业银行和农业发展银行在内的正规金融体系。但其中也存在一些问题：如农村金融机构职能定位模糊，难以实现金融支农的目标、金融机构普遍存在内部管理结构和外部结构的失衡、相应的法律环境缺失、金融监管虚置、服务意识弱化等。以上暴露的问题制约了农村金融体系的进一步发展。

2.1.3 第三阶段（2004—2012 年）

2004 年以来，中央已经连续颁布了多个关于“三农”问题的中央一号文件，初步形成了以构建“广覆盖、多层次、多元化”农村金融为目标的政策体系。总结近年来农村金融政策的发展，可以归结为以下三个方面。

一是逐渐放宽农村金融的进入门槛，建立多元化的农村金融体系。在保证资本金充足、严格金融监管和建立合理有效的退出机制的前提下，鼓励在县域内设立多种所有制的社区金融机构，允许私有资本、外资等参股。大力培育由自然人、企业法人或社团法人发起的小额贷款组织。

二是进一步强调农村金融机构的支农力度。提出加快落实县域内银行业金融机构将一定比例新增存款投放当地的政策，通过财税、货币政策的协调和支持，引导各类金融机构到农村开展业务。

三是重视农村金融机构的体制改革。这一阶段，国家针对不同农信社发展水平差异，改革农信社管理体制和产权制度，提出“因地制宜、分类指导”原则，推进农信社的商业化和股份化，确立了农信社向农商行、农合行以及农信社三种产权制度转变的方向。同时，对农业银行和邮政储蓄银行进行改革，2009年中国农业银行股份有限公司成立，并于2010年启动IPO，分别在上海、香港挂牌上市；邮政储蓄于2007年挂牌邮储银行，经过一段时间的股份制改革于2016年在香港交易所主板上市。2007年起，国家试点政策性农业保险，初步形成适度竞争的保险市场。

2.1.4　第四阶段（2013年至今）

2013年党的十八届三中全会做出了《关于全面深化改革若干重大问题的决定》，提出要全面深化改革、瞄准精准扶贫和发展普惠金融，在此背景下，农村金融体制也开始进行深化改革。

规范农村互联网金融。2016年的中央一号文件《关于落实发展新理念加快农业现代化实现全面小康目标的若干意见》明确指出，将引导互联网金融、移动金融在农村的规范发展。随着经济数字化程度不断提高，国家推行的数字化建设不断向乡村延伸，数字普惠金融是乡村振兴战略落实的手段，也是农村金融改革的有效途径。数字化普惠金融服务将成为未来的必然趋势。

深度完善农村金融市场体系。这一阶段国家实施了一系列举措，包括鼓励社会资本参与设立新型农村金融机构，积极放宽市场准入、在农民专业合作社和供销合作社基础上，培育发展农村合作金融，依法依规开展资金互助业务、积极推广农村承包土地的经营权抵押贷款业务。

持续推进农村金融基础设施建设。2015 年的中央一号文件《关于加大改革创新力度加快农业现代化建设的若干意见》还提出要“推动农村金融立法，以法律的形式明确政策性和商业性金融支农责任”，建立地方农村产权交易平台，健全农地经营权抵押贷款配套制度。同时国家还大力建设农村信用体系和农村支付体系，加强对农村金融消费者的教育培训。以上一系列的举措推动了农村金融领域的基础设施建设，极大地改善了农村地区的金融生态。

表 2－1　2008—2016 年部分农村金融服务创新政策、扶持政策措施一览

文件名	文号	主要内容
《财政部关于印发〈中央财政种植业保险保费补贴管理办法〉的通知》《财政部关于印发（中央财政养殖业保险保费补贴管理办法）的通知》	财金〔2008〕26 号、财金〔2008〕27 号	财政部门按照“政府引导、市场运作、自主自愿、协调推进”的原则，对符合条件的种植业、养殖业保险业务，按照保费的一定比例，为投保的农户、龙头企业、专业合作经济组织提供补贴
《国务院办公厅关于当前金融促进经济发展的若干意见》	国办发〔2008〕126 号	放宽金融机构对中小企业贷款和涉农贷款的呆账核销条件，授权金融机构对符合一定条件的中小企业贷款和涉农贷款进行重组和减免
《财政部关于印发〈中央财政农村金融机构定向费用补贴资金管理暂行办法〉的通知》	财金〔2010〕42 号	对当年贷款平均余额同比增长且达到银监会指标要求的贷款公司、农村资金互助社；当年贷款平均余额同比增长，年末存贷比高于 50% 且达到银监会监管指标要求的村镇银行，按当年贷款平均余额的 2% 给予补贴
《财政部关于印发〈财政县域金融机构涉农贷款增量奖励资金管理办法〉的通知》	财金〔2010〕116 号	对涉农贷款平均余额同比增长超过 15% 的县域金融机构，按涉农贷款增长超过 15% 的部分，按 2% 的比例给予奖励。对年末不良贷款率高于 3% 且同比上升的县域金融机构，不予奖励。奖励资金由中央和地方财政共同分担，东、中、西部地区，中央与地方财政分担比例分别为 3:7、5:5、7:3

续表

文件名	文号	主要内容
《财政部　国家发展改革委关于重新发布银监会行政事业性收费项目的通知》	财综〔2010〕60 号	暂时免收银行业监管费的机构包括：农村信用社、农村合作银行、农村商业银行、三类新型农村金融机构，农业银行“‘三农’金融事业部”
人民银行、银监会出台《关于鼓励县域金融机构将新增存款一定比例用于当地贷款的考核办法》	银发〔2010〕262 号	对于可贷资金超过 70% 用于当地贷款或可贷资金减少但当地贷款增加的县域法人金融机构，存款准备金率低于同类机构正常标准 1 个百分点执行，并按新增贷款一定比例申请再贷款并享受优惠利率
《财政部　国家税务总局关于延长金融企业涉农贷款和中小企业贷款损失准备金税前扣除政策执行期限的通知》	财税〔2011〕104 号	将金融企业涉农贷款和中小企业贷款计提的贷款损失专项准备金准予在计算应纳税所得额时扣除的政策执行期限自 2008 年 1 月 1 日至 2010 年 12 月 31 日继续延长至 2013 年 12 月 31 日
《财政部关于进一步加大支持力度　做好农业保险保费补贴工作的通知》	财金〔2012〕2 号	进一步加大对农业保险的支持力度，将中央财政农业保险保费补贴政策推广至全国，保费补贴品种增加糖料作物保险至 15 个险种，支持各地提高农业保险保障水平和赔偿额度，并按规定给予保费补贴，引导农业保险的市场化运作，促进和培育农业保险市场发展，提高金融支持“三农”力度
《财政部关于开展小额贷款公司涉农贷款增量奖励试点的通知》	财金〔2012〕56 号	对天津、辽宁、山东、贵州等 4 省（市）符合监管要求，涉农贷款平均余额同比增长超过 15% 的县域小额贷款公司，超过 15% 的部分，按 2% 的比例给予奖励。奖励资金由中央和地方财政共同分担，东、中、西部地区，中央与地方财政分担比例分别为 3:7、5:5、7:3。对年末不良贷款率高于 3% 且同比上升的县域小额贷款公司，不予奖励
《财政部关于加强小额担保贷款财政贴息资金管理的通知》	财金〔2013〕146 号	规范金融企业呆账核销管理，增强金融企业风险防控能力，促进金融企业健康发展
《中国人民银行关于切实做好家禽业金融服务工作的通知》	银发〔2014〕69 号	人民银行各分支行在支农再贷款、支小再贷款的运用中对家禽业贷款较多的银行业金融机构加大支持力度

续表

文件名	文号	主要内容
《中国人民银行关于完善信贷政策支持再贷款管理　支持扩大"三农"、小微企业信贷投放的通知》	银发〔2014〕396号	调整信贷政策支持再贷款发放条件，下调支农、支小再贷款利率0.25个百分点、0.4个百分点，明确运用信贷政策支持再贷款发放的涉农贷款、小微企业贷款的监测考核量化标准，对信贷政策支持再贷款业务管理进行全面规范完善
《中国人民银行关于全面推进深化改革农村支付环境建设的指导意见》	银发〔2014〕235号	主要从深化助农取款服务，优化农民工银行卡特色服务，丰富支付服务主体，推广非现金支付，完善政策扶持体系，加强风险管理，强化宣传培训政策和组织落实等方面对下一步深化农村支付服务环境建设工作提出要求
《中共中央　国务院关于加大改革创新力度加快农业现代化建设的若干意见》	中发〔2015〕1号	主动适应农村实际、农业特点、农民需求，不断深化农村金融改革创新
《中国银监会办公厅关于做好2015年农村金融服务工作的通知》	银监办发〔2015〕30号	坚持以市场为导向、以需求为基础，积极创新低成本、可复制、易推广的农村金融产品和服务方式；加快建立本地化、特色化、量体裁衣式的金融产品体系，大力推广微贷技术，提高金融服务满意度，增强金融产品契合度
《国务院办公厅关于完善支持政策促进农民持续增收的若干意见》	国办发〔2016〕87号	积极引导互联网金融、产业资本开展农村金融服务；鼓励银行业金融机构在风险可控和商业可持续的前提下扩大农村农业贷款抵押物范围
《国家发展改革委　农业部关于推进农业领域政府和社会资本合作的指导意见》	发改农经〔2016〕2574号	鼓励金融机构通过债券、股权、资产支持计划等多种方式，支持农业PPP项目；鼓励金融机构加大金融产品和服务创新力度，开展投贷联动、投贷保贴一体化等投融资模式试点；探索以项目预期收益或整体资产用作贷款抵（质）押担保

续表

文件名	文号	主要内容
《农业部办公厅关于开展2016年度金融支农服务创新试点的通知》	农办财〔2016〕12号	鼓励开展金融支农服务创新试点，力争通过局部地区的先导性创新试验，探索总结扶持政策的有效实现方式、重点环节和主要对象，以及组织实施模式和管理制度等，为研究出台区域性或全国性重大支农政策建立项目储备，为改革完善财政支农投入机制提供参考经验，为深化农村金融改革探索路子
《中国银监会办公厅关于做好2016年农村金融服务工作的通知》	银监办发〔2016〕26号	银行业金融机构要立足于“三农”需要，坚持市场导向，兼顾发展差异，积极探索低成本、可复制、易推广、量体裁衣式的农村金融产品和服务方式，大力创新“三农”服务专门机构和业务模式

资料来源：《中国农村金融服务报告（2014、2016）》，中国金融出版社。

2.2　农村金融市场准入制度变迁特点

我国农村金融机构市场准入也经历了长期的变迁历程。调整放宽准入政策的主要内容可以概括为以下 4 点：低门槛、严监管；增机构、广覆盖；拓功能、强服务；先试点、后推开。

第一，金融机构进入农村金融市场的门槛较低，严监管的政策主要体现在以下方面：执行审慎、规范的资产分类制度，资本充足率不得低于 8%，资产损失准备充足率不得低于 100%；内部控制、贷款集中、资产流动性等应严格满足审慎监管要求；根据资本充足和不良贷款状况，适时采取递进式严格监管措施；对贷款公司实施并表监管。

第二，新设三类新型机构：村镇银行、贷款公司、农村资金互助社；商业银行和农村合作银行增设分支机构；对市场准入政策实行“绿色通道”。2005 年 5 月开始，商业性小额贷款公司试点工作在山西、四川、陕西、贵州和内蒙古 5 个省（区）开始启动。试点成立的小额贷款公司是以服务“三农”、支持农村经济发展为重点，为农户、个体经营者和微小企业提供小额贷款的机构。

其资金来源为自有资金、捐赠资金或单一来源的批发资金形式，不吸收存款，不跨地区经营，贷款利率由借贷双方自由协商。银监会于2006年发布了《关于调整放宽农村地区银行金融机构准入政策的若干意见》，在农村地区新设“村镇银行”“贷款公司”和“农村资金互助社”三类新型金融机构。同时，还放宽了农村地区现有银行业金融机构的兼并重组政策，并鼓励商业银行在农村地区开设分支机构。

第三，在成本可算、风险可控的前提下，积极创新符合当地客户合理需求的金融创新产品和服务。逐步将目前在城市地区开发、开办的标准化的保险、代理、租赁、保管、担保、个人理财、信息咨询、银行卡等产品与服务尽快推广到广大农村。充分利用商业化网络销售政策性金融产品，大力支持大型商业银行创造条件在农村地区设置ATM和发行银行卡，为广大的居民提供更广泛、更便利、更优质的金融服务等。

第四，坚持“先试点、后推开；先中西部、后内地；先努力解决服务空白问题、后解决竞争不充分问题”原则。一方面农村金融机构多元化，农信社的垄断地位必将被打破。农村金融机构多元化像任何成功的改革措施一样，是一个渐进的发展过程、一个政府参与和主导的过程、一个逐渐市场化的过程和一个行为观念不断转变创新的过程。另一方面，现有银行业金融机构势必加大对农村地区的资金投入。准入门槛放宽之后，目前在农村的各个金融机构如农业银行、农业发展银行、邮政储蓄银行等可以根据自身特点在多层次的农村金融业务中更好地找准定位，从客观上会加大对“三农”的支持力度①。

表2-2　1996—2016年部分农村金融机构准入政策一览

文件名	文号	主要内容
《国务院关于金融体制改革的决定》	国发〔1996〕33号	确立了“建设和完善以合作金融为基础，商业性金融、政策性金融分工协作的农村金融体系”的指导思想，同时要求改变农村信用社与农业银行的隶属关系，其业务管理和金融监管由中国人民银行承担，并按照合作制加以规范，提出在城乡一体化程度较高的地区组建农村合作银行

① 唐青生，袁天昂．对放宽农村金融机构准入“新政”的几点思考［J］．西南金融，2017（12）：62.

续表

文件名	文号	主要内容
《国有独资商业银行分支机构改革方案》	国办发〔1998〕120 号	方案对四大银行网点的精简提出了非常具体的要求（例如县级网点撤并）
《中国人民银行关于进一步规范股份制商业银行分支机构准入管理的通知》	银发〔2001〕173 号	规定股份制商业银行的机构发展需与当地经济发展、市场需求相适应；拟设立网点的城市具有良好的经济发展前景和市场潜力
《商业银行设立同城营业网点管理办法》	中国人民银行令〔2002〕第 3 号	商业银行在一个城市一次只能申请设立一个同城支行。在该申请获得不同意筹建的批复或获得开业批准后，申请人方可申请设立另外的同城支行
《关于调整放宽农村地区银行业金融机构准入政策　更好支持社会主义新农村建设的若干意见》	银监发〔2006〕90 号	确立农村金融市场准入新政。积极支持和引导境内外银行资本、产业资本和民间资本到农村地区投资、收购、新设各类银行业金融机构； 适度调整和放宽农村地区银行业金融机构准入政策，降低准入门槛，强化监管约束，加大政策支持，促进农村地区形成投资多元、种类多样、覆盖全面、治理灵活、服务高效的银行业金融服务体系，以更好地改进和加强农村金融服务，支持社会主义新农村建设； 国有商业银行、股份制商业银行、城市商业银行在大中城市新设立分支机构的，原则上应在新设机构所在地辖内的县（市）、乡（镇）或行政村也相应设立分支机构
《城市商业银行异地分支机构管理办法》	银监发〔2006〕12 号	明确允许和鼓励达到股份制商业银行中等以上水平的城商行通过收购、重组或直接设立分支机构等模式，在所在城市以外的郊区（县）、周边地区及邻近其他经济区布局，逐步放开对城商行经营范围的管制，实现跨区域经营
《中国银行业监督管理委员会农村中小金融机构行政许可事项实施办法》	银监发〔2008〕3 号	规范了农商行准入条件和分支机构的设立条件
《关于中小商业银行分支机构市场准入政策的调整意见（试行）》	银监办发〔2009〕143 号	进一步明确了城市商业银行在银行所在省份和省外设立分支机构的准入要求和受理程序，特别是进一步放松对中小商业银行在中国西部和东北等地设立分支机构的限制，取消了对城市商业银行运营资金的限制，使之能够更好地发展地方金融、服务中小企业

续表

文件名	文号	主要内容
《中国银监会关于印发农村中小金融机构行政许可事项补充规定的通知》	银监发〔2011〕3号	明确农村商业银行跨区域设立分支机构总体上应坚持“重在本省，辐射周边”的原则，布局重点是金融竞争不充分的经济欠发达地区和农村金融服务薄弱的县域，带动了广东、安徽、山西、上海等多个省市农商行的异地拓展
《关于农村中小金融机构实施金融服务进村入社区工程的指导意见》	银监办发〔2012〕190号	按照“布局合理，功能全面，疏密有度，竞争有序”的要求，统筹网点增设，持续加大乡镇及以下网点布设力度，对农村金融需求旺盛的行政村、自然村和中心社区优先增设机构网点。对于不具备设立标准化网点的村镇，在满足基本安全要求的前提下，可设立简易便民服务网点，适当放宽安全设施等级标准，灵活掌握营业时间或约定时间营业
《关于鼓励和引导民间资本进入银行业的实施意见》	银监发〔2012〕27号	为贯彻落实《国务院关于鼓励和引导民间投资健康发展的若干意见》（国发〔2010〕13号），鼓励和引导民间资本进入银行业，加强对民间投资的融资支持； 进一步加大引导和扶持力度，鼓励民间资本参与农村金融机构重组改造； 支持农民、农村小企业作为农村资金互助社社员，发起设立或者参与农村资金互助社增资扩股
《关于做好2013年农村金融服务工作的通知》	银监办发〔2013〕51号	在保持县域法人地位不变的前提下，稳步推进农村信用社转制为农村商业银行，成熟一家改制一家。鼓励农村信用社和农村商业银行下沉服务网点
《中国银监会关于鼓励和引导民间资本参与农村信用社产权改革工作的通知》	银监发〔2014〕45号	按照“立足本地、面向市场，平等参与、公平竞争，主业涉农、资质优良”的原则，鼓励民间资本进入农村金融服务领域，支持民间资本参与农村信用社产权改革，着力实现农村信用社股东主体涉农化、股权结构多元化、股本构成民营化，进一步提升农村信用社资本实力、经营活力与竞争能力； 省联社要加强指导、协调，积极推动农村信用社吸收民间资本实施产权改革，在银监会关于农村信用社改制的行政许可要求之外，不得另行设置民间资本准入门槛，不得对农村信用社产权改革和增资扩股等实施审批或采取限制性措施

续表

文件名	文号	主要内容
《中国银监会关于进一步促进村镇银行健康发展的指导意见》	银监发〔2014〕46 号	根据党中央、国务院关于完善农村金融服务体系、稳步培育发展村镇银行的要求，在商业可持续和有效控制风险的前提下，加大村镇银行县（市、旗）全覆盖工作的推进力度
《关于推进基础金融服务“村村通”的指导意见》	银监办发〔2014〕222 号	积极支持和鼓励民间资本参与村镇银行组建，扩大民间资本进入村镇银行渠道。公开村镇银行市场准入标准和流程，强化市场行为约束，提高市场准入透明度； 采取乡镇网点延伸服务，在符合条件的行政村建设简易便民网点和布设电子机具等方式，夯实基础金融服务“村村通”的渠道基础，提高服务普惠度
《关于做好 2014 年农村金融服务工作的通知》	银监办发〔2014〕42 号	优化大中型商业银行农村地区机构网点布局，稳定现有县域网点，拓展乡镇服务网络，探索城乡网点设立挂钩政策，严格限制现有乡镇网点撤并，适度提高农村地区网点覆盖水平
《关于做好 2015 年农村金融服务工作的通知》	银监办发〔2015〕30 号	稳步培育发展村镇银行，鼓励按照规模化组建、集约化管理和专业化服务的原则集中连片发起设立村镇银行，对设立村镇银行超过一定数量的发起行，允许设立村镇银行管理服务子公司；允许评级良好、管控能力强的城商行和农商行到西部地区发起设立村镇银行，重点布局老少边穷地区、农业主产区和小微企业聚集地区，不断提升村镇银行在农村的覆盖面
《推进普惠金融发展规划（2016—2020 年）》	国发〔2015〕74 号	明确要切实补足金融服务短板，努力实现涉农信贷投放持续增长；深化农村信用社改革，更好发挥支农主力军作用；加大对“三农”的金融资源配置，提升专业化服务水平；丰富金融服务主体，提升农村金融竞争充分性和服务满足度；支持农业转变发展方式，推进农村产业融合发展；实施精准扶贫，充分发挥金融加速脱贫能效；深入推进基础金融服务全覆盖，逐步创造条件，力争在 2020 年全面消除金融机构空白乡镇，在具备条件的行政村推动实现基础金融服务“村村通”；大力推进农村金融产品和服务创新；强化监管政策引领，加强涉农信贷风险管控；充分利用各类资源，形成政策支持合力

续表

文件名	文号	主要内容
《关于做好2016年农村金融服务工作的通知》	银监办发〔2016〕26号	指出要不断丰富金融服务主体，提升农村金融竞争充分性和服务满足度； 支持民间资本参与发起设立村镇银行。允许已投资一定数量村镇银行且所设村镇银行经营管理服务良好的商业银行，选择一家条件成熟的村镇银行作为投资管理行，提升批量化组建、集约化经营和专业化服务水平。支持符合条件的各类发起人发起设立服务“三农”的金融租赁公司，开发适合“三农”特点、价格公允的产品和服务。支持汽车金融公司、消费金融公司持续加大对农村地区消费信贷产品的投放和创新力度； 在经济欠发达地区实行“一行多县”和经济发达地区实行“一县多行”政策，持续提升村镇银行县市覆盖面

资料来源：《中国农村金融服务报告（2014、2016）》，中国金融出版社。

2.3 准入政策变迁下的网点布局

2.3.1 国有商业银行网点撤并

国有银行商业化集约化经营改革策略的实施，大幅度地削减县域金融机构网点。尤其是在经历了亚洲金融危机和1997年开始的通货紧缩后，1997年，全国金融工作会议确定了“各国有商业银行收缩县（及县以下）机构，发展中小金融机构，支持地方经济发展”的基本策略，包括农业银行在内的国有商业银行开始日渐收缩县及县以下机构。1998年6月，中国人民银行制定了《关于国有独资商业银行分支机构改革方案》，该方案对四大银行机构的撤并提出了非常具体的要求，例如，按银行的工作人员数量和吸收存款额，人均存款额在50万元以下的营业网点全部撤销，50万~100万元的营业网点部分撤销，100万~150万元的营业网点合并。二级分行也要进行大量撤并。1998—2001年，国有商业银行撤并境内分支机构和营业网点4.4万个，被撤并的机构基本上都位于县以下的农村地区。大型金融机构因“资金趋利”大幅度撤并县域网点，造成农村资金供给明显不足，农村金融市场供求矛盾突出（何德旭、饶明，2007），“三农”的经济状况难以改善，城乡差距持续扩大。

2.3.2　农村信用合作社改制

在四大国有商业银行收缩县域营业网点的同时，其他县域金融机构的网点也在减少。截至 2016 年，农村信用社县域网点数为 28285 个，相比 2007 年的 5.2 万个减少约 2.37 万个。2007—2016 年，农村信用社网点数年均下降 4.6%，县域企业金融覆盖总体水平仍然较低。一方面，农村信用合作社网点数目在减少。另一方面，农村信用合作社法人数量也在减少。截至 2018 年 6 月底，全国共有农村信用社 907 家，较 2017 年底减少 58 家。2003 年开始的一轮深化农村金融改革，允许在合作制基础上积极探索股份制和股份合作制，农村商业银行和农村合作银行是农信社的两个改制方向。2011 年，原银监会表示将不再组建新的农村合作银行，农村合作银行要全部改制为农村商业银行。农商行的数量自此快速攀升，农村合作银行和农信社的数量则逐渐减少。另外，在放开市场的同时推进农村金融机构的改革，允许高风险的农信社通过并购、重组等市场化手段退出。

2.3.3　其他类型银行网点扩张

为缓解农村地区金融抑制问题，解决农户与小微企业融资难的状况，2006 年，中国银监会推动新一轮农村金融改革。其核心要点是鼓励外资、产业资本以及民间资本进入农村金融市场，设立村镇银行、小额贷款公司、贷款公司和农村资金互助社在内的新型农村金融机构。新型农村金融机构的设立用于填补农村金融市场的空白，是新一轮农村金融改革成败的关键。2007 年初，银监会发文允许股份制商业银行在县域设立分支机构，据报道，浙商银行作为全国性的商业银行，早在 2006 年底就已经尝试开设县级分支机构，成立了全国性商业银行首家县级市分行——浙商银行义乌分行，该分行的经营范围包括吸收公众存款，发放短期、中期和长期贷款，总行授权的代理买卖外汇等业务。截至 2019 年底，股份制商业银行网点总量为 14802 个，其中县域地区分布有 1479 个，占网点总量约 10%。城市商业银行网点总量为 17879 个，其中县域地区分布有4518个，占网点总量约25%。但是，股份制商业银行和城商行县域网点分布比较不均。股份制商业银行的县域银行网点在华东地区数量最多，占所有股份制商业银行的73%。其他地区占比均在10%以内，最少的东北地区，仅占比2%。城市商业银行的县域银行网点在华东地区占其总量的41%，其次是华北地区约14%，华中地区约13%，西南地区约12%，最少的是华南地区，占比约4%。从这一系列举措可以看出，监管当局欲通过放松农村金融市场管制，引入竞争机制，提高农村金融市场效率。

总体而言，县域银行网点的覆盖面在增加。数据显示，截至2017年末，农村地区银行网点数量12.61万个，比2007年末增加约2100个。平均每万人拥有银行网点数量1.30个，县均银行网点55.99个，乡均银行网点3.93个，村均银行网点0.24个。[①]

2.4 城乡资金流动的主要渠道

从资金流动的方向分析，可以分为资金的流入和流出，流入、流出的差额反映了农村资金净流动的方向。考察中国城乡资金流动的历史和现实会发现，农村信贷资金外流现象长期存在。大量资金外流形成的资金供求缺口是农村经济发展的关键制约因素。我国农村信贷资金主要通过以下几个渠道流动：财政、金融、投资。

2.4.1 财政渠道

通过财政渠道流入农村的资金，主要是财政用于农业的支出，包括支援农业生产支出、各项农业事业费、农村基础建设支出、农村企业流动资金和农村科技三项费用等；而农村资金流出则主要是国家财政从农村征收的农业各税和乡镇企业税。其中，农业各税包括农业税、牧业税、耕地占用税、农业特产税和契税。2006年全面废止农业税和农林特产税后，部分学者认为农村资金不存在通过国家财政渠道净流出。但实际上土地增值税、耕地占用税、契税和烟叶税等几大税种仍然导致农村资金每年通过财政渠道巨额流失。1980年，农

① 中国人民银行《2017年农村地区支付业务发展总体情况》。

业各税总额只有 27.67 亿元，但是到 2005 年国家开始全面取消农业税时，农业各税已增加到 936.40 亿元，增加了 32.84 倍，农业各税曾经是农村资金外流的重要渠道①。

表 2－3　　1995—2015 年的农业税和乡镇企业税　　单位：亿元

年份	农业各税	乡镇企业税	合计
1995	278.09	1279.71	1557.80
1996	369.46	1306.62	1676.08
1997	397.48	1526.33	1923.81
1998	198.80	1582.98	1781.78
1999	423.50	1789.47	2212.97
2000	465.31	1996.50	2461.81
2001	481.70	2308.09	2789.79
2002	717.85	2693.54	3411.39
2003	871.77	3130.13	4001.90
2004	902.24	3658.33	4560.57
2005	936.40	5181.00	6117.40
2006		6105.3016	6105.3016
2007		6065.1292	6065.1292
2008		7214.2853	7214.2853
2009		8015.6777	8015.6777
2010		9319.6062	9319.6062
2011		11047.3078	11047.3078
2012		13829.4101	13829.4101
2013			
2014		11714.58	11714.58
2015		12269.61	12269.61

资料来源：农业各税资料来源于历年《中国统计年鉴》，乡镇企业税来源于《中国乡镇企业年鉴（1996—2013）》、《中国农产品加工业年鉴（2015—2016）》，2013 年乡镇企业税数据缺失。

① 国家 2006 年全面取消农业税，在一定程度上减少了农村信贷资金通过财政渠道的外流。

2.4.2 金融渠道

金融渠道的城乡资金流动主要是通过金融机构的农村存贷款业务实现的。农村存款是农村经济发展的重要资金来源。随着农村经济的不断发展，农民收入的增长和乡镇企业的稳步发展，农村存款显著增加。但是这些存款并未完全转化为农业和农村的投资，而是通过农村信用社、农业银行、邮政储蓄等金融机构直接或间接流入“非农”部门和城市。目前，农村金融供给主体既包括正规金融机构，也包括非正规金融机构。农村地区正规金融机构主要有农业发展银行、农业银行、农村信用合作社、邮政储蓄和保险公司等。其中，除政策性银行农业发展银行外，其他金融机构在不同程度上充当了农村资金外流的渠道。

(1) 农村信用社

农村信用合作社是经中国人民银行批准设立、由社员入股组成、实行民主管理、主要为社员提供金融服务的农村合作金融机构。其宗旨是“农民在资金上互帮互助”，主要资金来源是合作社成员缴纳的股金、留存的公积金和吸收的存款，贷款主要用于解决其成员的资金需求。起初主要发放短期生产生活贷款和消费贷款，后来随着经济发展，渐渐扩宽放款渠道，和商业银行贷款没有区别。

随着农村信用社体制改革的推进，农信社政策支农与商业化经营的矛盾长期存在。从存贷款指标来看，作为农村信贷市场上的支农主力军，农信社仍存在资金外流的问题。且其成立以来的初心就是服务“三农”和为农村地区提供优质的金融服务，从农村信用社 1995—2018 年这近二十几年的各项存款余额增速可以看出农村信用社发展极其的迅速。从 1995 年的 7172. 9 亿元到 2018 年的 46495. 75 亿元，其年均增长率达到 8. 47%；各项贷款余额从 1995 年的 5175. 8 亿元增至 2018 年的 29951. 75 亿元，其年均增长率为 7. 93%。然而尽管各项存款余额、存贷差余额以及各项贷款余额逐年的稳健增长，但是表征资金外流的存贷差仍有扩大趋势，样本期间平均值为 12125. 19 亿元；存贷比较低，平均值仅为 67. 04%。说明存款并没有全部用于农村，而是在利益的驱使下，农信社部分资金从农村地区流向城市地区。

表 2－4　　农村信用社资金外流情况　　单位：亿元或%

年份	各项存款	各项贷款	存贷差	存贷比
1995	7172.9	5175.8	1997.1	72.16
1996	8793.6	6289.8	2503.8	71.53
1997	10555.8	7273.2	3282.6	68.90
1998	12191.5	8340.2	3851.3	68.41
1999	13358.1	9225.6	4132.5	69.06
2000	15129.4	10489.3	4640.1	69.33
2001	17263.5	11971.2	5292.3	69.34
2002	19875.5	13937.7	5937.8	70.13
2003	23710.2	16978.7	6731.5	71.61
2004	27289.1	19237.8	8051.3	70.50
2005	27605.6	18680.9	8924.7	67.67
2006	30401.6	21024.2	9377.4	59.63
2007	35259.3	24616.4	10642.9	69.82
2008	41548.9	27452.3	14096.5	66.07
2009	47306.7	32156.3	15150.4	67.97
2010	50410.0	33972.9	16437.1	67.39
2011	55698.9	36715.9	18983.0	65.92
2012	59724.8	38370.1	21354.7	64.24
2013	65119.5	41167.6	23951.9	63.22
2014	66539.5	42480.7	24058.8	63.84
2015	63757.2	40462.0	23195.18	63.46
2016	57676.65	35827.88	21848.77	62.12
2017	52968.23	32949.27	20018.96	62.21
2018	46495.75	29951.75	16544.00	64.42

资料来源：《中国金融年鉴（1996—2019）》。

（2）邮政储蓄

我国邮政储蓄业务自 1986 年恢复开办后发展迅猛，在方便居民储蓄、聚集社会闲散资金、增强央行的宏观调控能力等方面，发挥了积极的作用。1986 年，全国邮政储蓄只有网点 2794 个，存款余额 5.64 亿元，截至 2018 年 9 月末，中国邮政储蓄银行资产总额达 9.3 万亿元，营业网点数量超过 40000 家，服务个人客户达5.65亿户①。

2007年挂牌邮政储蓄银行前，邮政储蓄原有“只存不贷”的资金运作方式加剧了农村信贷资金供给的不足，影响了农村经济的发展。1986年以来，我国邮政储蓄经历了“代办”（1986—1989年）和“自办”（1990年至今）两个阶段。在代办阶段，邮政储蓄的各网点实质上是人民银行直接吸收储蓄存款的代办所，邮政部门将吸收的邮储资金全额缴存人民银行。在自办阶段，邮储由邮政部门代理人民银行办理改为邮政部门自己办理，由原来储蓄存款全额“缴存”改为全额“转存”，人民银行按照预先规定的转存利率向邮储支付利息。由于无风险巨额利差收入，邮政储蓄经历了超常规发展。截至2002年底，邮政储蓄存款中农村存款达2511.9亿元，占邮政储蓄年末余额的36.68%。②这些资金通过“转存”人民银行流出了农村地区。2003年9月，中国人民银行大幅下调了邮政储蓄转存款利率③，改革邮储资金运作方式。政策调整后，邮储新增存款自主运用的渠道包括大额协议存款、买卖政府债券、金融债券和中央银行票据、承销政府债券和政策性金融债券等。从实际运用情况看，其回流农村的方式主要是向农村信用社融出资金支农。

表2-5　　邮政储蓄发展状况

年份	全国网点（处）	农村网点（处）	储蓄存款余额（亿元）	农村存款年末余额（亿元）	农村存款比重（%）	贷款余额*	存贷差（亿元）	存贷比（%）
1995	30130	20513	1615.83	546.9	33.85	—	—	—
1996	30712	21260	2146.55	740.1	34.48	—	—	—
1997	31473	21061	2645.68	882.8	33.37	—	—	—
1998	31563	20789	3202.05	1079	33.70	—	—	—
1999	31477	20333	3815.37	1262.7	33.09	—	—	—

① 中国新闻网《拥有近4万个营业网点　邮储银行成第六家国有大行》。

② 数据来源：张晓艳，杨文选．邮政储蓄资金回流农村的障碍分析——基于“转存款利率下调后”的视角［J］．乡镇经济，2006（9）：45-47.

③ 中国人民银行2003年9月1日下发《关于邮政储蓄转存款利率有关问题的通知》，规定：从2003年8月1日起，邮政储蓄存款在人民银行设立新老两个账户，按不同利率计息。2003年8月1日前的老储蓄存款仍按4.131%转存款利率计息，计息方式不变；新增储蓄存款由国家邮政局按市场原则，实行自主运用，也可转存人民银行，利率按央行存款准备金利率1.89%计算。

续表

年份	全国网点（处）	农村网点（处）	储蓄存款余额（亿元）	农村存款年末余额（亿元）	农村存款比重（%）	贷款余额*	存贷差（亿元）	存贷比（%）
2000	31763	20548	4579.21	1632.7	33.65	—	—	—
2001	31704	20242	5908.46	2024.9	34.27	—	—	—
2002	31704	20242	7363.46	2511.9	36.68	—	—	—
2003	31704	20242	8985.69	3066.1332	34.12	—	—	—
2004	31704	19062	10787.25	3768.3058	34.93	—	—	—
2005	35043	20674	13598.98	4861.6917	35.75	—	—	—
2006	34518	19926	16016.45	5758.0361	35.95	—	—	—
2007	36038	19450	17216.54	6852.0948	39.80	—	—	—
2008	35789	—	20800.40	—	—	—	—	—
2009	31079	—	24049.80	—	—	—	—	—
2010	36543	—	28470.80	—	—	—	—	—
2011	38811	—	34036.97	—	—	—	—	—
2012	38375	27888	46632.64	—	—	9084.42	37548.22	19.48
2013	40041	28192	52056.58	—	—	11646.37	40410.21	22.37
2014	39962	28443	58112.63	—	—	17165.07	40947.56	29.54
2015	40055	—	63050.14	—	—	24718.53	38331.61	39.20
2016	39927	—	72863.11	—	—	30106.48	42756.63	41.32
2017	39798	—	80626.59	—	—	36301.35	44325.24	45.02
2018	—	—	86274.40	—	—	42768.65	42505.75	49.57

资料来源：《中国金融年鉴》。＊中国邮政储蓄银行 2007 年 3 月挂牌成立，贷款数据为 2012—2018 年。“—” 表示数据缺失。

表 2－6　　1997 年以来邮政储蓄转存款利差变化表　　单位：%

日期	转存款利率	一年期银行存款利率	转存款利差
1997.12.21	7.452	5.67	1.78
1998.03.25	7.218	5.22	2.00
1998.07.01	6.6432	4.77	1.87
1998.12.07	5.922	3.78	2.14
1999.06.10	5.922	2.25	3.67

续表

日期	转存款利率	一年期银行存款利率	转存款利差
1999.12.21	4.6008	2.25	2.35
2002.02.21	4.347	1.98	2.37
2003.01.01	4.131	1.98	2.15
2003.07.31	4.131	—	—
2003.08.01	1.89①	—	—
2004.10.29	1.89	2.25	-0.36
2005.03.17	1.89	—	—
2006.08.19	1.89	2.52	-0.63
2007.03.18	1.89	2.79	-0.90
2007.05.19	1.89	3.06	-1.17
2008.10.09	1.89	3.87	-1.98
2008.11.27	1.62②	2.52	-0.90
2009	1.62	—	—
2010.10.20	1.62	2.50	-0.88
2011.02.09	1.62	3.00	-1.38
2012.06.08	1.62	3.5	-1.88
2013	1.62	—	—
2014.11.22	1.62	3.00	-1.38
2015.03.01	1.62	2.75	-1.13
2017	1.62	—	—
2018.06.28	1.62	—	—

资料来源：根据《中国金融年鉴（1998—2019）》整理。

注：缺失的数据由于金融年鉴的统计口径改变而导致。①2003 年 9 月 1 日银发〔2003〕177 号文，规定自 2003 年 8 月 1 日起，邮政储蓄新增存款转人民银行的部分，按照金融机构准备金存款利率（年利率 1.89%）计息。②2008 年 11 月 26 日银发〔2008〕339 号文，规定从 2008 年 11 月 27 日起，下调人民银行法定准备金存款利率为 1.62%。

2007 年，邮政储蓄银行正式挂牌成立，业务由初期的人民币储蓄和汇兑业务拓宽为《商业银行法》规定的所有业务，建立起邮储资金回流农村的机制。相比 1986 年，2007 年底邮储网点增至 36038 个，存款余额 17216.54 亿元，21 年间分别增长 12.90 倍和 3052.58 倍。邮储银行又进一步对自身经营的产品明确定位为农村金融市场，与此同时还积极地开展了小额信贷业务。截至

2018 年，邮储银行全行资产规模达 9.52① 万亿元，总负债规模达 9.04 万亿元；存款余额增至 86274.40 亿元，贷款余额增至 42768.65 亿元，存贷差为 42505.75 亿元，存贷比为 49.57%；实现营业收入 2612.45 亿元，同比增长 16.18%；净利润 523.84 亿元。资本充足率 13.76%，不良贷款余额 368.88 亿元，不良贷款率 0.86%，拨备覆盖率 346.80%。而 2018 年第四季度银行业平均不良贷款率为 1.83%，拨备覆盖率为 186.31%，可见邮储银行在农村金融市场扩张业务的同时，信用风险也是可控的。同时，在邮政储蓄全部网点中，有近 70% 处于农村；在全部储蓄存款余额中，超过 1/3 来自农村。由表 2－5 可知，邮储银行存贷比有逐年上升趋势，有效满足了农村农民对金融资金的需求。

（3）农业银行为代表的大型银行

在 1994 年前，四大国有专业银行的贷款业务范围有明确的界定，工商银行主要提供工商企业流动性贷款，农业银行提供农业贷款，中国银行提供外汇资金贷款，建设银行提供建设贷款等。但是，对于存款业务的市场范围并没有明确的规定。因此，长期以来，四家商业银行的农村分支网点均经营农村存款业务。

1994 年国家投融资改革之后，国家要求各专业银行要尽快转变为国有商业银行，按现代商业银行经营机制运行。各家银行纷纷调整经营战略，信贷业务向大中城市转移，县及县以下机构网点大幅减少，保留下来的机构网点通过资金上存，实际上已成为上级行的储蓄所。结果造成资金资源配置的局限性，一定程度上影响了农村资金的流向。

以农业银行为例，通过表 2－7 可知：农行的存款余额在不断上升，贷款余额也在不断上升，但其中对乡镇企业和农业的贷款总额和比重都在不断下降。为尽快转变为国有商业银行，按现代商业银行经营机制运行，各家银行纷纷调整经营战略，信贷业务向大中城市转移，县及县以下机构网点大幅减少，结果导致乡镇企业和农业贷款总额占比断崖式下滑，下滑比例曾一度达到 50%。由于在 2010 年农业银行成功地完成了“A＋H 股”公开上市，实现了从国有独资商业银行向大型公众持股银行的历史性转变，通过表 2－7 观察可

① 数据来源于《中国金融年鉴 2019》。

见，在农业银行上市的前后五年存贷比均在56%以下，农行离农现象明显。随着三农金融事业部制的改革和实施，农行存贷比有显著上升趋势，截至2018年已接近70%。

表2-7　　农业银行存贷款及资金净流出　　单位：亿元或%

年份	各项存款（1）	各项贷款（2）	其中：农业贷款	乡镇企业贷款	农业贷款和乡镇企业贷款占比	存贷差（1）－（2）	存贷比（2）/（1）
1979	280.07	410.98	99.97	29.89	31.60	-130.91	146.74
1980	368.04	512.01	113.76	52.99	32.57	-143.97	139.12
1981	422.57	565.02	120.05	62.14	32.24	-142.45	133.71
1982	502.20	623.08	131.63	73.37	32.90	-120.88	124.07
1983	588.04	716.23	144.41	80.02	31.33	-128.19	121.80
1984	718.80	1459.64	202.35	157.68	24.67	-740.84	203.07
1985	912.35	1687.70	221.76	187.98	24.28	-775.35	184.98
1986	1211.80	1996.12	279.83	287.93	28.44	-784.32	164.72
1987	1487.30	2319.26	338.68	350.07	29.70	-831.96	155.94
1988	1713.73	2632.15	396.80	407.69	30.56	-918.42	153.59
1989	2055.46	3058.17	463.93	420.61	28.92	-1002.71	148.78
1990	2640.55	3774.34	562.93	462.18	27.16	-1133.79	142.94
1991	3319.51	4578.07	695.45	498.43	26.08	-1258.56	137.91
1992	4130.94	5468.10	846.93	582.51	26.14	-1337.16	132.37
1993	5130.18	6565.02	857.62	774.61	24.86	-1434.84	127.97
1994	6721.82	5524.59	876.57	938.37	32.85	1197.23	82.19
1995	6939.43	6560.53	1121.36	1105.49	33.94	378.90	94.54
1996	9310.40	8566.47	1230.66	1291.43	29.44	743.93	92.01
1997	11322.41	9809.57	1530.49	1514.54	31.04	1512.84	86.64
1998	13324.29	13667.60	1775.55	1747.63	25.78	-343.31	102.58
1999	15492.79	15550.61	1737.44	1900.39	23.39	-57.82	100.37
2000	17515.89	14497.16	1287.83	1412.76	18.63	3018.73	82.77
2001	20242.53	16045.95	1255.07	1449.52	16.86	4196.58	79.27
2002	24106.88	18578.95	4417.42*	—	23.78	5527.93	77.07
2003	29004.72	22118.43	4569.15*	—	20.66	6886.29	76.26

续表

年份	各项存款（1）	各项贷款（2）	其中：农业贷款	乡镇企业贷款	农业贷款和乡镇企业贷款占比	存贷差（1）－（2）	存贷比（2）/（1）
2004	34173.22	25146.26	4636.10*	—	18.44	9026.96	73.58
2005	39702.82	27405.80	4508.78*	—	16.45	12297.02	69.03
2006	46584.81	30518.35	—	—	—	16066.46	65.51
2007	52059.45	33754.22	—	—	—	18305.23	64.84
2008	60974.28	31001.59	—	—	—	29972.69	50.84
2009	74976.18	41381.87	—	—	—	33594.31	55.19
2010	88876.20	47877.49	—	—	—	40998.71	53.87
2011	98496.00	53027.00		—	—	45469.00	53.84
2012	110921.00	60123.00	—	—	—	50798.00	54.20
2013	120972.00	67146.00	—	—	—	53826.00	55.51
2014	130899.29	77862.00	—	—	—	53037.29	59.48
2015	145115.63	86379.94	—	—	—	58735.69	59.52
2016	155344.42	94896.64	—	—	—	60447.78	61.09
2017	167660.61	103890.03	—	—	—	63770.58	61.96
2018	171456.46	119136.25	—	—	—	52320.21	69.48

*包括常规业务的农业贷款、农副产品收购贷款、供销社贷款、乡镇企业贷款及专项业务各项贷款。

资料来源：1979—1995年数据来源于《中国农村金融统计年鉴》（1980—1996年），1996—2001年数据来源于《中国农业银行统计年鉴》（1997—2002年），2002—2018年数据来源于《中国金融年鉴》（2003—2019年）。

（4）保险公司

根据我国《保险法》的有关规定，我国的保险公司目前可以在规定的范围内，从事直接或间接地投资活动（如银行存款、买卖政府债券、金融债券和国务院规定的其他资金运用形式），但考察我国保险公司投资活动的实际，可以发现多用于购买股票、国债及投资于其他高盈利行业。同时，我国保险公司的基层机构虽然为县级机构，但保险公司对吸纳的资金多实行集中管理，根据规定，县级保险公司所收取的保费必须上缴其上级公司，由总公司统一运用。虽然对县级机构有一定比例的投资返还，但这部分资金也很难投资于当地经济。因此，保险资金成为农村资金外流的渠道之一。

从农业保险的发展看，本应在防范农业自然灾害风险中发挥重要作用的农业保险不仅短缺，而且现有的农业保险经营性质也在一定程度上分流了农村资金。自20世纪90年代中期，中国人民保险公司逐步转换为规范的商业保险公司后，农业保险的性质也由原来的政策性农业保险业务逐渐转变为商业性农业保险业务。此外，开展农业保险的还有安华农业保险股份有限公司、阳光农业相互保险公司、江泰保险经纪有限公司、国元农业保险公司等多家保险机构。作为世界各国所普遍采用的一种农业支持保护政策，农业保险在我国也日益受到重视，成为助推现代农业发展、突破农村金融瓶颈、创新乡村治理的新工具和新手段。2007年以来，我国农业保险快速发展，取得了令人瞩目的成绩，保费收入稳居世界第2位。2018年，我国农业产值的23.21%①得到了风险保障，农作物承保面积占到相应作物播种面积的60%甚至70%以上，但是保障程度低仍然是我国农业保险的一个主要短板。根据2015年《中国保险年鉴》的数据：农业保险保费收入为374.9亿元，同比增长15.08%，占总财产保险保费收入比为5%；而农业保险赔款支出却为237.05亿元，同比增长15.19%，占财产保险赔款支出比为1%。即使赔款同比增长率大于农业保险保费同比增长率，但是农业保险的保费收入却依然大于农业保险赔款支出，呈现出由于保费收入大于赔付款而导致的农业资金外流的态势。

2.4.3 投资渠道

农村资金通过投资渠道流出的表现形式有以下几种。

一是通过购买城市企业的股票、债券、基金及国债等有价证券的形式流出。当前，随着证券、基金、保险业的迅猛发展，农村居民的投资渠道越来越多，尤其是在经济相对发达的东部农村地区更是如此。

二是通过向城市直接投资的形式流出。由于农村地区的基础设施、交通、投资空间等相对落后于城市，一些民间投资者通过资本原始积累发展壮大后，

① 数据来源于中国银行保险监督管理委员会网站。

开始实行战略转移，将大量资金从农村投向城市或其他领域，寻找相对优越的生存和发展环境。同时，伴随着农村劳动力的转移，农村第三产业经营者逐步向中小城市转移，同时乡镇企业为了改善经营环境、提高经济收益、提升企业竞争力，纷纷迁往市县开发区，且把原来在农村形成的资金积累带向城市，造成农村资金的净流出。

三是通过农村贷款在城市使用的形式流出。例如，农村中大量的个体经商户纷纷到城市办企业，而他们办企业所需要的流动资金绝大部分是向本地农村信用社借的。

2.4.4 其他渠道

首先，财政补贴资金层层截留造成农村信贷资金间接流失。据推算，农村居民家庭每年人均种植业收入为 783.64 元，每个农村劳动力所负担的家庭人口数平均为 1.52 人（房付洋、谢元态，2016）。然而实际并未按照国家规定标准进行补偿，甚至被地方政府层层截留，造成农村信贷资金的间接流失，同时也导致了农民收益的极大损失。

其次，农村耕地占用补偿额度低造成农村资金的间接流失，这也是农村资金外流的主要渠道之一。改革开放以来，失地农民从土地上得到的补偿最多不超过 5000 亿元，1978 年以来，工业化和城市化通过不合理的土地征用体制至少积累了 3.5 万亿元资金（周天勇，2004）。由此可见，如果农村居民可以自由转让农用地，自身则可以获得一个巨大的收益，然而农地征用却导致其自身只能获得一个较小的补偿，这样就造成了本可留在农村的规模巨大的资金外流至农村之外。

再次，农村过量的经济负担与不合理收费导致农村资金从非正式渠道流失。农村税费改革前，农民需要承担乡村两级的“三提五统”和名目繁多的不合理收费。这些资金被用在了乡村道路、基础教育、卫生、计划生育等公共品的提供上，从而导致农村资金的准财政性质非正式渠道的外流。

最后，现有的教育收费制度造成农村资金大量外流。改革开放以来，农村资金通过教育渠道（主要是大中专学生每年上交学费和生活费支出的形式，每人每年 1 万元左右，全国每年招生 700 多万人，每年间接转移资金 2000 亿元左右）转移到城市，从而进一步扩大城乡差距（房付洋、谢元态，2016）。

2.5 资金外流问题对农村经济的影响

一是农村金融需求长期得不到满足。支撑我国农业发展和农村经济发展的重要资金力量是我国农民的储蓄资金，但农村信用社和农村邮政储蓄机构成为我国农村资金外流的重要渠道。1978—2000 年，在农村资金需求缺口巨大、农民贷款远未得到满足的情况下，农民储蓄通过农村信用社渠道净流出 8722 亿元，其中 51.8% 的资金被农村信用社用于发放农村中小企业贷款和其他形式的贷款，近 50% 的资金通过各种渠道流出农村。在现实中必然导致农民“贷款难”问题和农村资金短缺问题。而农村邮政储蓄机构则以“只存不贷”的形式直接造成 1612 亿元农村资金的净流出（不仅数额巨大，而且其增长势头迅猛），成为农村资金净流出的一个重要渠道，进一步加剧了农村资金要素的稀缺程度。长期的资金外流必然使县域资金日趋紧张，在地方财政普遍困难的情况下，将使县域本来可用于农村发展的资金减少；更为严重的是将造成县以下农村资金被通过各种形式抽到县级，从而进一步加剧县以下农村资金紧缺化，农村金融需求长期得不到满足（巴红静、管伟军，2009）。

二是农村的经济发展受限。由于巨额银行信贷资源得不到合理配置，从总体上使整个国民经济的经济效率降低，造成国民经济增长的滞缓。具体到农村来说，将造成农村资金的进一步外流，从而使得我国农业和农村经济结构调整受到严重的资金制约。县域和农村资金外流的严重问题，如果拖延下去，则必然使得农村经济发展因过度“贫血”而滞缓，出现发展链条上的断档，如果未抓住补救的良好机会，则日后必然要付出更大的成本予以弥补。

三是农民负担进一步加重。信贷萎缩必然使县域资金紧缺化，而县域经济发展的许多目标的实现就成为问题，其结果只能是两种情况：一种是取消一些投资计划、减少发展计划目标；另一种是想尽办法使这些发展目标能够实现。事实上，我国地方政府出于地方建设和经济发展以及上级压力等种种原因，必然要努力达到这些目标，这就必然要在县域内部寻求资金（县域外部的资金注入比较难，其一是财政资金注入比较有限，其二是金融渠道本身紧缩）。在内部寻求资金，除了通过县域当地中小企业（必然要包括农村中小企业，这也必然加重农村中小企业的负担）等渠道寻求外，一个重要的渠道就是向农民伸手要资金。在目前农民利益缺乏保障、农民仍属于弱势群体的情况下，县级政府部门会通过各种形式从农民手中获取资金，这就必然加重农民负担，从而使得农民负担问题越来越严重。

农村资金要素的日益稀缺，使农村资金需求主体融资成本上升，导致农村实体经济发展受阻，农户和农村中小企业均将因资金紧缺不愿投资于生产，不愿采用新技术改造传统农业提升产业级次，这必然使农业和农村经济结构调整受到严重影响，导致农村资金的再生功能进一步弱化。最终，表现为农民收入和农村中小企业产值水平很难有所提高，增加农村消费、开拓农村市场、扩大内需等宏观经济政策目标因农民收入增加困难、农民购买力低下，生活负担进一步加剧等无法实现。

四是影响金融机构的长期生存。对农村金融机构而言，农村资金要素日益紧缺，更为直接的结果是，农村可用于储蓄的资金进一步减少，农村金融机构的日常支付和生存成为问题。更严重的是，如果农村信用社出现严重支付危机，容易造成挤兑风波，形成较大范围的金融风险，严重扰乱社会经济政治秩序。许多信用社出现支付问题的原因就在于此，而靠中央银行的再贷款救助也不是长久之计。在现有情况下，如果不尽快改变县域和农村资金外流格局，不从宏观和微观制度上加以解决，必然使农村资金要素紧缺化，农村经济、县域经济乃至整个国民经济发展滞缓，并最终可能陷入“恶性循环”。

全面建成小康社会的难点在“三农”。面对全面建成小康社会的历史性任务，迫切需要解决农村信贷资金外流问题。这就要求在从战略高度重视“三农”问题的基础上，加快建立适应社会转型期的农村资金支持体系，包括财税支持体系、银行信贷支持体系、价格支持体系、保险支持体系等，尽可能满足“三农”发展的资金需求。

2.6　本章小结

通过对已有资料的梳理，农村金融政策的变迁经历了三个主要阶段：第一阶段（1978—1995 年）农村金融体系以农业银行为主导，农村信用合作社为基础，逐步过渡到第二阶段（1996—2004 年）以农信社为重心的农村金融体系，发展到第三阶段（2004—2012 年）以金融机构创新为主要手段的农村金融体系，至第四阶段（2013 年至今）农村金融体制深化改革。在准入政策变迁下国有商业银行和农村信用合作社网点规模减少，但是其他银行的县域网点在增加，整体而言，县域农村的金融覆盖面是扩大的。农村信贷资金主要通过农村金融体系（财政渠道、金融渠道、投资渠道、其他渠道）流出，造成了农村经济的“失血”现象，资金的持续外流对农村经济造成了一定程度的影响。

第 3 章　准入制度变迁下县域银行网点空间布局特征

上文分析了农村金融资源配置的不平衡性和信贷资金外流的现状，梳理了现有研究的理论基础，回顾了农村金融的政策变迁历程。本章将进一步分析准入制度变迁下县域银行网点空间布局特征。已有的关于银行网点功能及布局的研究，为本章理解农村地区银行网点的内涵及其设立的意义提供了重要启示，但研究方法和研究内容方面还有待完善。研究农村银行网点布局时忽略了空间因素。金融资源的空间分布本质上是一个金融集聚与金融扩散的过程。银行网点是渠道资源及信贷资源的结合体，其空间作用应符合金融资源与地域条件协调发展的时空变化规律。计量经济学中关于线性回归模型的经典假设，无法解决空间样本数据的空间相关性问题。目前空间计量法已应用于解释省域层面和城市金融集聚的空间效应，但是尚未应用于县域层面。鉴于此，本章拟利用 Geoda 软件图解县域银行网点空间演变轨迹及区域差异，考察县域银行网点分布的全局空间自相关性与局部空间自相关性，探究农村金融资源配置与县域银行网点的空间分布的关系。为进一步研究县域银行网点分布的空间效应打下基础。

3.1　农村地区银行网点扩张现状和趋势

2017 年中央 1 号文件提出支持金融机构增加县域网点，适当下放县域分支机构业务审批权限；2018 年中央 1 号文件进一步提出推动农村金融机构回归本源，把更多金融资源配置到农村经济社会发展的重点领域和薄弱环节，满足乡村振兴多样化金融需求。文件的出台充分体现了下沉金融服务在平衡农村金融资源配置中的重要性和紧迫性。近二十年来农村金融体系不断改革，从 1998 年国有商业银行撤并农村地区的分支机构，到 2000 年农村信用社股权结构优化，再到2006年农村金融市场“准入新政”及城商行的跨区经营、2007年邮储银行改制及村镇银行设立、2012年鼓励民间资本参与农村金融机构重组改造等系列政策措施推动着县域金融机构的种类、数量、规模呈现积极变化。截至2018年末，农村地区银行网点达12.66万个，平均每万人拥有银行网点1.31个，县均银行网点56.41个，乡均银行网点3.95个，村均银行网点0.24个[①]。但是，全国金融机构空白乡镇仍有1296个[②]。在法人机构方面，我国东部地区占比34.5%，中部和西部地区分别占比25.3%和31.4%，东北地区占比仅8.8%[③]。在涉农贷款方面，我国东部地区占比45.4%，中部和西部地区分别占比21.1%和25.7%，东北地区占比仅7.7%[④]。由此可见，我国区域金融资源是不平衡的，而且银行网点的分布几乎决定了涉农贷款的规模及覆盖范围。

表3-1　　2015—2018年农村地区银行网点分布现状

年份	农村地区银行网点数量（万个）	每万人拥有银行网点数量	县均银行网点	乡均银行网点	村均银行网点
2015	12.17	1.31	55.12	3.75	0.22
2016	12.67	1.39	57.75	3.98	0.23
2017	12.61	1.30	55.99	3.93	0.24
2018	12.66	1.31	56.41	3.95	0.24

资料来源：中国人民银行《农村地区支付业务发展总体情况（2015—2018）》。

3.2　基于Moran'I指数的全局空间自相关性

根据地理学第一定律（Tobler，1970），所有的事物都是存在相互联系的，离得越近的事物彼此之间的联系越强。知识的溢出、要素的流动及政策的仿效等因素导致区域间网点设置存在关联。空间效应具体可分为空间依赖性和空间异质性。空间依赖性意味着空间上的观测值之间缺乏独立性，空间相关的强度

① 数据来自中国人民银行《2018年农村地区支付业务发展总体情况》。

② 数据来自中投顾问《2018—2022年中国农村金融行业深度调研及投资前景预测报告》。

③ 数据来自中国人民银行《中国区域金融运行报告（2017）》。

④ 根据中国人民银行《中国农村金融服务报告（2016）》中的相关数据整理。

及模式由空间的相对位置和绝对位置共同决定。空间异质性是指观测值地理空间上的分布缺乏均质性，例如存在核心和边缘地区、发达和欠发达地区等经济地理结构，从而导致金融发展水平的空间差异性。莫媛和徐虹（2012）认为由于中国长期金融体制和金融政策、地方条块分割等制约因素，农村金融市场在县域层面上存在较强的分割性，信贷资金的横向流动受限，即空间上的观测值独立性较强。然而，聚类理论指出社会经济活动及相关要素的空间聚集，可提高资源的利用效率，从而节约成本、增加效用，金融本身的高流动性则更加有利于资源集聚。在县域金融市场分割的条件下，金融集聚效应可能会受到削弱或消失。但是，随着农村金融体制的市场化改革的推进，县域银行网点可能并非均质分布，而是呈现一定程度的空间集聚。

根据空间计量经济学原理，首先采用 Moran's I 指数法检验县域银行网点数之间是否存在空间自相关性；如果存在空间自相关性，则进一步建立空间计量模型进行县域银行网点分布影响因素的估计和检验。

Moran's I 指数反映的是空间邻接或空间邻近区域单元属性值的相似程度，如果 x_i 是县（市）i 的网点数观测值，则该变量的全局 Moran's I 指数，用式（3－1）计算：

$$I = \frac{n\sum_{i=1}^{n}\sum_{j=1}^{n}w_{ij}(x_i-\bar{x})(x_j-\bar{x})}{\sum_{i=1}^{n}\sum_{j=1}^{n}w_{ij}\sum_{i=1}^{n}(x_i-\bar{x})^2} = \frac{\sum_{i=1}^{n}\sum_{j\neq i}^{n}w_{ij}(x_i-\bar{x})(x_j-\bar{x})}{S^2\sum_{i=1}^{n}\sum_{i\neq j}^{n}w_{ij}} \quad (3-1)$$

其中，$S^2=\frac{1}{n}\sum_{i=1}^{n}(x_i-\bar{x})^2$，$\bar{x}=\frac{1}{n}\sum_{i=1}^{n}x_i$，$w_{ij}$ 为二进制的邻接空间权重矩阵，表示县（市）i 和县（市）j 在空间上邻近关系。当县（市）i 和县（市）j 相邻时，$w_{ij}=1$；当县（市）i 和县（市）j 不相邻时，$w_{ij}=0$。Moran's I 的取值一般在［－1，1］之间，小于0表示负相关，等于0表示不相关，大于0表示正相关。使用 Geoda 软件逐年计算1995—2015年江苏省42个县（市）的银行网点数的全局 Moran's I 指数，并依照银保监会的银行分类口径分别计算大型银行、股份制银行、城商行、农信社和邮储银行的全局 Moran's I 指数，结果见图3－1。

从全局 Moran's I 指数可以看出，江苏省县域银行网点布局在空间分布上并非表现出完全随机的状态。从时间序列看，随着农村金融改革的推进，全体

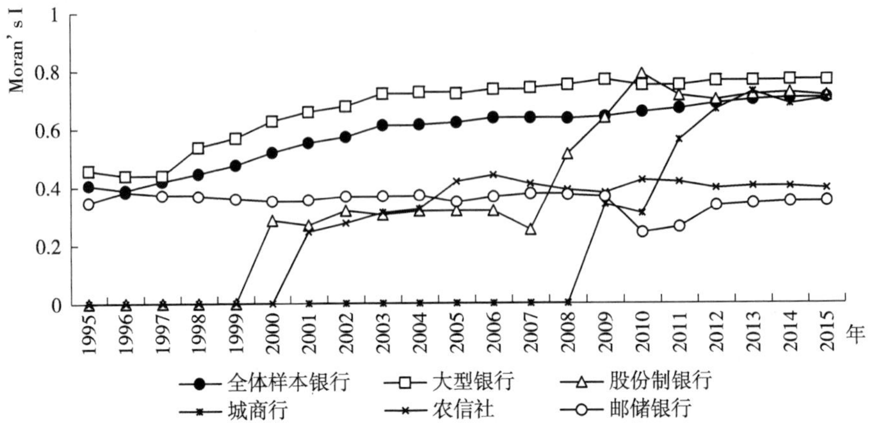

图3-1　江苏省县域各类银行网点的全局 Moran's I 指数

样本银行网点空间集聚在全域空间自相关性逐年增强。各类银行因功能定位不同，在机构布局及演进方面存在显著差异，相关性呈现大型银行 > 股份制银行 > 城商行 > 农信社 > 邮储银行的特征。大型银行网点数的空间自相关性最强，从 2003 年起一直处于 0.7 以上；股份制银行和城商行网点分布从样本初期的空间不相关逐步转化为空间正相关，且与大型银行网点 Moran's I 指数在样本末期出现趋同；农信社和邮储银行网点的空间自相关系数较低，农信社网点分布从样本初期的不相关于 2000 年后转变为较弱的正相关，而邮储银行 Moran's I 指数在样本期间比较稳定，均值为 0.35，标准差仅 0.04，这印证了邮储银行依据区域均衡发展布局网点的思路。

3.3　基于 Moran 散点图的局部空间自相关

全局空间自相关只能从整体上探测银行网点是否在样本区域存在集聚性，无法对集聚的地理范围进行准确定位，因此需要采用局部空间自相关来确定发生金融集聚的区域和范围。局部空间自相关指标是指该县（市）单元周围有显著的相似县（市）单元空间集聚，同时与全局空间联系指标成比例。通常利用 LISA（Local Indicators of Spatial Association，LISA）和 Moran 散点图结合为可视化的 LISA 集聚图进行相关分析。LISA 集聚图能帮助我们直观地识别网点分布的空间不稳定性和非典型区域。作为 LISA 的局部 Moran'I 是全局

Moran's I 统计量的局部化版本，表达式为：

$$I_i = \frac{(x_i - \bar{x})}{s^2} \sum w_{ij}(x_j - \bar{x}) \qquad (3-2)$$

3.3.1　县域银行网点总数的空间分布

1995 年和 2015 年分别为样本的初期和末期。1998 年全国开始实施银行分支机构改革，国有银行逐步撤并了大部分农村地区的分支机构，银行网点数大幅度减少。为保持样本分析的连续性，分别选择 1995 年、1999 年、2010 年和 2015 年绘制样本县域银行网点总数分布的 Moran 散点图。

图 3 -2 可以看出从 1995—2015 年，这种空间正相关关系在逐渐增强。银

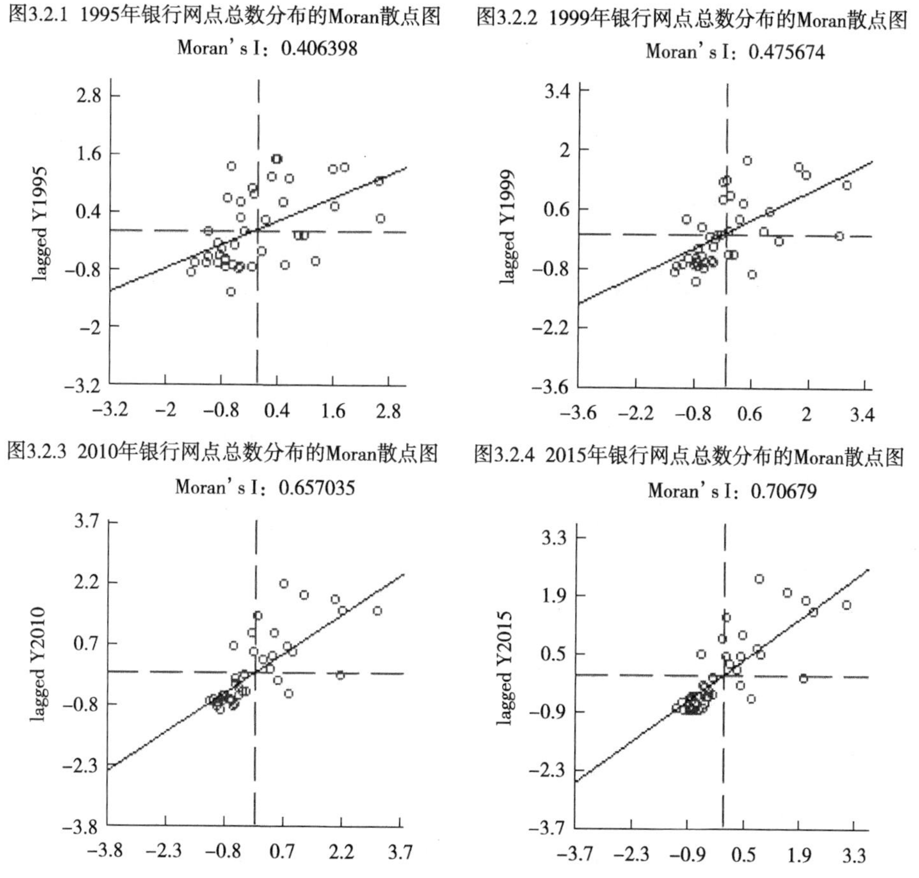

图 3 -2　县域银行网点总数分布的 Moran 散点图

行网点分布在苏南和苏北地区分化为高—高集聚和低—低集聚，反映了县域银行网点分布的空间差异性和不平衡性。

表 3 – 2　　2015 年各县银行网点分布的空间相关模式

象限	空间相关模式	地区	观测数
第一象限	HH	太仓市、昆山市、张家港市、江阴市、常熟市、启东市、如皋市、海安市、海门市、东台市、如东市、泰兴市	12
第二象限	LH	扬中市、溧阳市	2
第三象限	LL	东海县、邳州市、灌云县、响水县、新沂市、灌南县、沭阳县、滨海县、睢宁县、射阳县、涟水县、泗阳县、阜宁县、泗洪县、建湖县、宝应县、洪泽县、盱眙县、金湖县、高邮市、仪征市、句容市、靖江市、沛县、丰县	25
第四象限	HL	兴化市、丹阳市、宜兴市	3

注：根据 2015 年县域银行网点总数分布 Moran 散点图编制。

1995 年，样本初期县域银行网点数的分布大多集中在第一、第三象限，少部分县域是在第二、第四象限。从 1995—1999 年，分布在第二、第四象限的县域逐渐向一三象限转移，例如，新沂市和句容市转移到了第三象限，与新沂市相邻的东海县、邳州市、沭阳县银行网点表现的都是低—低集聚，与句容市相邻的仪征市银行网点呈现的也是低—低集聚。苏北的邳州市、沭阳县以及苏中的仪征市都属于经济欠发达地区，金融资源较少，在周边地区影响下转变为网点的低—低集聚。另外，海门市则是转移到了第一象限，海门市转为高—高集聚主要是由于与其相邻的启东市的银行网点数较高，而且启东呈现的是高—高集聚现象。启东区位价值明显，作为主城区离上海最近的环沪城市之一，主动承接了上海产业、科技、创新、人才、金融、资本等各类资源辐射。2010 年，睢宁县、东台市、靖江市从第二象限里转出，东海县和邳州市从第四象限里移出到第三象限。2010 年以后，县域银行网点的分布没有什么变化，基本上比较稳定。

截至 2015 年，县域银行网点数空间联系的特征主要表现为：银行网点总数多的县（市）相对趋于邻近，或者银行网点总数少的县（市）相对趋于邻近，即大部分县（市）位于第一和第三象限内，空间分布为低—低集聚和

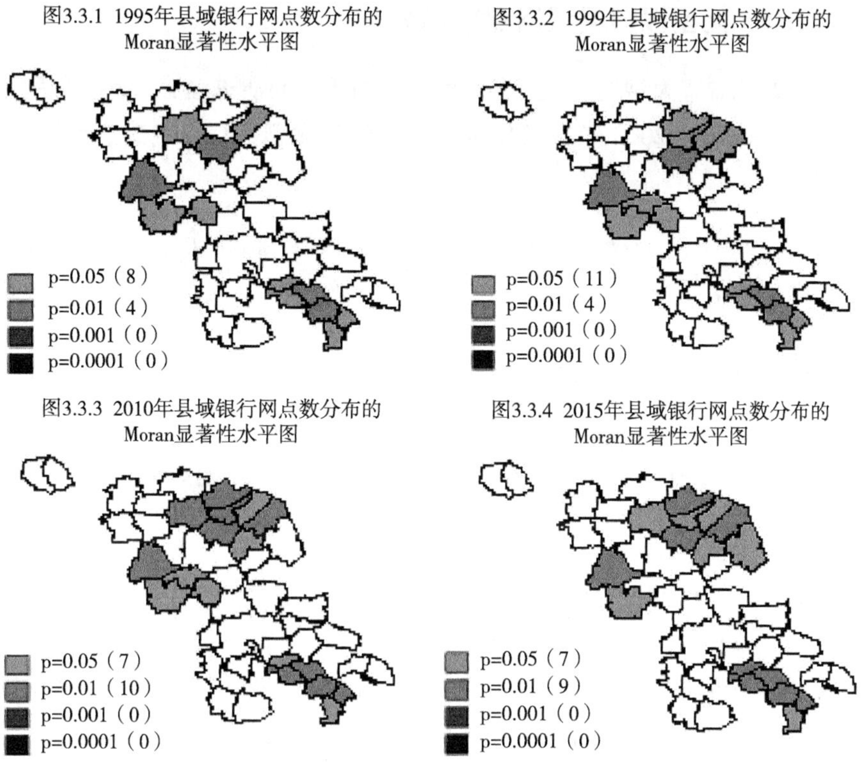

图 3－3　县域银行网点总数分布的 Moran 显著性水平图

高—高集聚。例如，通过计算局域相关性指数 Local Moran's I 发现，苏南的常熟市 Local Moran's I 达到 3.068，且通过显著性检验。常熟市及其周围太仓市、昆山市、江阴市、张家港市、靖江市是银行网点数较多的县域，这些经济发达地区的银行网点数分布呈现出显著的高—高正相关；苏北的响水县和灌南县 Local Moran's I 分别为 －1.181 和 －0.852，且通过显著性检验。响水县、灌南县及其周围灌云县、滨海县、射阳县、涟水县、阜宁县银行网点数分布呈现出低—低相邻的态势，表现出显著的低—低邻接空间正相关。同时，研究发现网点低—低集聚的县域比高—高集聚的县域多一些，表明大部分县域农村的银行网点仍然是偏少的，而且低—低集聚的县域之间的相对作用范围小，联系力度不紧，银行网点分布趋于随机性、各自为政。

3.3.2 大型银行县域网点空间分布

为更好地观察大型商业银行县域网点分布的空间演进趋势，此处分别选择1996年、2003年、2008年和2015年样本期绘制大型银行网点数分布的Moran散点图。

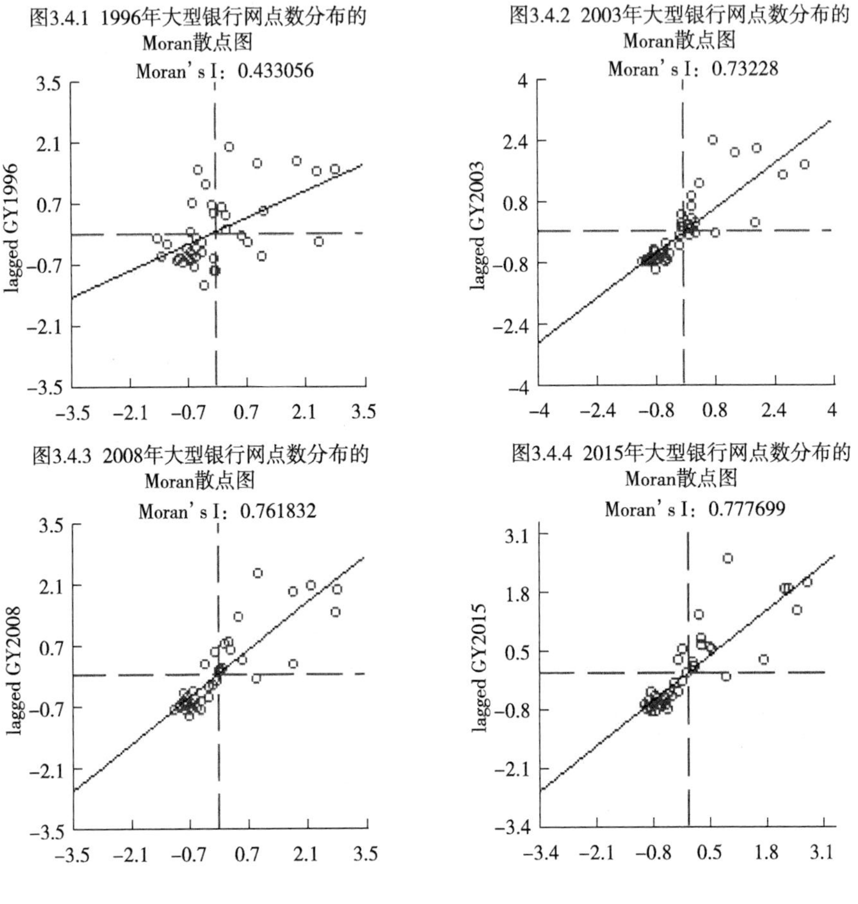

图3-4 大型银行县域网点分布的Moran散点图

表3-3 2015年各县大型银行网点分布的空间相关模式

象限	空间相关模式	地区	观测数
第一象限	HH	海安县、如东县、海门市、泰兴市、如皋市、启东市、靖江市、太仓市、江阴市、昆山市、张家港市、宜兴市、常熟市	13

续表

象限	空间相关模式	地区	观测数
第二象限	LH	扬中市、句容市	2
第三象限	LL	东海县、邳州市、灌云县、响水县、新沂市、灌南县、沭阳县、滨海县、睢宁县、射阳县、涟水县、泗阳县、阜宁县、泗洪县、建湖县、宝应县、洪泽县、盱眙县、兴化市、金湖县、高邮市、仪征市、东台市、溧阳市、沛县、丰县	26
第四象限	HL	丹阳市	1

注：根据 2015 年国有银行网点分布 Moran 散点图编制。

整体而言，样本县域大型银行网点分布表现为空间正相关，与县域银行网点总数分布特征是一致的。随着样本期间国有银行撤并县域网点、向集约化经营转型，样本末期大型银行县域网点逐渐呈现低—低集聚和高—高集聚两种类型。

1996 年，国有银行的网点空间分布散点四个象限均有，其中低—高集聚或高—高集聚的县域较多。1997 年亚洲金融危机爆发，中央召开了第一次全国金融工作会议，系统解决金融风险问题。国内各界对加快国有银行体制改革的必要性形成广泛共识。1997 年，县域样本从第二象限向第一象限转移的县（市）较多。苏北的邳州市和睢宁县则分别从第四象限和第二象限转移到第三象限，与邳州市和睢宁县相邻的新沂市的国有银行网点较少且数量在减少，同时新沂市国有银行网点分布的 Moran 散点落在第三象限。1998 年，苏中的泰兴市 Moran 散点由第一象限转移到了第四象限，泰兴市的国有银行网点数在下降。从 1999 年开始，中央授权四大国有银行精简机构，大幅裁员、撤并网点，据统计，1999—2002 年间全国工行职员净减少 16 万人，农行机构数净减少近 2 万个。1999 年，苏南的宜兴市从第四象限转移到了第一象限；2003 年，苏南的溧阳市和苏中的泰兴市分别从第二象限和第四象限转移到了第一象限和第三象限，又一次趋向空间正相关；2008—2015 年，样本县域仅苏南的扬中市和句容市处于第二象限，仅丹阳市处于第四象限，这三个县（市）均隶属于江苏省镇江市。从地理区位看，镇江市虽然处于经济领先全国的长三角地区，但因夹在省会城市南京和工业大市苏州之间，要素资源常年输出，因此镇江的三个样本县落在了二四象限。

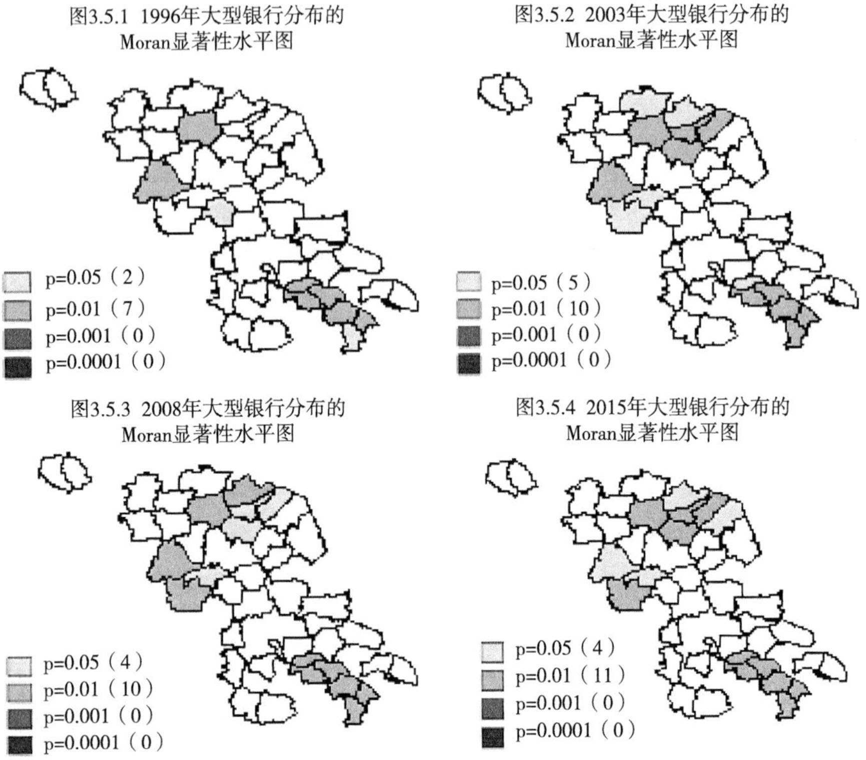

图 3－5　大型银行网点分布的 Moran 显著性水平图

2015 年，大型银行网点数量多的县域主要集中在苏南的常熟市和张家港市周围，这些地区大型银行网点分布的局域空间相关性通过显著性检验；大型银行网点数少的县域主要集中在苏北的灌南县和泗洪县周围，也表现出显著的空间相关性。这为不同县域地区制定不同的金融政策提供了现实依据。

3.3.3　股份制银行网点空间分布

1997 年之前股份制银行的 Moran's I 值为负，1997 年转为正数。为更好地观察股份制商业银行县域网点分布的空间演进趋势，此处分别选择 1997 年、2007 年、2011 年和 2015 年样本期绘制股份制银行网点数分布的 Moran 散点图。

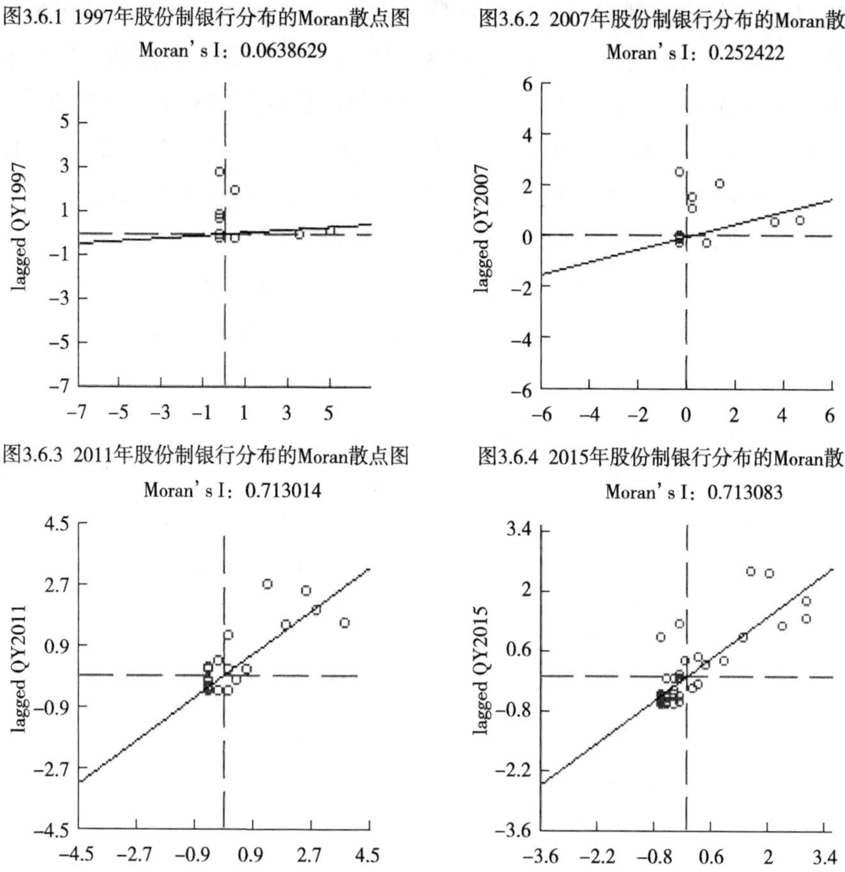

图 3－6　股份制银行网点分布的 Moran 散点图

表 3－4　　　　2015 年各县股份制银行网点分布的空间相关模式

象限	空间相关模式	地区	观测数
第一象限	HH	太仓市、常熟市、昆山市、张家港市、江阴市、溧阳市、宜兴市、海门市、启东市	9
第二象限	LH	如皋市、靖江市、如东县、句容市、扬中市	5
第三象限	LL	东海县、邳州市、灌云县、响水县、新沂市、灌南县、沭阳县、滨海县、睢宁县、射阳县、涟水县、泗阳县、阜宁县、泗洪县、建湖县、宝应县、洪泽县、盱眙县、兴化市、金湖县、高邮市、东台市、仪征市、泰兴市、沛县、丰县	26
第四象限	HL	海安县、丹阳市	2

注：根据 2015 年股份制银行网点分布的 Moran 散点图编制。

1997 年之前股份制银行县域网点数的 Moran's I 值为负，1997 年转为正，但只有 0.0638，正相关关系较弱，源于只有少部分县域设立股份制银行网点，且主要分布在苏南地区。1999 年，苏南的江阴市和昆山市从第二象限转移到第一象限，江阴是一种内生经济模式，依赖自己的资金、人才和劳动力，通过资本运营改造和提升传统产业，推进区域经济的进步。昆山主要依赖外部资金和外部市场，则是一种典型的外来经济，两地对金融资源具有一定的吸引力。从 1999 年到 2007 年，苏中的靖江市和苏南的张家港市转移到第一象限，苏中的如皋市和泰兴市转移到第三象限。第一象限和第三象限的县域数量在逐年增加，第二象限和第四象限的县域数量在减少。2007 年 4 月，银监会在适时放宽农村地区银行机构市场准入政策后，又下发了《关于允许股份制商业银行在县域设立分支机构有关事项的通知》，“允许股份制商业银行在商业可持续的原则下，在县域设立分支机构”“在具有城市群或经济紧密区特征的城市或县域设立支行，视为同城分支机构管理”，这打破了传统的按行政区划设置分

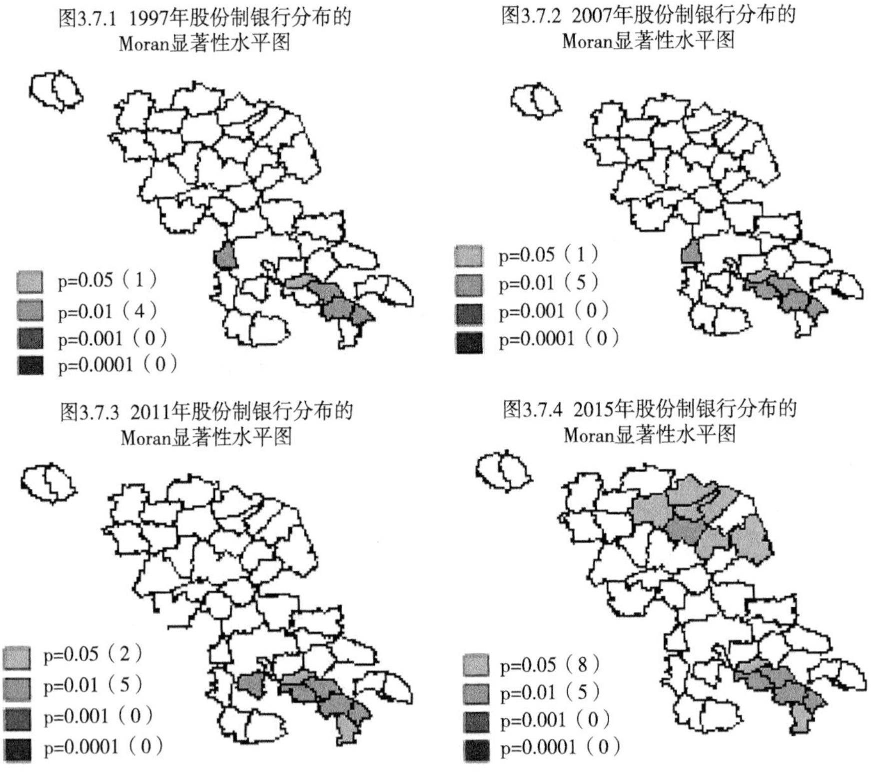

图 3－7 股份制银行网点分布的 Moran 显著性水平图

支机构的模式。2014 年，第二象限和第四象限的县域样本数增加。2015 年，一三象限的县域样本数在增加，股份制银行县域网点数 Moran's I 达到 0.713，股份制银行县域网点分布的空间正相关性增强。

2015 年，股份制银行网点数量较少的县域主要分布在苏北的响水县与滨海县周围，网点数量较多的县域主要分布在苏南的常熟市和张家港市周围，且通过了显著性检验。与大型银行相比，股份制银行网点分布的 Moran's I 值更小，表现在落在第二象限的县域样本数多于大型银行。

3.3.4 城商行网点空间分布

2005 年之前城商行的 Moran's I 值为负，2005 年转为正数。为更好地观察城商行县域网点分布的空间演进趋势，此处分别选择 2005 年、2008 年、2011 年和 2015 年样本期绘制城商行网点数分布的 Moran 散点图。从 Moran's I 值看，城商行银行网点分布的空间正相关性要弱于股份制商业银行，更弱于大型银行。

表 3－5　2015 年各县城商行网点分布的空间相关模式

象限	空间相关模式	地区	观测数
第一象限	HH	靖江市、江阴市、太仓市、昆山市、张家港市、常熟市	6
第二象限	LH	扬中市、如皋市、溧阳市、启东市	4
第三象限	LL	东海县、邳州市、灌云县、响水县、新沂市、灌南县、沭阳县、滨海县、睢宁县、射阳县、泗阳县、阜宁县、泗洪县、建湖县、宝应县、洪泽县、盱眙县、兴化市、金湖县、高邮市、东台市、海安县、如东县、仪征市、句容市、沛县、丰县	27
第四象限	HL	涟水县、丹阳市、泰兴市、海门市、宜兴市	5

注：根据 2015 年城商行网点分布的 Moran 散点图编制。

2005 年之前，城商行空间分布中的 Moran's I 值为负，主要是城商行数量少，有较多县域都没有设立城商行。2005 年，虽然设立城商行网点的县域较少，但 Moran's I 值转向正值，表明已经表现出空间正相关性趋势。2006 年银监会出台《城市商业银行异地分支机构管理办法》，明确提出“对于满足各项监管要求，且对达到现有股份制商业银行中等以上水平的城市商业银行，将逐步允许其跨区域经营”，同年 4 月，上海银行宁波分行成为我国首家实现跨区

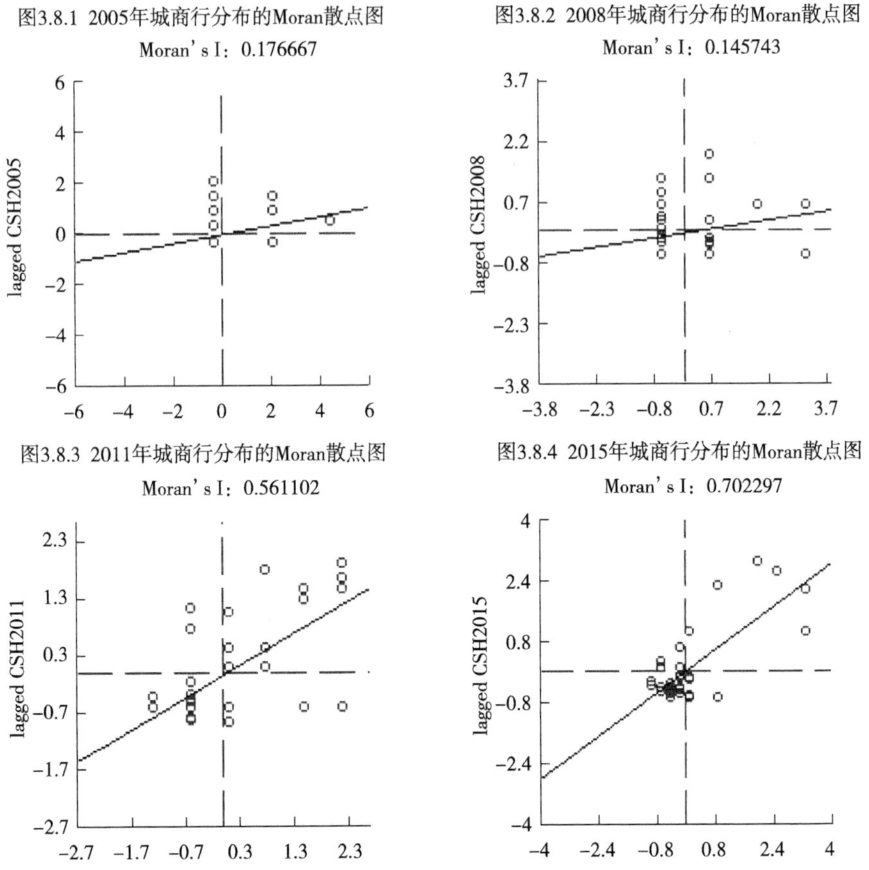

图 3-8 城商行网点分布的 Moran 散点图

域经营的城商行案例。2007 年，中国银监会下发了《关于允许股份制商业银行在县域设立分支机构有关事项的通知》，允许股份制商业银行、城商行在县域设立分支机构。受宏观经济形势下行的影响，城市很多大项目基本与城商行无缘，城商行市场空间受到大银行挤压，纷纷增设县域支行，服务县域经济及新农村建设，谋求新的增长点。从 2008 年 Moran 散点图中可以看出，各象限的县域样本数在增加，表明城商行网点覆盖的县域范围在扩大。为促进股份制商业银行、城市商业银行更好地支持地方经济、中小企业和“三农”发展，增强银行服务辐射功能，银监会于 2009 年对股份制商业银行、城市商业银行分支机构的市场准入政策进行调整并下发了《关于中小商业银行分支机构市场准入政策的调整意见（试行）》，提出“符合条件的中小商业银行在相关地域范围下设分支机构，不再受数量指标控制”“进一步简化审批程序，将省内分支机构审批权限下放给各省银监局”“鼓励商业银行优先到西部、东北等银行机构较少地区、金融服务相对薄弱地区设立分支机构，并对符合监管导向的相关申请予以优先支持”，通过放宽和简化机构设立，再次为城商行跨区域经营提供了新的机遇。据银保监会统计显示，截至 2009 年末，全国城商行资产规模达 5. 68 万亿元，存款和贷款规模分别达 4. 65 万亿元和 2. 89 万亿元。在这些城商行中，既有如北京银行、上海银行这样的上市银行，也有刚刚从城市信用社发展而成的小型城商行。2011 年，样本县域主要分布在一三象限。从 2012 年到 2014 年，二四象限的县域样本数虽在增加，但 Moran’s I 值在增大，表明城商行分布的集聚效应趋强。据南京博智经邦统计，2019 年底城商行的县域银行网点在华东地区数量较多，占其总量的 41%，其次是华北地区约

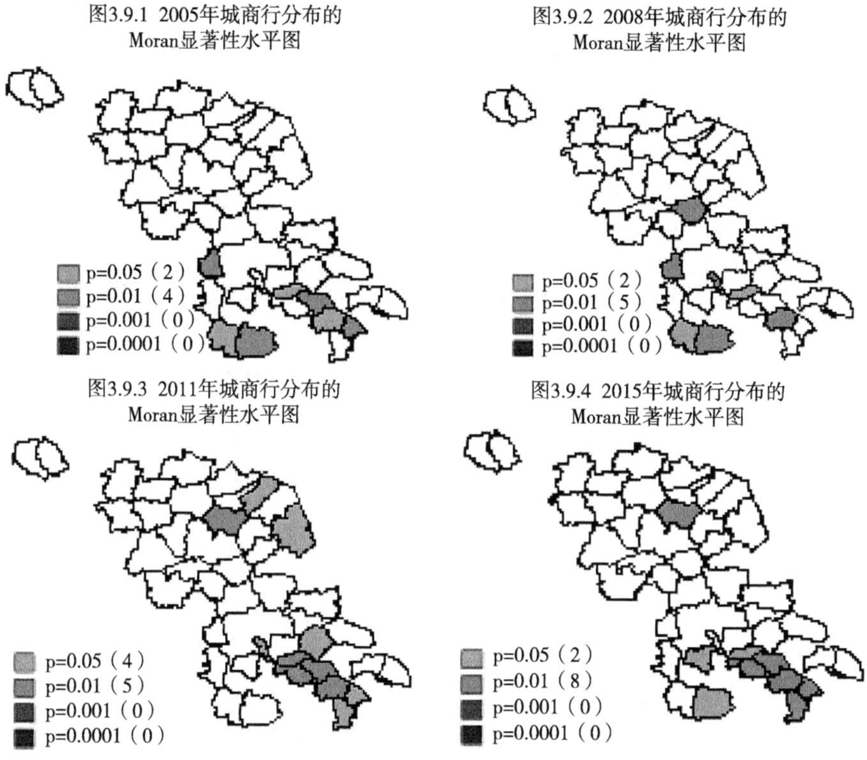

图 3－9　城商行网点分布的 Moran 显著性水平图

14%，华中地区约13%，西南地区约12%，最少的是华南地区的约4%。从2015年Moran散点图可以看出，Moran's I达到了0.7，县域样本主要集中在第三象限，呈现出很强的空间正相关性。

2015年，城商行网点数量较多的县域主要分布在苏南的常熟市和张家港市周围，表现出很显著的空间正相关性，Local Moran's I达到3.292。城商行网点数量较少的县域空间相关性不显著，需要注意的是苏北的涟水县出现在第四象限且在1%水平上显著，主要是由于涟水县周围的阜宁县、灌南县、响水县城商行网点数量均较少且表现为低—低集聚现象。

3.3.5 农信社网点空间分布

2006年底银监会调整放宽农村地区银行业金融机构准入政策，2007年江苏银监局就鼓励辖内农商行作为战略投资者入股苏北、苏中农村合作金融机构，并出台了相关指导意见。2012年银监会收紧农村商业银行设立异地分支机构的审批权限，为考察政策的变化对农信社（含农商行）网点分布的影响，此处分别选择1995年、2007年、2012年和2015年的样本期绘制农信社网点数分布的Moran散点图。

表3-6　　2015年各县农信社网点分布的空间相关模式

象限	空间相关模式	地区	观测数
第一象限	HH	如东县、太仓市、海安县、溧阳市、如皋市、宜兴市、张家港市、江阴市、常熟市	9
第二象限	LH	海门市、昆山市、睢宁县、东台市、扬中市、靖江市、新沂市、句容市	8
第三象限	LL	东海县、灌云县、响水县、灌南县、滨海县、射阳县、涟水县、泗阳县、阜宁县、泗洪县、建湖县、宝应县、洪泽县、盱眙县、金湖县、高邮市、仪征市、沛县、丰县	19
第四象限	HL	邳州市、泰兴市、兴化市、启东市、沭阳县、丹阳市	6

注：根据2015年农信社网点分布的Moran散点图编制。

农信社属于县域法人机构，在样本地区的分布整体呈现分散特征，相比大型银行、股份制银行、城商行，农信社县域网点数之间的空间相关性较弱。样本期间存在从二四象限向一三象限转移的趋势，第三象限的样本量占比最多。

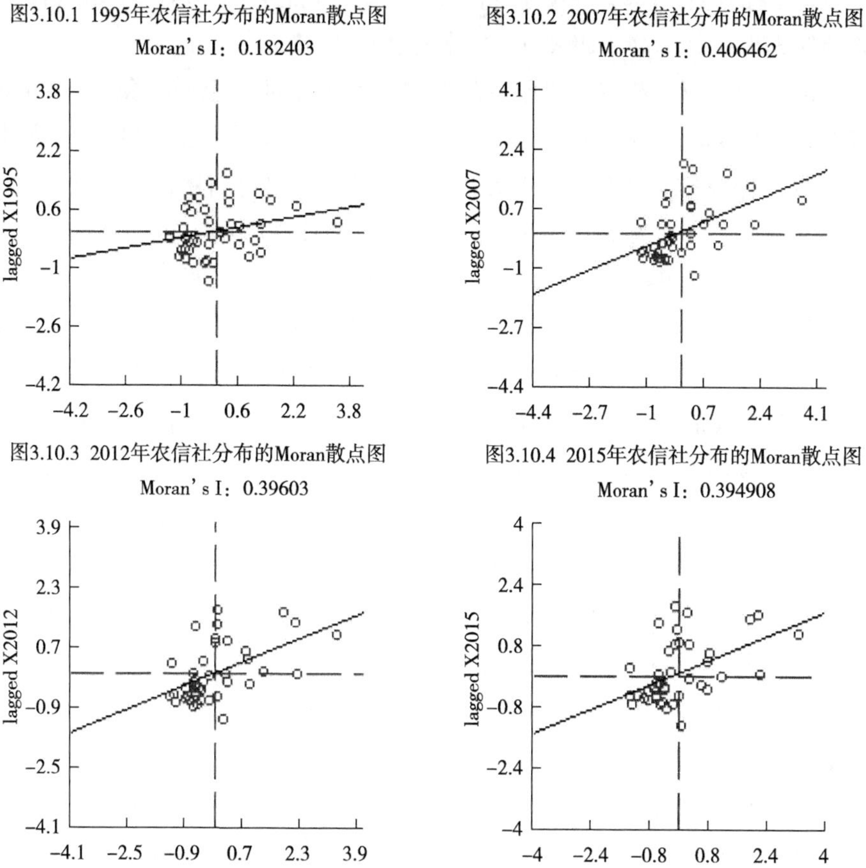

图 3－10　农信社网点分布的 Moran 散点图

1995 年，农信社 Moran 散点分布在四个象限，呈现分散特征，Moran’s I 值只有 0.18，表明农信社网点分布的空间相关性弱。1996 年 8 月国务院下发了《关于农村金融体制改革的决定》（国发〔1996〕33 号）表示，农信社改革的重点转向恢复农村信用社的合作制性质，改革的核心是把农村信用社逐步改为由农民入股、由社员民主管理、主要为入股社员服务的合作性金融组织。并且提出，农信社要与农行脱钩，业务管理和金融监管分别由县联社和人民银行承担。但是由于农信社脱离农行时，承接了大量历史包袱，再加上 20 世纪 90 年代大量乡镇企业亏损、转制和“逃废债”，农信社的经营压力较大。统计数据显示，2002 年前后我国共有 4 万多家农信社，其中仅 15% 能够维持盈利。主要监管指标方面，2002 年底全国农信社不良贷款总额为 5147 亿元，占其贷款总额的 37%，远远高于四大行，资本充足率是 -8%。

2007 年，原先落在二四象限的散点转移了一部分至一三象限，Moran's I 值上升到 0.406。2000 年，江苏省在全国率先开展农信社产权制度改革试点，2001 年全国农信系统第一家省级联社——江苏省农村信用社联合社正式挂牌成立，论证了以省为单位、省级联社—县市联社（农商行）的两级法人体制和股份制改革的可行性。2003 年，国务院印发《深化农村信用社改革试点方案》（国发〔2003〕15 号）拉开了新一轮农村信用社改革的大幕，文件提出两大改革方向，一是以法人为单位改革信用社产权制度，其直接结果就是产生了不同产权形式和众多的市、县小法人。2007 年江苏银监局就鼓励辖内农商行作为战略投资者入股苏北、苏中农村合作金融机构，例如，2007 年 7 月，常熟农商行与启东市农村信用合作联社签订协议，对后者参股 20%，并提供人才、管理、业务和技术支持。此后，江苏的这种南北合作多番上演：常熟农商行参股射阳农信联社 20% 股份，东吴农商行战略参股泗洪农村合作银行 20% 股份。2008 年，张家港农商行通过收购安徽休宁农村合作银行 20% 的股权实现了跨区经营。在系列改革举措下，农信社机构网点进行了优化整合。

2010 年 11 月，原银监会印发的《关于加快推进农村合作金融机构股权改造的指导意见》提出，用三到五年左右时间将农村合作金融机构总体改制为股份制金融企业。2011 年 8 月，原银监会表示，不再组建新的农村合作银行，鼓励符合条件的农信社、农合行改制组建为农村商业银行。2012 年，原银监会收紧农村商业银行设立异地分支机构的审批权限，农信社的 Moran's I 值也减少到 0.396，空间相关性减弱。截至 2012 年末，九成农信社已消化历年挂账亏损；不良贷款率降至 4.7%，资本充足率则提升到 11.8%，资产规模达到 14.5 万亿元，农信社已能够自主经营、独立核算、自负盈亏。

2012 年至 2015 年，农村信用社县域法人地位和数量总体稳定，Moran's I 值均在 0.39 左右。2015 年，农信社 Moran 散点数量在一二四象限较为接近，在第三象限的较多，表明农信社网点分布主要呈现为低—低集聚，但整体分布较为分散。截至 2016 年 5 月，江苏省农信社全部法人单位改制为农商行。农信社网点数量较多的县（市）有苏南的张家港市、江阴市、常熟市，Local

Moran's I 分别达到 1.998、2.210 和 3.321，且在 1% 的水平下显著为正。与这些农信社网点数多的县域相邻的昆山市、靖江市的 Local Moran's I 则显著为负。与城商行相比，农信社网点数较少的县域 Local Moran's I 通过显著性检验的样本较多，有响水县、射阳县、涟水县、盱眙县、金湖县。

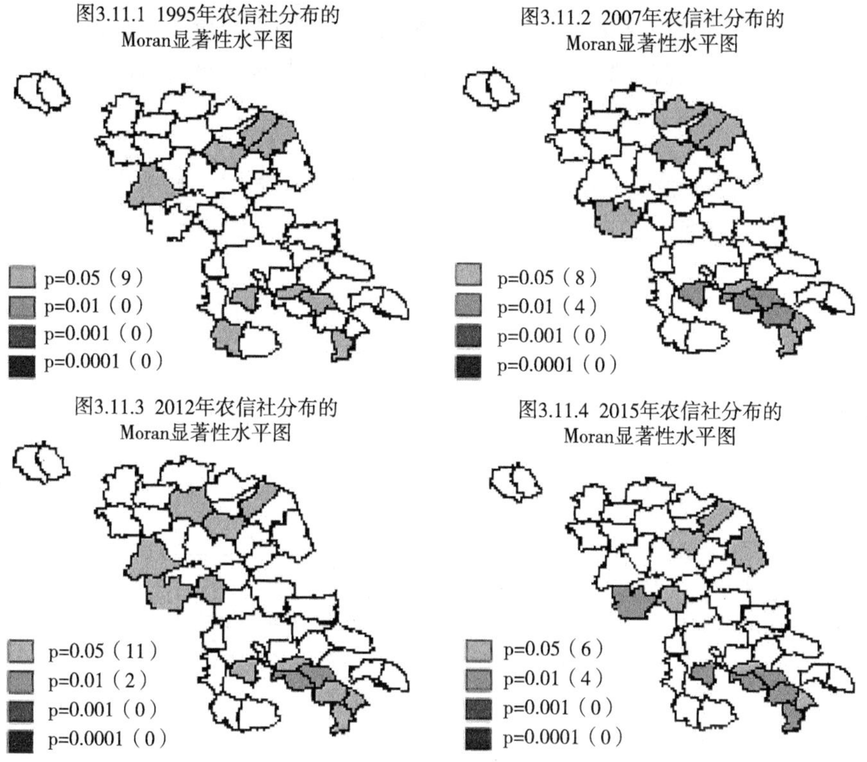

图 3－11　农信社网点分布的 Moran 显著性水平图

从全国范围来看，第一，农合机构数量整体在减少。Wind 数据显示，2008 年底农信社法人机构数约 5000 家，但 2011 年底降至 2265 家，2021 年末则进一步降至不足 600 家。与此同时，农商行数量由 2008 年的 22 家增至 2011 年的 212 家，2021 年底则接近 1600 家。第二，农村商业银行县域网点分布广泛。据南京智博经邦统计，截至 2019 年底，农村商业银行的县域网点总量为 57290 个。其中，县域地区分布 34525 个，占网点总量约 60%。华东地区占比 32%，华中地区占比 21%，这两地县域网点数量之和达 53%；西南地区、华北地区、华南地区、西北地区、东北地区占比分别为 14%、11%、8%、7%、7%。

3.3.6 邮储银行网点空间分布

2007 年 3 月，在改革原邮政储蓄管理体制基础上，中国邮政储蓄银行有限责任公司正式挂牌成立。为考察不同时期邮储银行网点分布的特征，此处分别选择 1996 年、2005 年、2010 年和 2015 年的样本期绘制邮储银行网点数分布的 Moran 散点图。

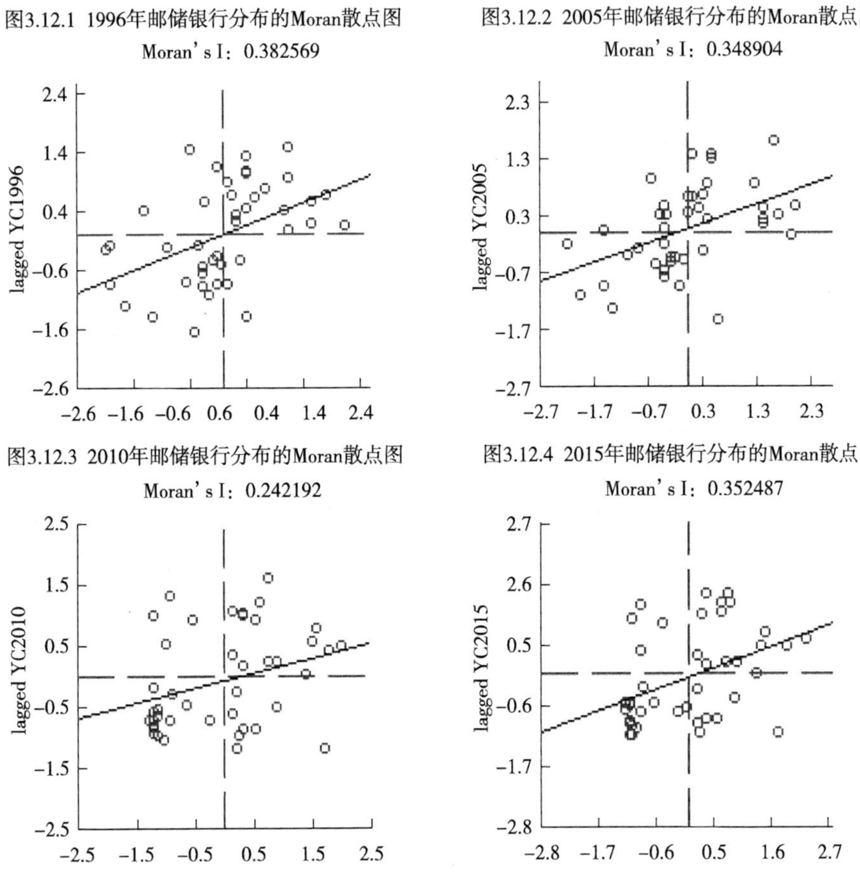

图 3-12 邮储银行网点分布的 Moran 散点图

表3-7　　2015年邮储银行网点各县域分布的空间相关模式

象限	空间相关模式	地区	观测数
第一象限	HH	丰县、沛县、东台市、泰兴市、如东县、如皋市、启东市、常熟市、靖江市、江阴市、张家港市、太仓市、海门市、昆山市	14
第二象限	LH	高邮市、海安县、扬中市、溧阳市	4
第三象限	LL	东海市、邳州市、响水县、建湖县、盱眙县、沭阳县、洪泽县、灌南县、金湖县、新沂市、泗阳县、涟水县、泗洪县、滨海县、射阳县、阜宁县	16
第四象限	HL	宝应县、丹阳市、灌云县、睢宁县、仪征市、句容市、兴化市、宜兴市	8

注：根据2015年邮储银行网点分布的Moran散点图编制。

邮储银行的Moran's I值在不同时期的变化并不是很明显，基本上处于0.24～0.36。

邮储银行Moran散点分布在一三象限的县域比二四象限的县域更多，但第四象限的县域数在近些年的变化中逐渐增加，而第一象限的县域数在逐渐减少，表明邮储银行的空间分布的集聚效应较弱。邮储网点较多且LISA指数值显著的县（市）主要分布在苏南的张家港市周围。邮储网点较少的县（市）主要分布在苏北的沭阳县和阜宁县周围。从Moran显著性水平图中可以看出，邮储银行网点数量较少且显著的县（市）数量与网点数量较多且显著的县（市）数量相仿，表明邮储银行网点在空间布局上较为均匀。据统计，截至2012年11月，邮储银行全行网点的71%分布在县域地区。邮储银行3.8万个网点已覆盖全国超过98%的县级区域，其中中西部地区网点数量超过2.4万个，占全行网点总数的62%。

综上所述，从银行县域网点的分布来看，网点集聚类型与地区经济发展水平具有一定的关联性，苏南的张家港市、江阴市、常熟市、太仓市都表现为高—高集聚的现象，苏北的东海县、灌云县、响水县、灌南县、沭阳县等县主要表现为低—低集聚现象。不同类型的银行县域网点分布的空间相关性存在差异，大致按大型银行、股份制银行、城商行、农商行、邮储银行逐次减弱。

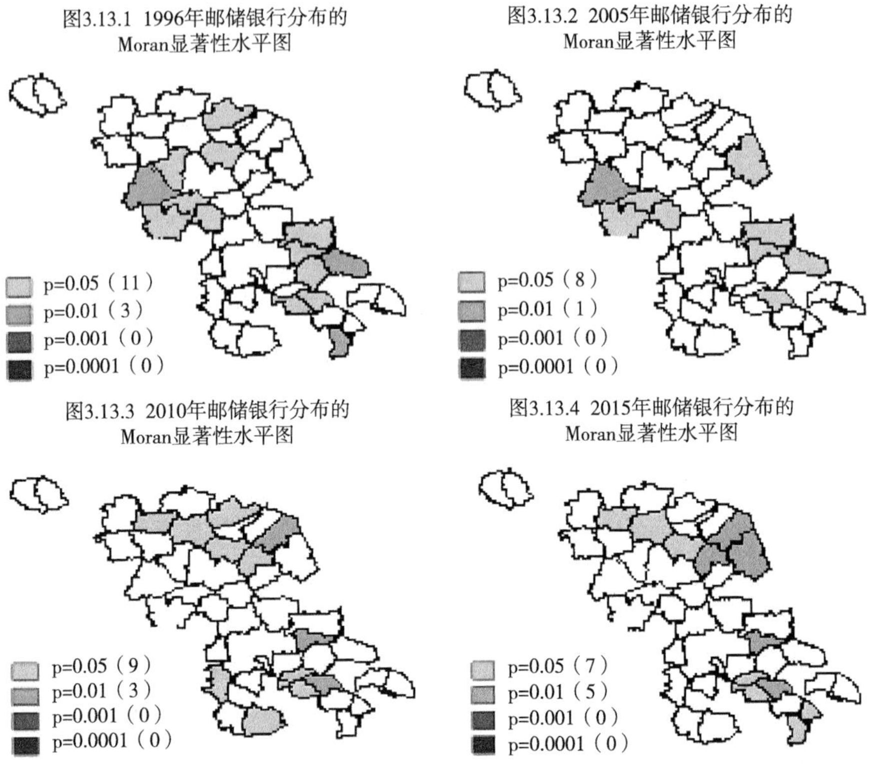

图 3－13　邮储银行网点分布的 Moran 显著性水平图

3.4　基于 LISA 集聚图的局部空间自相关

为进一步考察 2006 年放宽农村地区银行业金融机构准入门槛的政策效应，此处继续汇报了样本初期、2006 年和样本末期的 LISA 集聚图分析县域银行网点分布的空间演变过程。

整体来看，大部分县（市）银行网点的局部空间自相关性从不显著转向自我强化，且金融集聚的地理空间布局与经济集聚基本一致。

2015 年通过显著性检验的样本个数占比仅为 38%，这印证了褚保金和莫媛（2011）农村金融市场存在分割性的观点，受行政分割、金融机构管理体制等因素制约，县域金融市场之间资金流动不畅。在样本初期，LISA 集聚图呈现为高—高集聚、低—低集聚与低—高集聚三种模式，其中低—高集聚表现

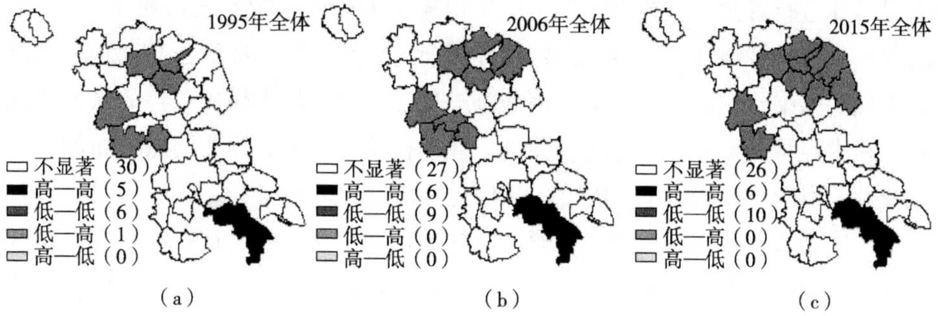

注：括号中的数字是置信水平为5%情形下通过显著性检验的样本县（市）个数。

图 3-14　全体样本银行不同期间网点分布的 LISA 集聚图

为低集聚度网点的苏中县（市）被高集聚县（市）所包围，反映了县域网点在地理空间分布上的异质性。随着时间推移，局部空间自相关具有自我强化趋势，Moran's I 指数由 1995 年的 0.41 上升至 2015 年的 0.71。至样本末期已分化为显著的高—高集聚与低—低集聚两种模式，表现为一定的区域分布特征，苏北县（市）在时空迁移中是落向低—低集聚模式，而苏南县（市）则跃迁至高—高集聚模式。这意味着银行网点数多的县（市）相对趋于邻近，银行网点数少的县（市）也相对趋于邻近。因此，可以认为县域银行网点存在着地理空间分布上的依赖性。这表明受行政分割、金融机构管理体制等因素制约，金融机构的横向联动有限，县域银行网点数的局部自相关性不强；但是，随着金融市场分割程度减弱，银行网点数的全局自相关性逐渐增强。至样本末期，县域银行网点已呈现一定程度的空间集聚。

从银行类型及时间序列角度看，不同类型及不同时期银行网点在县域层面表现出空间依赖性和异质性的分异特征。图 3-15 分别列示了大型银行、股份制银行、城商行、农信社和邮储银行的 LISA 集聚图。从机构类型角度来看，大型银行网点分布从 1995 年的随机分散状态转变为 2015 年的金融集聚状态，且与全体样本的演变趋势一致。因战略结构调整，国有银行自 1998 年起纷纷撤并县级网点，为提高经营效率和竞争优势，网点布局从原先计划导向逐步转向市场导向。与此同时，大型银行网点地理分布的空间不平衡性加大，截至 2015 年已呈现高—高集聚和低—低集聚两种模式的分化。股份制银行与城商行由于市场准入限制在样本初期县域金融供给明显不足。传统观点认为，由于银行业存在的外部性、市场势力以及信息不对称等问题，市场准入规制是政府对银行业进行管制的重要方式之一。然而随着市场准入规制的放松[①]，出于追求利润的理性战略调整，股份制银行和城商行网点逐步向经济强县延伸，网点分布趋于集中化。高—高、低—高和高—低三种金融集聚模式并存的状态体现了这两类银行网点空间分布的异质性。农信社从时空上表现为网点分布的空间依赖性与空间异质性并存的状态，部分县（市）空间效应在样本期间甚至发生了位次迁移。可能的原因是：第一，样本期间覆盖了农信社资源整合和跨区经营的不同改革期。样本初期，为增加商业化运作空间，经过地方政府的资源整合，农信社改变了原先网点过于分散的局面。市场准入放宽后，2008 年《农村中小金融机构行政许可事项实施办法》（银监会 2008 年第 3 号令）允许农商行、农合行跨区经营设立异地支行，农信社的金融服务覆盖面获得进一步扩张；第二，农信社作为地方法人机构，主要以乡镇和市级联社为单位统一核算，按照规定，省联社不得无偿调动农村合作金融机构的资金。农信社资金多用于本地，横向联动有限。邮储银行于 2007 年在邮政储蓄机构基础上成立，大部分县（市）网点呈现为随机分布状态，网点设置与行政区划高度一致，表明邮储银行的经营活动更关注金融资源分配的公平性，强调区域均衡，这符合邮政储蓄机构的基本特征和服务本质。

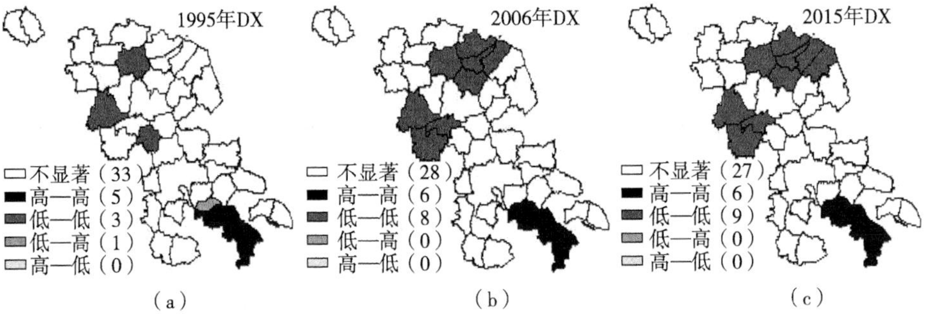

注：标题中 DX 表示大型银行，GF 表示股份制银行，CS 表示城商行，NX 表示农信社，YC 表示邮储银行；括号中的数字是置信水平为 5% 情形下通过显著性检验的县（市）个数；1995—2000 年是城商行组建改制阶段，城商行在江苏县域的网点初值从 2001 年起计。

图 3－15　不同类型银行的 LISA 集聚图

---

① 例如 2001 年《关于进一步规范股份制商业银行分支机构准入管理的通知》（银发〔2001〕173 号）、2006 年《城市商业银行异地分支机构管理办法》（银监发〔2006〕12 号）以及 2009 年《关于中小商业银行分支机构市场准入政策的调整意见（试行）》（银监办发〔2009〕143 号）等系列政策实施。

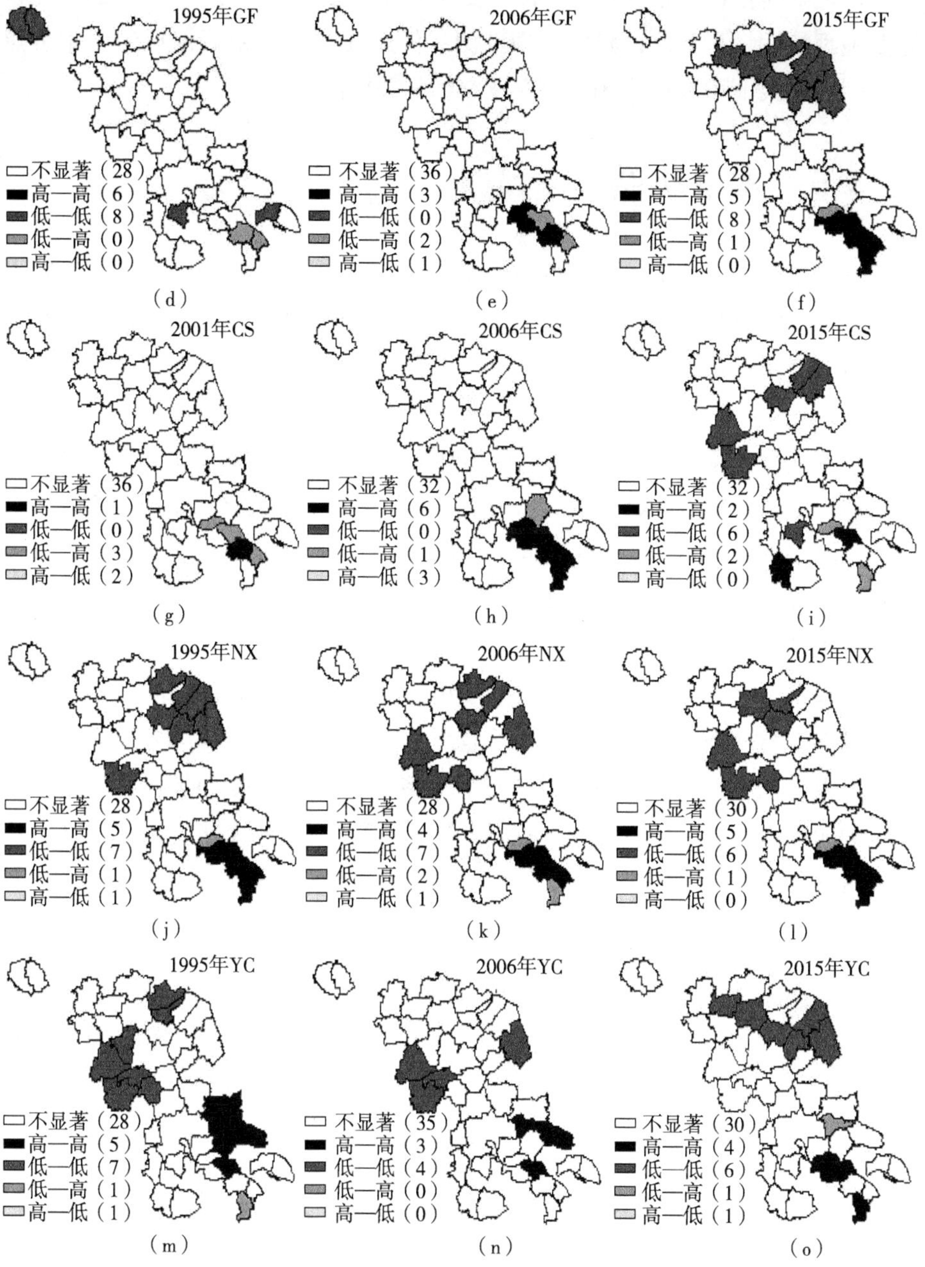

注：标题中 DX 表示大型银行，GF 表示股份制银行，CS 表示城商行，NX 表示农信社，YC 表示邮储银行；括号中的数字是置信水平为 5% 情形下通过显著性检验的县（市）个数；1995—2000 年是城商行组建改制阶段，城商行在江苏县域的网点初值从 2001 年起计。

图 3 – 15　不同类型银行的 LISA 集聚图（续）

以上空间自相关分析有利于我们发现不同类型银行县域网点布局的演变轨迹及地理特性。基于此，我们合理推测：任意县（市）银行网点的分布可能会受到邻近县（市）的影响，即存在空间相关性。

3.5 本章小结

本章基于空间计量经济学原理，采用 Moran's I 指数法检验县域银行网点数之间的空间自相关性，并绘制 LISA 集聚图考察县域网点的局部空间自相关性以及大型银行、股份制银行、城商行、农信社、邮储银行的县域网点空间演变趋势。

从全局空间相关性看，样本县域银行网点布局在空间分布上并非表现出完全随机的状态。随着农村金融改革的推进，全体样本银行网点空间集聚在全域空间自相关性逐年增强。由于不同类型银行职能定位不同，在机构布局及演进方面存在显著差异，相关性呈现大型银行 > 股份制银行 > 城商行 > 农信社 > 邮储银行的特征。

从局部空间自相关看，大部分县（市）银行网点的局部空间自相关性从不显著转向自我强化，且金融集聚的地理空间布局与经济集聚基本一致。但不同类型及不同时期银行网点在县域层面表现出空间依赖性和异质性的分异特征。以上空间自相关分析有利于我们发现不同类型银行县域网点布局的演变轨迹及地理特性。

第4章　县域银行网点布局的空间效应

4.1　县域银行网点布局的背景概述

从1998年国有商业银行撤并农村地区的分支机构，2000年农村信用社股权结构优化，2006年农村金融市场“准入新政”及城商行的跨区经营、2007年邮储银行改制及村镇银行设立、2012年鼓励民间资本参与农村金融机构重组改造等政策措施成为近年来农村金融体系改革不可或缺的推动力，县域金融机构的种类、数量、规模也呈现出积极变化。截至2016年末，农村地区银行网点达12.67万个，平均每万人拥有银行网点1.39个，县均银行网点57.75个。但是，全国金融机构空白乡镇仍有1296个。在法人机构方面，我国东部地区占比34.5%，中部和西部地区分别占比25.3%和31.4%，东北地区占比仅8.8%。在涉农贷款方面，我国东部地区占比45.4%，中部和西部地区分别占比21.1%和25.7%，东北地区占比仅7.7%。由此可见，我国区域金融资源是不平衡的，而且银行网点的分布几乎决定了涉农贷款的规模及覆盖范围。

对于如何实现金融资源总量发展与区域协调发展亦引起了学术界的广泛关注。渠道管理理论认为，银行网点不仅是提供金融产品和服务的主要平台，而且是吸引与维护客户资源的重要渠道（柳宗伟和毛蕴诗，2004）。鉴于此，县域银行网点空间分布的结构特征同时也成为理解农村金融资源不平衡问题的一个重要视角①。不同类型银行进驻县域金融市场的行为受哪些因素影响？是否存在异质性？对这些问题的回答，有助于深入认识农村

① 广义上讲，网点包括实体网点中的人工网点和自助服务型网点，以及作为实体网点延伸的虚拟网点；狭义上讲，仅指实体网点中的人工网点。本章所指银行网点是设置营业窗口的总行及其所有分行、支行、分理处、储蓄所等分支机构的加总。

金融市场的改革和发展对区域金融资源配置产生的影响，理解不同类型银行在县域金融活动的功能定位，以期为政府部门构建区域金融协调发展机制提供理论依据。

前文通过分析准入制度变迁下县域银行网点分布的特征，我们发现江苏省县域银行网点布局的空间分布并不是完全随机的状态。大部分县（市）银行网点的局部空间自相关性从不显著转向自我强化。本章将基于空间异质性理论，进一步分析县域银行网点分布的空间效应。

4.2 县域银行网点布局空间效应的理论假说

农村金融部门经历了从计划经济走向社会主义市场经济、从公平导向的网点布局转为效益导向的过程。本书样本考察期为1995—2015年，基本符合农村金融部门改革的渐进过程。在综合已有文献的基础上，此处基于农村金融资源不平衡的现实背景提出以下待检验的假说。

4.2.1 县域银行网点布局的分割与集聚

根据地理学第一定律（Tobler，1970），所有的事物都是存在相互联系的，离得越近的事物彼此之间的联系越强。知识的溢出、要素的流动及政策的仿效等因素导致区域间网点设置存在关联。空间效应具体可分为空间依赖性和空间异质性。空间依赖性意味着空间上的观测值之间缺乏独立性，空间相关的强度及模式由空间的相对位置和绝对位置共同决定。空间异质性是指观测值地理空间上的分布缺乏均质性，例如存在核心和边缘地区、发达和欠发达地区等经济地理结构，从而导致金融发展水平的空间差异性。莫媛和徐虹（2012）认为由于中国长期金融体制和金融政策、地方条块分割等制约因素，农村金融市场在县域层面上存在较强的分割性，信贷资金的横向流动受限，即空间上的观测值独立性较强。然而，聚类理论指出社会经济活动及相关要素的空间聚集，可提高资源的利用效率，从而节约成本、增加效用，金融本身的高流动性则更加有利于资源集聚。在县域金融市场分割的条件下，金融集聚效应可能会受到削弱或消失。但是，随着农村金融体制的市场化改革的推进，县域银行网点可能并非均质分布，而是呈现一定程度的空间集聚。

据此，提出假说1：受行政分割、金融机构管理体制等因素制约，金融机构的横向联动有限，县域银行网点数的局部自相关性不强；但是，随着金融市场分割程度减弱，银行网点数的全局自相关性逐渐增强。

4.2.2　县域银行网点布局的虹吸与溢出

异质性空间理论中指出任何空间单元都要受到邻里效应的正面与负面影响。Gehrig（2000）利用市场摩擦理论证明了一个区域金融活动在地理上的集聚与相邻区域内金融活动在地理上的分散趋势并存。金融地域理论认为，金融产业的中级成长阶段以集聚效应为主导效应，而在其高级成长阶段则以扩散效应为主导效应。从空间计量角度，前者称之为虹吸效应，后者为溢出效应。从1999年起，江苏率先将原农信社县（市）—乡（镇）二级法人体制改为县（市）一级法人体制，取消原乡镇农信社的独立法人资格，由县（市）联社授权经营。农信社在机构设立和业务经营上严格按照县级行政区划分割。这种地理限制使得县级农信社可以在县域范围内调剂和集中使用资金，发挥对社会资金的虹吸作用，支持地方经济的发展。随着农村金融改革不断深化，农村金融体系形成了商业性金融、合作性金融和政策性金融分工协作的格局。其中，政策性金融是指在农村特定领域内从事的以优惠存贷利率或其他条件直接或间接进行的政策性融资活动，以弥补金融资源配置市场机制的不足。如果政策性金融机构具有足够的资信度或者具有足够强大的资金实力或者二者兼而有之，就会使商业性金融机构认同政策性金融机构业务活动所要表达的国家战略目标和政策意图，从而调整其投资预期（谭庆华和呙玉红，2004）。从1998年国有商业银行大幅度撤并其基层分支机构起，农信社成为农村金融市场的支农主力军，承担了扶贫贴息贷款、支农再贷款、支小再贷款等多项政策性金融业务。如果农信社资金实力被其他商业性金融机构认可，在市场准入放宽的条件下，那么其他商业银行较易形成入驻县域市场的羊群效应。相邻县域之间互相复制金融发展模式、金融机构种类更加容易，导致整体的银行网点布局在空间上存在相互作用的关联性，表现为空间溢出效应，最终引起农村金融市场的进一步扩张。

据此，提出假说2：基于政策性金融功能观，本地法人机构农信社由于地理限制及服务地方经济的政策目标，其网点布局存在空间虹吸效应。随着农村金融体制改革的不断深入，这将对非本地法人银行入驻本县（市）市场产生理性羊群效应，最终形成整体县域市场银行网点布局的溢出效应。

4.2.3 县域银行网点布局的公平与效率

增长极理论提出了增长在区域之间的不平衡性是不可避免的，因而它强调了发展对不平衡的依赖，并揭示出区域差异的变动一般受经济发展内在规律性、市场作用和政府干预三种力量的影响。区域金融成长的非均衡是长期存在的，区域金融成长不能过度强调趋同，应该适度差距及协调发展。区域金融协调发展是指区域经济主体和金融主体以区域市场经济运行规则为基础，遵循公平性与效率性原则，在金融机构、金融政策以及金融运行机制等方面采取相同的步骤和措施，通过相互协调合作，达到协同干预、管理与调节金融运行并提高其运行效率的目标（张婧等，2010），Yaron 等人在评价发展中国家金融市场时，也强调了农村金融应统筹兼顾公平与效率的思路。由此，不同性质银行在农村地区增设网点的行为是权衡公平与效率的过程。从公平这个维度，农村金融特别强调对农村地区和弱势群体的金融服务。随着金融机构“商业化”“股份制改革”的不断推进，资本离农化倾向日益显著（吕捷等，2016），许多农村金融机构普遍存在着“脱农”“离农”和贷款业务非农化现象。从效率这个维度，银行通过增设网点可以将其产品体系应用到更大的市场范围，有助于银行降低产品研发成本，获得规模效率和范围效率（王擎等，2012）。但是，褚保金和莫媛（2011）的研究发现在农村特定的市场环境下，农村信贷资金流动并没有遵守资本逐利特性，资本的区域配置缺乏效率。按企业所有制性质将样本划分为现代股份制银行和国有独资银行，通常现代股份制银行以实现企业价值最大化为核心，国有独资银行则以落实国家政策为导向。现代股份制银行更关注高收入群体的金融需求，并以资本逐利为动机增设网点，而国有独资银行受制于国家政策以及自身业务特性，更关注低收入群体的金融需求，依据区域均衡发展的思路布局网点。

据此，提出假说 3：现代股份制银行设立网点遵循效率优先，却有失公平。国有独资银行则更注重公平，却忽视了效率。

4.3　县域银行网点分布的空间效应模型构建

本章采用的空间计量模型主要是纳入了空间效应的空间系数回归模型，包括空间滞后模型（SLM）和空间误差模型（SEM）。SLM 模型用于测度银行网点设立的空间关系是否由变量间的空间依赖性引起，其表达式为：

$$Net_{it} = \rho WNet_{it} + X_{it}\beta + \varepsilon_{it} \tag{4-1}$$

式（4-1）中，i 表示某样本县（市），t 表示时间，W 表示 $n \times n$ 的空间权重矩阵，$WNet_{it}$表示空间滞后因变量，反映了空间距离对各空间单元的作用，ρ 为空间回归系数，反映相邻县域之间的溢出效应大小和方向，$\rho > 0$ 为溢出效应，$\rho < 0$ 为虹吸效应，β 表示自变量 X 对因变量银行网点数 Net 的影响系数，ε 是随机误差向量。

SEM 模型测度的是银行网点设立的空间依赖性是否由空间误差扰动的相关性造成，其表达式为：

$$Net_{it} = X_{it}\beta + \varepsilon_{it} \tag{4-2}$$

$$\varepsilon_{it} = \lambda W\varepsilon_{it} + \mu_{it} \tag{4-3}$$

式（4-2）和式（4-3）中，i 表示某样本县（市），t 表示时间，W 表示 $n \times n$ 的空间权重矩阵，β 表示自变量 X 对因变量银行网点数 Net 的影响系数，ε 为随机误差向量，μ 为正态分布的随机误差向量，λ 为因变量向量的空间误差系数，反映邻近空间单元之间的依赖程度，其空间依赖作用存在于误差项之中，度量了邻近县域银行网点观测值 Net 的误差冲击对地区 i 观测值的影响方向和程度，$\lambda > 0$ 为空间依赖性，$\lambda < 0$ 为空间异质性。

县域银行网点的发展过程虽然复杂，但仍有其特殊的成长规律可循。相关实证研究表明，地区银行网点数量与资产收益率、地方政府对分支机构的监管及市场集中度有关（Hannan 和 Hanweck，2008），与工业增加值及人口密度相关（Keskin 和 Abdioglu，2011），与商业活动的扩张发展（Crawford，1973）以及金融市场的流动性（Gehrig，1998）有关。除了上述经济因素外，信息技术的进步和通讯技术、公路交通等基础设施的改进都能使金融服务的供给从一个低水平的最优均衡转换到高水平的最优均衡，进而将金融服务延伸至偏远地区（Beck 和 Torre，2007）。基于前人的研究成果，本章以评价的准确性和数据的可获性为原则，自变量 X 分为三类变量：一是经济因素，包括农民收入水平、商业活动扩张程度、地区资本产出率。其中，参考董晓林和徐虹（2012）的变量设置，如果银行网点数与农民收入水平显著负相关，即银行网点设立并未背离农村低收入群体的金融需求，本章判断银行网点分布遵循公平原则。另外，由于资本的逐利机制，金融要素具有稀缺性和追求利润最大化的特征，从边际收益率低的地区流向边际收益率高的地区，所以如果银行网点数与资本产出率显著正相关，本章判断银行网点分布遵循效率原则。二是人口因素，包括人口密度和就业水平。三是环境因素，包括地区资金流动性、政府经济行为和信息技术。需要说明的是，熊德平等（2017）指出网点设置的间接收益包括隐含在长远或全局或潜在直接收益中的经济性收益和对政策做出姿态性响应的政治性收益。在探讨不同类型银行网点布局行为的异质性时，为验证假说 2 的羊群效应，自变量中增加了农信社网点数的滞后一期与大型银行网点数的滞后一期，分别代表外生性的地方政府的政策选择与中央政府的制度安排。变量选取及说明见表 4－1。

表 4－1　　银行网点布局相关变量的统计学分析

变量名称	变量取值说明（单位）	均值	标准差
全体样本银行网点数	样本县（市）银行营业网点合计数（个）	130.350	71.820
大型银行网点数	县（市）大型商业银行网点数（个）	56.003	43.122
股份制银行网点数	县（市）股份制商业银行网点数（个）	1.048	2.911
城商行网点数	县（市）城市商业银行网点数（个）	0.870	1.840
农信社网点数	县（市）农村信用社网点数（个）	45.930	22.180
邮储银行网点数	县（市）邮政储蓄银行网点数（个）	28.810	15.660
农民收入水平	农村居民人均可支配收入（万元）	0.705	0.481
商业活动扩张程度	人均社会消费品零售总额（万元/人）	0.844	1.097
地区资本产出率	计算方法参见褚保金和莫媛（2011）	0.393	0.316
人口密度	人口密度对数形式（人/平方公里）	6.448	0.398
就业水平	就业人数对数形式（人）	13.086	0.399
地区资金流动性	存贷款差额（百亿元）	0.798	1.205
政府经济行为	财政支出/地区生产总值	0.080	0.040
信息技术	拥有移动电话数对数形式（部）	11.934	1.500

4.4　县域银行网点分布空间效应的实证讨论

本章采用极大似然估计法进行估计，通过 Breusch - Pagan 检验判断应选择随机效应模型。比较 SLM 模型与 SEM 模型的对数似然值，对数似然值越大，说明模型拟合效果越好。从实证结果来看，整体上 SLM 模型比 SEM 模型能更好拟合空间因素。表 4 -2 汇报了回归结果。

第一，整体来说，县（市）的银行网点分布和经济环境会对其相邻的县（市）产生明显的溢出效应。模型 1 和模型 2 中的参数 ρ 和参数 λ 为正，且显著，说明在考察期间县域银行网点数和影响银行网点分布的各种因素具有显著的空间相关性，与其相邻县（市）的随机冲击项也有关。因为相邻县（市）的地理环境、经济背景、产业结构等比较相似，所以银行设立网点的行为也更容易模仿，促使银行网点的地理分布呈现金融集聚。分机构估计中，通过检验 LogL 统计值大小发现适用于大型银行、股份制银行、城商行和邮储银行的模型是空间滞后模型，适用于农信社的模型为空间误差模型，即前四类银行的网点分布在县域间存在显著的空间溢出效应（空间依赖性），而农信社网点在县域间则存在显著的虹吸效应（空间异质性）。作为地方法人机构，农信社利用农村地区旺盛的融资需求，争取县域范围内含财政补贴在内的各种要素投入，通过自身的金融活动迅速成长。据统计，2016 年全国农村金融机构资产总额 29.3 万亿元，同比增长 14.9%，高于银行业平均增速 2.4 个百分点①。农信社的成长必然对县域实体经济产生深刻影响，但若要扩张农村金融市场的整体效果，还应形成虹吸—扩张发展的逻辑链，即通过农信社引导其他商业性金融机构将更大规模的金融资源投入县域市场。

从行为金融学的角度，“虹吸—扩张”发展逻辑链又称作羊群效应。羊群效应分为非理性的羊群效应和理性的羊群效应，非理性的羊群行为是指行为主体未进行理性分析而盲目地互相模仿，而理性的羊群行为则是指由于信息获取困难及心理因素等原因，使得行为主体将羊群行为作为其最优策略。董晓林和徐虹（2012）发现商业银行与农信社在网点布局时均存在一定程度理性羊群

---

① 数据来自中国人民银行《中国区域金融运行报告（2017）》。

表 4－2　县域银行网点分布影响因素的空间面板模型估计结果

被解释变量	全体样本银行网点数		大型银行网点数		农信社网点数		股份制银行网点数		城商行网点数		邮储银行网点数	
解释变量	SLM 模型 1	SEM 模型 2	SLM 模型 3	SEM 模型 4	SLM 模型 5	SEM 模型 6	SLM 模型 7	SEM 模型 8	SLM 模型 9	SEM 模型 10	SLM 模型 11	SEM 模型 12
常数项	186. 90 *** (2. 68)	230. 52 *** (3. 19)	29. 41 (0. 66)	50. 00 (1. 07)	110. 37 *** (3. 03)	103. 30 *** (3. 00)	2. 55 (0. 62)	4. 66 (1. 01)	−2. 38 (−1. 42)	−2. 30 (−1. 30)	2. 86 (0. 10)	4. 03 (0. 13)
农信社网点数滞后一期	—	—	—	—	—	—	−0. 003 (−0. 77)	−0. 003 (−0. 65)	0. 006 * (2. 06)	0. 004 (1. 51)	0. 06 ** (2. 04)	0. 06 ** (2. 05)
大型银行网点数滞后一期	—	—	—	—	—	—	0. 001 (0. 35)	−0. 0004 (−0. 10)	0. 003 (−1. 51)	−0. 003 * (−1. 76) *	−0. 05 ** (−2. 33)	−0. 05 ** (−2. 38)
商业活动扩张程度	7. 06 *** (2. 88)	7. 32 *** (2. 83)	0. 40 (0. 25)	0. 56 (0. 33)	−1. 18 (−0. 93)	−1. 14 (−0. 95)	1. 04 *** (6. 28)	0. 89 *** (4. 67)	0. 54 *** (5. 53)	0. 33 *** (2. 79)	3. 65 *** (3. 37)	3. 93 *** (3. 46)
农民收入水平	−8. 06 (−1. 64)	−7. 28 (−1. 38)	0. 91 (0. 29)	1. 51 (0. 44)	2. 13 (0. 83)	2. 38 (1. 00)	0. 66 * (1. 86)	2. 17 *** (5. 10)	1. 11 *** (4. 95)	2. 18 *** (8. 21)	−11. 09 *** (−5. 05)	−12. 00 *** (−5. 23)
地区资本产出率	4. 53 ** (1. 99)	4. 65 * (1. 85)	8. 59 *** (5. 55)	9. 47 *** (4. 93)	−0. 94 (−0. 81)	−0. 94 (−0. 89)	−0. 22 (−1. 28)	−0. 18 (−0. 91)	0. 14 (1. 19)	0. 18 (1. 27)	−2. 32 ** (−2. 24)	−2. 54 ** (−2. 32)
人口密度	12. 26 * (1. 86)	10. 94 (1. 56)	15. 56 *** (3. 67)	16. 12 *** (3. 58)	−2. 76 (−0. 81)	−2. 15 (−0. 67)	0. 23 (0. 59)	0. 23 (0. 53)	0. 04 (0. 23)	0. 06 (0. 35)	2. 05 (0. 74)	2. 40 (0. 83)
就业水平	−0. 07 (−0. 02)	0. 75 (0. 15)	1. 22 (0. 40)	1. 48 (0. 47)	−0. 27 (−0. 11)	−0. 63 (−0. 27)	−0. 08 (−0. 26)	−0. 11 (−0. 32)	0. 30 ** (2. 00)	0. 31 ** (2. 05)	2. 00 (0. 95)	2. 16 (1. 00)
地区资金流动性	−0. 13 (−0. 10)	−0. 003 (−0. 00)	−0. 84 (−1. 03)	−1. 06 (−1. 20)	−0. 30 (−0. 46)	−0. 39 (−0. 63)	0. 32 *** (3. 29)	0. 35 ** (3. 26)	0. 23 *** (3. 69)	0. 33 *** (4. 63)	0. 71 (1. 25)	0. 73 (1. 24)
政府经济行为	163. 47 *** (5. 10)	151. 98 *** (4. 42)	137. 75 *** (6. 60)	136. 04 *** (5. 92)	30. 18 * (1. 80)	29. 41 * (1. 88)	−6. 30 *** (−2. 68)	−9. 94 *** (−3. 68)	0. 90 (0. 64)	0. 40 (0. 24)	−16. 38 (−1. 08)	−25. 08 (−1. 59)
信息技术	−14. 12 *** (−14. 53)	−16. 18 *** (−16. 36)	−9. 60 *** (−14. 96)	−11. 16 *** (−17. 53)	−3. 37 *** (−7. 06)	−3. 13 *** (−7. 52)	−0. 26 *** (−3. 51)	−0. 44 *** (−4. 68)	−0. 21 *** (−5. 20)	−0. 30 *** (−5. 45)	−0. 89 * (−1. 88)	−0. 91 * (−1. 80)
ρ/λ	0. 33 *** (5. 18)	0. 30 *** (3. 49)	0. 36 *** (5. 82)	0. 24 ** (2. 28)	−0. 22 *** (−2. 58)	−0. 33 *** (−3. 57)	0. 58 *** (10. 01)	0. 72 *** (9. 68)	0. 57 *** (11. 83)	0. 63 *** (8. 48)	0. 29 *** (4. 07)	0. 16 * (1. 77)
R^2	0. 60	0. 59	0. 66	0. 65	0. 18	0. 18	0. 64	0. 63	0. 74	0. 71	0. 25	0. 23
LogL	−3756. 02	−3762. 97	−3371. 70	−3385. 23	−3165. 95	−3162. 95	−1447. 48	−1455. 73	−1103. 66	−1134. 96	−3025. 86	−3032. 29

注：*、**、*** 分别表示在 10%、5%、1% 的水平下显著，括号内是 Z 值；考虑到金融机构的异质性，对不同类型银行分别进行估计。

效应。商业银行在进行营业网点设置时会考虑当地农信社数量，农信社数量越多，商业银行越倾向于进入该市场。本章进一步地研究发现，不存在准入规制的城商行和邮储银行羊群效应显著，而存在准入规制的股份制银行的羊群效应不显著。20 世纪 90 年代末，大型银行对经济欠发达地区营业网点的撤并为农村金融市场留下较大的服务缺口。2009 年《关于中小商业银行分支机构市场准入政策的调整意见（试行）》（银监发〔2009〕143 号）放松了股份制银行和城商行异地新设分支机构的限制，然而，国家宏观经济政策决定了股份制银行分布格局主要处于地级市。由于高昂的审批行政成本①，股份制银行的羊群效应并不显著。羊群行为理论指出产生羊群行为的直接原因是获取信息或维护声誉。在市场定位趋同和产品同质化竞争的背景下，信息不充分使得有限理性的银行无法完全了解市场需求信息，农信社却因“小银行优势”能利用更多的“软信息”去评估贷款项目，因此其他银行往往更加关注并模仿农信社的决策行为。此外，一些银行通过在农村地区增设网点，承担涉农信贷业务以期建立良好的社会声誉，以致获得对政策做出姿态性响应的政治性收益。由此验证了假说 2 的内容。

第二，银行在县域增设网点的行为是权衡公平与效率的过程。估计结果显示，邮储银行网点布局遵循了公平原则，没有背离农村低收入群体的金融需求，表明国有独资银行经营活动更关注金融资源分配的公平性；而股份制银行和城商行则更关注高收入群体的金融需求。大型银行和农信社虽然也在不同时期进行了股份制改革，但由于其在样本初期分别属于国有独资性质和集体所有制，在相当长的历史时期承担了服务“三农”的社会责任，所以模型 3 至模型 6 中农民收入水平变量并不显著。模型 7 至模型 12 中商业活动扩张程度在 1% 的显著性水平上通过检验，且符号为正，这与市场机会假说一致，商业活动扩张程度越高，说明市场机会越大，金融需求越旺盛，银行网点布局的规模则越大，由此体现了金融发展对经济发展依赖性。当然，要实现金融与经济的匹配发展，本质上应形成资金市场配置效率的最大化。实证检验发现大型银行

① 根据《中国人民银行关于进一步规范股份制商业银行分支机构准入管理的通知》（银发〔2001〕173 号）规定，股份制商业银行的机构发展需与当地经济发展、市场需求相适应，拟设立网点的城市具有良好的经济发展前景和市场潜力，城市国内生产总值应达到 100 亿元，各项存款余额应达到 300 亿元。

网点布局遵循了效率原则，而邮储银行网点布局缺乏效率。大型银行在股份制改革过程中，逐步实现了集约化经营，在城乡广泛分布网点的前提下更加注重效益导向。邮储银行于2007年由大量邮政储蓄机构改制而来，依据行政区划设置网点，关注的是区域均衡发展，而非资本逐利。截至2016年6月30日，邮储银行的网点数量已超过4万个①，70%以上分布在县及县以下地区。通过“自营+代理”的业务模式，邮储银行已成为除农信社以外的重要县域银行机构。农信社、股份制银行、城商行回归模型中的资本产出率变量不显著，可能是由于支农的政策目标或较高的准入成本而并未体现出网点布局的逐利动机。

第三，人口因素中，模型1人口密度以10%的显著性水平上通过检验，且符号为正。整体来讲，受门槛人口的影响，银行在进行网点布局时通常会考虑人口密度因素。根据规模经济原则，各家银行在样本考察期逐步撤销或合并了一些业务规模小、亏损或微利的偏远地区网点。银行网点集聚的空间布局与人口分布格局相符是银行集约化经营的表现，却也反映了金融资源空间配置不均、偏远乡镇金融服务缺位的难题。就业水平变量不显著。

第四，环境因素中，信息技术在1%的显著性水平上通过检验，且系数为负。这与前人得出电话网络和银行网点延伸正相关结论是相反的，可能的解释是随着移动互联网技术向农村的推广和实践，移动支付产业及移动金融服务在农村地区具有广阔的潜在市场，截至2017年底，中国农村网民人数达2.09亿人，占比27%，同比增长4%，手机支付金额达42.9万亿元，占比47.1%，同比增长83.3%②。从银行角度，相比基于移动互联网技术的手机银行或电子银行，广泛铺设物理网点延伸经营触角显然不利于降低运营成本。信息技术进步有利于身处偏远地区的农户突破时空限制获得金融服务。地方政府经济行为在1%的显著性水平上通过检验，且符号为正。公共利益论认为作为市场失灵的回应，政府管制可弥补市场的不足以增进社会福利，从而达到帕累托改进。在政策干预下，整体市场更关注金融资源分配的公平性和网点分布的区域均衡性。模型5和模型6显示除信息技术变量外，农信社网点数仅与政府经济行为变量显著相关，由此也可推测农村合作金融制度是政府发挥调控职能的政策选择，在构建“普惠金融体系”、缓解融资约束中发挥了主动性和能动性作用。

---

① 数据来自中国邮政储蓄银行官网，http：//www.psbc.com/cn/index/syycxw/34760.html。

② 数据来自中国互联网络信息中心《第40次中国互联网络发展状况统计报告》。

因此，高效的政府行为有助于增加资本积累，促进地方经济发展。地区资金流动性状况仅在模型 7 至模型 10 中显著，且为正，表明股份制银行和城商行倾向于选择资金流动性宽松的县（市）设立网点，可能是为争夺更多的储蓄资源，增加系统内调剂资金，但会造成农村金融资源的流出。

4.5　本章小结

本章选取江苏省 1995—2015 年 42 个县（市）为样本，采用空间计量法分析了县域银行网点布局的空间效应。整体而言，县（市）的银行网点分布和经济环境会对其相邻的县（市）产生明显的溢出效应。分机构看，本地法人机构农信社的网点布局存在空间虹吸效应，并能对其他银行入驻县域市场产生理性羊群效应；非本地法人银行的县域网点布局则存在空间溢出效应；大型银行在股份制改革过程中，逐步实现了集约化经营，在城乡广泛分布网点的前提下更加注重效益导向；股份制银行和城商行设立网点时尚未关注金融公平；国有独资性质的邮储银行在关注金融公平时却难以兼顾金融效率。

在其他影响因素方面，银行在进行网点布局时通常会考虑人口密度因素，银行网点集聚的空间布局与人口分布格局相符是银行集约化经营的表现；除此之外，信息技术的推广会收缩银行网点规模；地方政府经济行为能够使得整体市场更关注金融资源分配的公平性和网点分布的区域均衡性，从而支持扩大银行网点覆盖面。

第5章　县域银行网点布局对农村信贷资金流动的影响

5.1　县域信贷资金流动的背景概述

自1998年起，国有银行和农村信用社按照商业化经营的要求不同程度地撤并县域网点，使农村金融服务不断萎缩，甚至空白。为解决农村金融市场供给不充足、竞争不充分的问题，2006年底，在中国人民银行和银监会的推动下，农村金融市场准入门槛放宽。紧接着，农业银行和邮储银行相继成立"'三农'事业部"，股份制商业银行准入县域市场，一系列政策设计极大地丰富了农村金融机构的种类和数量。然而，据抽样统计①，2017年末东部发达地区农信社存贷比为67%，中西部欠发达地区存贷比更低，仅37.8%，表明农村信贷资金是外流的，且欠发达地区资金外流问题更严重。

张杰（1996）认为金融体制中竞争因素和激励机制的"短缺"不可能通过大量设立商业银行和创造金融市场的方法来弥补。资金流动是形成总体资金均衡收益率和统一的金融市场的必经阶梯。金融资源的向外流动本身就是在为中国的金融市场化进程作实质性的贡献。贾春新等（2008）却指出银行分支机构的设立，有利于银行争夺、控制和配置金融资源。截至2017年末，在机构网点方面，我国东部地区占比最高，为40.3%，中部和西部地区次之，分别是23.9%和26.5%，东北地区最低，仅9.3%。在涉农贷款方面，我国东部地区占比仍为最高，达44.4%，中部和西部地区次之，分别是22.2%和26.3%，东北地区最低，仅7.1%②。可见，银行网点的地理分布几乎决定了涉农贷款的分布。

---

① 汪小亚，黄迈．乡村振兴中农商行之担当［J］．中国金融，2018（21）：55－56.

② 根据中国人民银行《中国区域金融运行报告2018》中的相关数据整理。

那么，在“互联网金融服务在城市已经取得巨大成功，但在农村见效甚微”的背景下（白澄宇，2017），县域银行网点在农村金融市场上介入了何种性质的交易，形成了什么样的市场联系？如果通过财政渠道和价格渠道中的资金流动带有政府干预色彩，那么金融渠道中的信贷资金流动则更能反映资本逐利的本性，即市场机制在资源配置中发挥作用。县域银行网点是充当了农村信贷资金的抽水机还是引水渠角色？传导机制是什么？这些问题的解决不仅可以科学优化农村金融资源配置，为政府在金融市场化改革的背景下完善农村金融体系提供更多的政策选择；更重要的是，通过对不同类型银行和不同经济水平的农村地区网点的比较研究，探寻县域银行网点布局和农村信贷资金流动关系的规律。

尽管国内外学者对银行网点布局与信贷资金流动的研究取得了一些有价值的成果，但是无论是从研究视角还是经验分析的技术方面来看，还有进一步完善的空间。首先，县域银行分支机构的设立兼具了政策设计和市场机制的双重特征，结合农村经济结构特点，建立其与农村资金外流的系统联系是本研究的新视角。其次，现有相关文献研究对象多为一家银行或某几家银行（钟笑寒、汤荔，2005；贾春新等，2008），从县域层面考察不同类别银行分支机构的经济行为将是本研究关注的新动向。最后，现有研究绝大多数采用常规面板数据的普通最小二乘法（OLS）和两阶段最小二乘法（2SLS）估计，运用系统广义矩估计（GMM）解决县域银行分支机构与农村信贷资金流动可能存在的内生性关系，方法比较单一。鉴于此，本章拟运用系统GMM估计法研究县域银行分支机构视角下的信贷资金流动规律，以及不同类型银行、不同经济水平县域信贷资金流动的异质性，以充分了解农村信贷资金流动的规律，正确引导资本要素合理流动、促进农村金融协调发展。

5.2　县域银行网点与农村信贷资金流动关系的理论假说

在农村金融市场准入制度实施前后，我国农村银行业网点布局经历了从计划经济走向社会主义市场经济、从收缩合并转向增设扩张的过程。综合现有文献观点，此处提出以下待检验的假说。

中心—外围理论认为，区域经济集聚演化后，将形成以制造业为“中心”和以农业为“外围”的生产模式，银行网点设置往往也会形成城乡空间分布上的中心—外围结构。根据谭燕芝等（2018）地域匹配结果，截至2015年，全国银行业金融机构营业网点总数达到216839个，其中县域农村网点数占比高达80.17%，而城市网点数占比仅19.83%。汪小亚（2009）指出在城乡二元结构体制背景下，农村大量农业剩余和资本转移到城市工业部门，其中，资金的输送主要是通过国有银行分支机构完成的。截至2015年，大型商业银行的县域网点数占县域银行网点总数的比重虽然仅27.14%，但其占全国网点数比重却高达70.17%。基于此，提出本章的假说1，整体而言，县域银行网点是农村地区资金外流的主要渠道，即县域银行网点的增设会引起农村信贷资金净流出规模的增加。

公共利益论认为，政府管制在市场失灵的领域能发挥资源配置的作用，维护社会公共利益，达到帕累托改进。金融体系具有公共产品特性，由于银行业存在负外部性、信息不对称及内在不稳定性等问题，政府规制非常必要（晏宗新，2009），其中准入规制是最为重要的规制方式之一。从1999年起，多地将原农村信用社[①]县（市）—乡（镇）二级法人体制改制为县（市）一级法人体制，业务经营也是严格按照县级行政区划分割。这种对业务地理范围的限制使得农信社可以在县域范围内调剂和集中使用资金。《村镇银行管理暂行规定》则明确规定村镇银行不得发放异地贷款。谭燕芝等（2014）研究指出“农村类”金融机构由于扎根县域，其具体的政策制定会依据地方的经济特点，更多地发挥了服务“三农”主力军作用，而“商业类”金融机构更倾向于服务工业企业等规模客户。国有商业银行信贷权限的集中上收、邮政储蓄银行批发贷款的授信模式以及股份制商业银行资金集中的管理制度引发诸多质疑。基于此，提出本章的假说2，本地法人银行增设网点有益于扩张本地市场份额，抑制资金外流；非本地法人银行网点则由于逐利动机倾向于转移本地资金。

在研究金融发展和经济增长关系方面，Patrick（1966）提出供给领先型和需求追随型两种发展模式。供给领先型模式强调金融发展对经济的促进作用，而需求追随型模式认为金融发展只是对经济增长的被动反应。在经济发展早期

① 本书沿用了农村信用社这一概念，指农信社系统，包含一级法人农村信用合作社、农村合作银行和农村商业银行等产权组织形式，下文简称农信社。

阶段，供给领先型发展模式占主导，随着经济进一步发展，需求追随型发展模式逐渐占主导。林毅夫和姜烨（2006）的“最优金融结构理论”从金融体系与实体经济匹配性的角度分析了银行业发展对经济增长的影响。他们认为，对于处于不同发展阶段的经济体而言，要素禀赋结构与要素价格是不一样的，经济的资本密度应该内生于其要素禀赋结构。如果金融结构与经济结构相匹配，将有利于经济的发展和增长。反之，则会起阻碍作用。基于此，提出本章的假说3，经济发达县域银行网点的设立促进了信贷市场竞争，提高了信贷可获性，从而减少了信贷资金的流出。相反，经济欠发达县域银行网点的设立增加了农村资金外流的渠道，从而加剧了信贷资金的流出。

5.3　县域银行网点对农村信贷资金流动影响的研究设计

5.3.1　研究的基本思路

新古典经济学家们在自由竞争和要素充分流动的假设下认为：根据生产要素边际产出递减规律，在资本有效配置的市场中，资本应从边际产出低的地区流向边际产出高的地区，使得地区之间资本边际产出趋同，从而资本在区域间的流动达到均衡。因此，如果没有制度障碍和政策调整，地区资本应遵循市场逐利机制实现最优规模。

$$NF_{it} = c + \beta_1 \times GDP_{i1} + \beta_2 \times MPK_{it} + \mu_i + t_t + \varepsilon_{it} \qquad (5-1)$$

式（5－1）中，NF_{it}为t时期i县的信贷资金净流入相对规模，以信贷资金净流入绝对规模与经济规模的比值来表示。GDP_{i1}表示样本i县的初始禀赋，选用样本初期地区生产总值予以衡量（Boyreau － Debray 和 Wei，2005）。MPK_{it}表示t时期i县的资本边际产出，μ_i表示i县的个体效应，t_t表示年份的固定效应，ε_{it}为随机扰动项。

基于前人的研究，在理论上县域银行网点布局影响农村信贷资金流动的路径可能存在两条：第一，是银行网点的设立促进了县域银行业竞争，提高了信贷可得性，进而减少了信贷资金的流出；第二，由于银行上收贷款审批权限和集中调度内部资金的管理制度，银行网点演变为农村信贷资金流出的主要渠道，即增加了农村信贷资金流出。那么，现实中县域银行网点布局对农村信贷资金流动的影响依赖哪条路径？抑或是两条路径的共同作用？

参考贾春新等（2008）的思路，更多的银行分支机构进入县域金融市场，自然会形成竞争。如果网点数量的增加仅仅是通过增强竞争的方式影响资金流动，那么农村信贷资金流入只是农村金融市场结构的变化引致的影响。引入市场竞争度的变量后，若网点数对农村信贷资金净流入的影响仍然显著，则说明现实依赖第二条路径。反之，依赖第一条路径。在式（5－1）的基础上，我们引入关键变量银行网点数和其他控制变量。

$$NF_{it} = c + \beta_1 \times GDP_{i1} + \beta_2 \times MPK_{it} + \beta_3 \times Outlet_{it} + \beta_4 \times Comp_{it} + \beta_5 \times Contl_{it} + \mu_i + t_t + \varepsilon_{it} \quad (5-2)$$

式（5－2）中，$Outlet_{it}$为 t 时期 i 县的银行网点数量，$Comp_{it}$是 t 时期 i 县的银行市场竞争度，用赫芬达尔指数 HHI_{it} 的相反数来表示，$HHI_{it} = \sum_{j=1}^{n}\left(D_{ijt}/\sum_{j=1}^{n}D_{ijt}\right)^2$，其中 D_{ijt}指 t 时期 i 县 j 银行的贷款（存款）余额。当市场处于完全垄断状态时，$HHI = 1$，当市场处于完全竞争状态时，$HHI = 1/n$。$Contl_{it}$表示 t 时期 i 县的其他控制变量，余壮雄和杨杨（2014）指出区域间的资本流动一方面受到追逐利润的市场力量的支配，另一方面也受到政府投资、国家银行政策性资金分配等政治力量的引导，本文控制变量选择农业比重、政府经济行为、利率市场化水平和法律信用等因素。

5.3.2 县域银行网点与信贷资金流动关系的实证模型设计

1. 空间效应模型

基于第三章和第四章的研究，县域银行网点的分布存在空间效应。此处，继续采用空间计量经济学方法检验县域银行网点布局对农村信贷资金流动影响的空间溢出效应，分别为空间滞后模型（SAR）、空间误差模型（SEM）和空间杜宾模型（SDM），具体如下：

$$NF_{it} = \rho WNF_{it} + \beta_1 \ln Outlet_{it} + \beta X_{it} + \theta WX_{it} + \mu_{it} \quad (5-3)$$

$$\mu_{it} = \lambda W\mu_{it} + \varepsilon_{it}, \varepsilon \sim N(0, \sigma^2 I_n) \quad (5-4)$$

W 为 $n \times n$ 阶的空间权重矩阵；ρ 和 β 为空间相关系数，λ 为空间误差系数。当$\rho \neq 0$、$\theta = 0$ 且 $\lambda = 0$ 时为空间滞后模型（SAR），当$\rho = 0$、$\theta = 0$ 且

$\lambda \neq 0$ 时为空间误差模型（SEM），当 $\rho \neq 0$ 、$\theta \neq 0$ 且 $\lambda = 0$ 时为空间杜宾模型（SDM）。

2. 动态面板模型

现实经济活动中，农村信贷资金流动应是以动态形式存在，即当期信贷资金的流动趋势不仅受制于当期各因素的影响，而且还受到往期的持续性影响。式（5－2）进一步改进为：

$$NF_{it} = c + \beta_0 \times NF_{i,t-1} + \beta_1 \times GDP_{i1} + \beta_2 \times MPK_{it} + \beta_3 \times Outlet_{it} + \beta_4 \times Comp_{it} + \beta_5 \times Contl_{it} + \mu_i + t_t + \varepsilon_{it} \quad (5-5)$$

式（5－5）为动态面板模型。黄惠春和杨军（2011）认为在降低农村金融市场准入限制后，县域农村金融市场结构是由金融机构竞争行为和绩效所决定，并非外生于政府的政策主张。鉴于此，本章认为县域银行网点数与农村信贷资金流动规模也可能存在反向因果关系，县域银行网点数为潜在的内生变量。考虑式（5－5）存在被解释变量的滞后项、遗漏变量及潜在内生变量，本章采用系统 GMM 方法进行估计，以解决 OLS 和固定效应估计参数的有偏性和不一致性问题，并减轻内生性问题的影响（Bond 等，2001）。GMM 估计包括一步法和两步法，由于两步估计法参数的标准差存在向下偏倚，所以一步估计法常应用于经验研究，本章选择一步系统 GMM 估计法。

5.4　县域银行网点与信贷资金流动关系的实证分析

5.4.1　样本县域银行网点数与农村信贷资金流动趋势分析

江苏省从南到北经济发展水平呈梯状分布，县域之间经济结构差异明显，与我国区域发展不平衡的特征基本相似。本章选取江苏省的 37[①] 个县（市）为样本，样本期间为 1997—2015 年，符合农村金融改革的渐进过程。数据来源于中国人民银行南京分行的调查统计及《江苏省统计年鉴（1998—2016

① 苏南地区的江阴市、宜兴市、溧阳市、常熟市、张家港市、昆山市、太仓市、丹阳市、扬中市和句容市等 10 个县（市），苏中地区的海安县、如东县、启东市、如皋市、海门市、宝应县、仪征市、高邮市、兴化市、靖江市和泰兴市等 11 个县（市），苏北地区的丰县、沛县、睢宁县、新沂市、邳州市、东海县、灌云县、灌南县、洪泽县、金湖县、响水县、滨海县、阜宁县、射阳县、建湖县和泗洪县等 16 个县（市）。

年)》。

本章选用信贷资金流动规模占地区生产总值的比重衡量信贷资金流动水平，资金流入占比与资金流出占比之差反映资金净流入相对规模。首先，对样本县（市）银行网点数及资金流动占比逐年取均值，观察银行网点数与农村信贷资金流动的逐年变化趋势（见图5－1）。整体来说，农村信贷资金流入占比和资金流出占比均呈现增长趋势，且流出规模大于流入规模，即农村信贷资金近年来持续处于净流出状态。资金净流入相对规模和银行网点数均值变化方向趋同，呈现样本前期下降而样本后期回升迹象。分机构看，本地法人银行网点数相对稳定，股份制银行网点数和大型银行网点数则呈现先降后升趋势，尤其是1998—2006年，大型银行网点数明显减少①，整体趋势与农村金融市场准入制度的变迁历程基本一致。

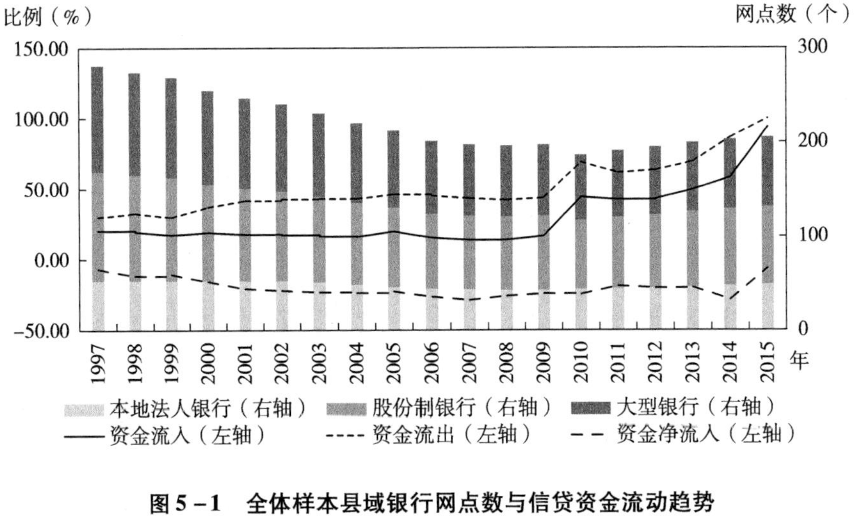

图5－1　全体样本县域银行网点数与信贷资金流动趋势

之后，分别对发达地区和欠发达地区的银行网点数及资金流出（入）占比逐年取均值，考察经济发达地区和欠发达地区信贷资金流动趋势的差异。本章设定经济发达地区为苏南县域，经济欠发达地区为苏中和苏北县域。图5－2

① 1998年中国人民银行印发《关于落实国有独资商业银行分支机构改革方案有关问题的通知》（银发〔1998〕425号），该通知提出的方案对四大国有银行分支机构的撤并提出具体要求：人均存款50万元以下的营业网点全部撤销，50万～100万元的营业网点部分撤销，100万～150万元的营业网点合并。

显示，一方面，无论是资金流入还是资金流出，欠发达地区资金流动的相对规模比发达地区都高，但是，欠发达地区资金净流入相对规模却比发达地区少，揭示了样本期间欠发达地区存在信贷供给和需求结构不匹配的问题。另一方面，欠发达地区银行网点数少于发达地区，但离散程度更大。样本中欠发达地区银行网点数均值为 176 个，发达地区银行网点数均值为 343 个，欠发达地区银行网点数均值为发达地区的 51.31%，但其变异系数却是发达地区的两倍。鉴于此，本文推测欠发达地区银行网点布局受准入规制的影响更大。

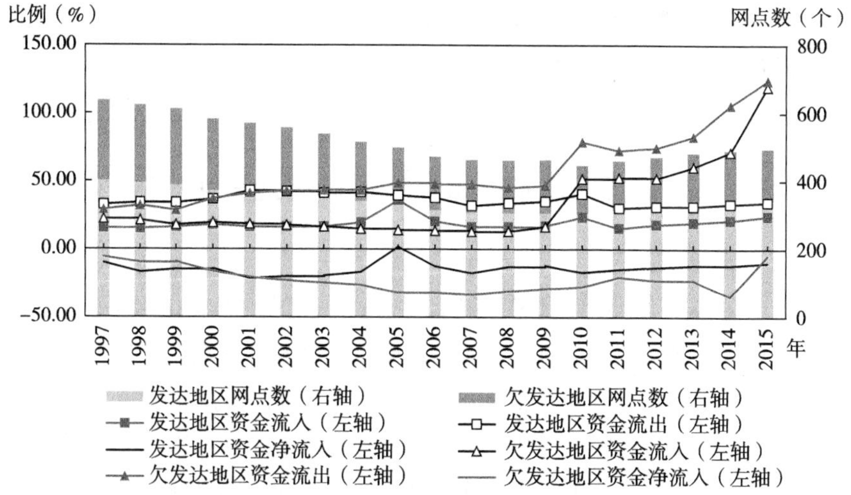

图 5－2　分区域样本县域银行网点数与信贷资金流动趋势

图 5－1 和图 5－2 是仅对银行网点数与信贷资金流动规模两变量趋势的初步分析，为更准确评价两者的关系，还需结合实证模型进行进一步估计。相关变量的描述性统计如表 5－1 所示。

表 5－1　　相关变量的描述性统计分析结果

变量名称	变量取值说明（单位）	均值	标准差
资金净流入	信贷资金净流入规模占地区生产总值的比重（万元）	－0.216	0.721
初始禀赋	1997 年人均实际地区生产总值（以 1990 年为基期）对数形式（元）	7.851	0.494
资本边际产出	采用永续盘存法（褚保金、莫媛，2011）计算	0.128	0.071
银行网点数	样本县（市）银行营业网点合计数对数形式（个）	4.780	0.519
本地法人银行网点数	农信社和村镇银行网点数对数形式（个）	3.760	0.457

续表

变量名称	变量取值说明（单位）	均值	标准差
股份制银行网点数	除本地法人银行和大型银行以外的县内银行网点数对数形式（个）	0.808	0.879
大型银行网点数	工农中建交及邮储银行网点数对数形式（个）	4.261	0.621
存款市场竞争度	1减去存款市场的赫芬达尔指数	0.808	0.075
贷款市场竞争度	1减去贷款市场的赫芬达尔指数	0.785	0.056
农业比重	第一产业增加值占地区生产总值的比值	0.183	0.125
政府经济行为	财政支出占地区生产总值的比值	0.096	0.063
利率市场化水平	平均贷款利率与存款利率之差（%）	3.245	0.275
法律信用因素	进出口额与地区生产总值的比值	0.226	0.430

5.4.2 县域银行网点布局与农村信贷资金流动关系的空间效应检验

首先，检验变量是否存在空间相关性。本研究采用全局莫兰指数（Moran's I）分别检验农村信贷资金净流入与县域银行网点布局的空间分布是否存在相关性。空间自相关是指变量在同一个分布区内的观测数据之间潜在的相互依赖性。Tobler（1970）曾提出“地理学第一定律”，即“任何东西与别的东西之间都是相关的，但近处的东西比远处的东西相关性更强”。

空间自相关统计量是用于度量地理数据的一个基本性质：某位置上的数据与其他位置上数据间的相互依赖程度。通常把这种依赖叫作空间依赖。地理数据由于受空间相互作用和空间扩散的影响，彼此之间可能不再相互独立，而是相关的。

表5-2　变量空间自相关性检验结果

年份	Moran's I				
	信贷资金净流入	银行网点数	本地法人银行网点数	大型银行网点数	股份制银行网点数
1997	-0.181	0.497***	0.146	0.461***	0.010
1998	0.115	0.535***	0.160	0.487***	0.002
1999	0.169	0.565***	0.203	0.499***	0.049
2000	-0.018	0.604***	0.218	0.558***	0.114

续表

年份	Moran's I				
	信贷资金净流入	银行网点数	本地法人银行网点数	大型银行网点数	股份制银行网点数
2001	0.054	0.641 ***	0.235 *	0.595 ***	0.085
2002	0.065	0.639 ***	0.258 *	0.615 ***	0.109
2003	-0.051	0.690 ***	0.292 **	0.636 ***	0.075
2004	-0.050	0.679 ***	0.328 **	0.639 ***	0.095
2005	0.049	0.674 ***	0.426 ***	0.621 ***	0.107
2006	0.055	0.691 ***	0.457 ***	0.649 ***	0.107
2007	-0.020	0.679 ***	0.429 ***	0.658 ***	0.165
2008	0.006	0.681 ***	0.414 ***	0.667 ***	0.392 ***
2009	-0.052	0.689 ***	0.409 ***	0.671 ***	0.501 ***
2010	0.030	0.681 ***	0.213	0.628 ***	0.652 ***
2011	0.023	0.695 ***	0.213	0.636 ***	0.658 ***
2012	0.018	0.732 ***	0.186	0.675 ***	0.674 ***
2013	0.000	0.743 ***	0.169	0.682 ***	0.710 ***
2014	-0.003	0.746 ***	0.167	0.685 ***	0.727 ***
2015	-0.005	0.746 ***	0.172	0.685 ***	0.742 ***

注：***、**、*分别表示在1%、5%、10%的显著性水平下通过假设性检验。

由空间自相关检验结果可以看出，信贷资金净流入的空间相关性不显著，说明农村信贷资金流动在空间上并不存在聚集特性。样本全体银行网点数和大型银行网点数存在着明显的空间相关性，本地法人银行网点数的空间相关性呈现先上升后下降的“倒 U 形”，并在 2001—2009 年显著，股份制银行网点数的空间相关性呈现逐渐上升的趋势，并在 2008—2015 年显著，这与第三章的结论一致。

其次，分别运用 SDM、SAR、SEM 模型进行空间效应估计。模型 1 至模型 4 是对全体样本的回归结果，模型 2 和模型 3 分别检验县域贷款市场竞争度和存款市场竞争度对农村信贷资金流动的影响差异，模型 4 是分银行类型的研究，将县域银行网点分解为本地法人银行网点、大型银行网点和股份制商业银行网点，以检验不同类型银行网点数对农村信贷资金流动的影响差异；模型 5 至模型 8 是分时期的研究，以 2006 年底实施准入新政为依据，将样本划分为

1997—2006 年和 2007—2015 年不同时期；模型 9 至模型 12 是分区域的研究，以经济发达程度为依据将样本划分为经济发达地区和经济欠发达地区，苏南为经济发达地区，苏中和苏北为经济欠发达地区。模型 5 至模型 12 也可以看成是对全体样本回归的稳健性检验。由模型估计检验可以看出，模型 5、模型 6、模型 9、模型 10 的 SDM、SEM 检验中，空间自相关系数和空间误差系数显著，说明全体样本在 1997—2016 年样本期的回归以及发达地区县域在整个样本期的回归通过了空间计量模型的检验，县域银行网点布局对农村信贷资金流动存在一定程度的空间效应。

根据模型 5、模型 6 的实证结果，在 1997—2006 年，即在降低农村金融市场准入门槛之前，大型银行网点数的增加降低了农村信贷资金流动性，造成信贷资金的净流出。大型银行倾向于在农村地区吸收存款并通过银行系统将资金投向资本回报率更高的城镇地区。本地股份制银行网点数目的增加则会引起周边地区信贷资金净流入的增加，股份制银行拓展县域网点是基于成本收益的经营策略调整，属于市场化行为。本地法人银行网点数变量在模型中不显著。

根据模型 9、模型 10 的实证结果，在经济发达的苏南地区，银行网点数的增加整体上加大了农村信贷资金的净流入。由 SDM 模型的结果可知，本地区资本边际产出的增加会显著加大周边地区信贷资金的净流入，本地区政府支出的增加不但显著减少了本地区的信贷资金净流入，而且减少了周边地区信贷资金的净流入。本地区法律信用因素的增加会造成周边地区信贷资金净流入的加大。

最后，除模型 5、模型 6、模型 9、模型 10 之外，在其他模型的空间检验中，空间相关系数和空间误差系数均不显著，说明整体来看，模型不存在明显的空间溢出效应，即农村信贷资金流动的空间效应不显著，农村经济整体在空间上仍然是分割的。故本章选用 GMM 模型进一步检验县域银行网点布局对农村信贷资金流动的影响，只考察时间而非空间的滞后效应。

5.4.3 县域银行网点布局与农村信贷资金流动的 GMM 估计

依据上述思路，本节采用 Stata 软件运用系统 GMM 估计法检验县域银行网点布局对农村信贷资金流动的影响。表 5－6 中 AR（1）和 AR（2）检验显示残差序列的差分存在一阶序列相关，但不存在二阶序列相关。Sargan 检验显示，工具变量的选择是合理的，不存在过度识别问题。

表 5-3　　县域银行网点对农村信贷资金流动影响的全样本空间计量实证结果

变量	模型1（全体样本）			模型2（全体样本）			模型3（全体样本）			模型4（全体样本）		
	SDM	SAR	SEM	SDM	SAR	SEM	SDM	SAR	SEM	SDM	SAR	SEM
资本边际产出	0.665 (0.66)	1.726 * (1.71)	1.888 * (1.84)	0.986 (0.99)	2.097 ** (2.10)	2.263 ** (2.23)	0.975 (0.97)	2.034 ** (2.02)	0.567 ** (0.148)	0.292 (0.29)	1.051 (1.07)	1.172 (1.18)
银行网点数	-0.702 *** (-2.90)	-0.600 ** (-2.46)	-0.600 ** (0.379)	-1.042 *** (-4.78)	-0.985 *** (-4.60)	-0.981 *** (-4.61)	-1.086 *** (-4.85)	-0.952 *** (-4.45)	-0.945 *** (-4.46)	—	—	—
本地法人银行网点数	—	—	—	—	—	—	—	—	—	0.015 *** (4.87)	0.017 *** (5.76)	0.017 *** (5.78)
大型银行网点数	—	—	—	—	—	—	—	—	—	-0.015 *** (-5.79)	-0.012 *** (-4.73)	-0.012 *** (-4.73)
股份制银行网点数	—	—	—	—	—	—	—	—	—	-0.027 * (-1.91)	-0.008 (-0.88)	-0.007 (-0.78)
存款市场竞争度	—	—	—	—	—	—	0.278 (0.72)	0.070 (0.19)	0.088 (0.23)	—	—	—
贷款市场竞争度	—	—	—	1.047 (1.34)	1.081 (1.46)	1.074 (1.47)	—	—	—	1.279 * (1.65)	1.282 * (1.76)	1.238 * (1.71)
农业比重	3.951 *** (3.52)	1.481 * (1.93)	1.381 * (1.82)	4.295 *** (3.85)	2.007 *** (2.57)	1.907 ** (2.46)	4.288 *** (3.84)	2.097 *** (2.62)	1.980 ** (2.50)	4.462 *** (4.01)	2.067 ** (2.55)	1.961 ** (2.43)
政府经济行为	0.251 (0.48)	0.462 (0.87)	0.503 (0.94)	0.177 (0.35)	0.368 (0.70)	0.406 (0.77)	0.163 (0.32)	0.333 (0.63)	0.374 (0.71)	0.328 (0.65)	0.536 (1.04)	0.584 (1.13)
法律信用因素	0.088 (0.055)	0.081 (0.51)	0.085 (0.54)	0.086 (0.56)	0.088 (0.57)	0.093 (0.60)	0.118 (0.75)	0.112 (0.72)	0.118 (0.76)	0.012 (0.08)	-0.007 (-0.05)	-0.007 (-0.04)
W×资本边际产出	6.083 *** (2.511)	—	—	6.230 *** (4.66)	—	—	6.448 *** (4.81)	—	—	5.418 *** (3.91)	—	—

续表

变量	模型 1（全体样本）			模型 2（全体样本）			模型 3（全体样本）			模型 4（全体样本）		
	SDM	SAR	SEM	SDM	SAR	SEM	SDM	SAR	SEM	SDM	SAR	SEM
W×银行网点数	0.014 (0.04)	—	—	-0.011 (-0.03)	—	—	0.027 (0.09)	—	—	—	—	—
W×本地法人银行网点数	—	—	—	—	—	—	—	—	—	0.002 (0.34)	—	—
W×大型银行网点数	—	—	—	—	—	—	—	—	—	0.001 (0.36)	—	—
W×股份制银行网点数	—	—	—	—	—	—	—	—	—	0.038** (2.13)	—	—
W×存款市场竞争度	—	—	—	—	—	—	0.760 (1.29)	—	—	—	—	—
W×贷款市场竞争度	—	—	—	0.147 (0.13)	—	—	—	—	—	-0.597 (-0.55)	—	—
W×农业比重	-4.737*** (-3.31)	—	—	-4.508*** (-3.12)	—	—	-4.925*** (-3.33)	—	—	-5.223*** (-3.55)	—	—
W×政府经济行为	0.602 (1.22)	—	—	0.592 (1.21)	—	—	0.606 (1.24)	—	—	0.721 (1.51)	—	—
W×法律信用因素	0.183 (0.79)	—	—	0.188 (0.80)	—	—	0.248 (1.08)	—	—	0.121 (0.52)	—	—
ρ	-0.045	-0.032	—	-0.046	-0.032	—	-0.048	-0.034	—	-0.031	-0.027	—
λ	—	—	-0.043	—	—	-0.043	—	—	-0.045	—	—	-0.041
样本县（个）	37	37	37	37	37	37	37	37	37	37	37	37

注：*、**、*** 分别表示在10%、5%、1%的水平下显著，括号内是Z值，下同。

表 5-4　县域银行网点对农村信贷资金流动影响的分时期空间计量实证结果

变量	模型5（1997—2006年）			模型6（1997—2006年）			模型7（2007—2015年）			模型8（2007—2015年）		
	SDM	SAR	SEM	SDM	SAR	SEM	SDM	SAR	SEM	SDM	SAR	SEM
资本边际产出	-0.335 (-1.19)	-0.088 (-0.31)	1.888 * (1.84)	0.986 (0.99)	-0.047 (-0.17)	-0.029 (-0.11)	6.122 (1.22)	15.065 *** (3.18)	15.357 *** (3.21)	6.361 (1.25)	15.465 *** (1.07)	1.172 (1.18)
银行网点数	—	—	—	—	—	—	—	—	—	—	—	—
本地法人银行网点数	0.0004 (0.51)	0.0004 (0.46)	0.0005 (0.54)	0.0002 (0.17)	0.0006 (0.66)	0.0007 (0.73)	0.021 ** (2.26)	0.019 ** (2.03)	0.019 ** (2.01)	0.021 ** (2.25)	0.019 ** (2.05)	0.019 ** (2.02)
大型银行网点数	-0.002 ** (-2.09)	-0.002 ** (-2.29)	-0.002 ** (-2.39)	-0.002 ** (-2.31)	-0.002 ** (-2.39)	-0.002 ** (-2.52)	-0.034 (-1.50)	-0.027 *** (-4.79)	-0.027 *** (-4.72)	-0.028 *** (-4.88)	-0.028 *** (-4.73)	-0.028 *** (-4.82)
股份制银行网点数	0.023 * (1.75)	0.022 * (1.82)	0.026 ** (2.10)	0.024 * (1.82)	0.022 * (1.80)	0.027 ** (2.13)	-0.028 *** (-4.93)	-0.001 (-0.09)	-0.001 (-0.05)	-0.034 (-1.51)	-0.002 (-0.15)	-0.002 (-0.11)
存款市场竞争度	—	—	—	—	—	—	—	—	—	—	—	—
贷款市场竞争度	—	—	—	0.274 (1.30)	1.081 (1.46)	0.361 * (1.68)	—	—	—	0.554 (0.31)	1.605 (0.89)	1.238 * (1.71)
农业比重	0.538 (1.63)	1.078 *** (3.50)	1.060 *** (3.59)	0.459 (1.39)	1.011 *** (3.26)	0.980 *** (3.30)	-4.075 (-1.14)	-4.066 (-1.31)	-4.028 (-1.32)	-3.902 (-1.07)	-3.481 (-1.10)	-3.434 (-1.10)
政府经济行为	-2.346 *** (-3.28)	-1.984 *** (-2.84)	-1.882 *** (-2.77)	-2.153 *** (-3.01)	-1.892 *** (-2.71)	-1.747 ** (-2.56)	-0.248 (-0.42)	-0.129 (-0.21)	-0.116 (-0.19)	-0.231 (-0.39)	-0.082 (-0.13)	-0.072 (-0.12)
法律信用因素	-0.031 (-0.77)	0.103 *** (2.94)	0.110 *** (3.17)	-0.038 (-0.96)	0.101 *** (2.89)	0.108 *** (3.12)	-0.127 (-0.32)	-0.382 (-0.93)	-0.375 (-0.91)	-0.142 (-0.35)	-0.423 (-1.03)	-0.417 (-1.01)
W×资本边际产出	0.046 (0.11)	—	—	0.278 (0.67)	—	—	24.719 *** (3.35)	—	—	24.600 *** (3.31)	—	—

续表

变量	模型 5（1997—2006 年）			模型 6（1997—2006 年）			模型 7（2007—2015 年）			模型 8（2007—2015 年）		
	SDM	SAR	SEM	SDM	SAR	SEM	SDM	SAR	SEM	SDM	SAR	SEM
W×银行网点数	—	—	—	—	—	—	0.027 （0.09）	—	—	—	—	—
W×本地法人银行网点数	0.002 （1.63）	—	—	0.002 （1.37）	—	—	-0.013 （-1.24）	—	—	-0.013 （-1.25）	—	—
W×大型银行网点数	0.0001 （0.11）	—	—	0.0001 （0.10）	—	—	0.006 （0.64）	—	—	0.005 （0.57）	—	—
W×股份制银行网点数	0.137*** （5.21）	—	—	0.138*** （5.31）	—	—	0.056** （1.81）	—	—	0.056* （1.82）	—	—
W×存款市场竞争度	—	—	—	—	—	—	—	—	—	—	—	—
W×贷款市场竞争度	—	—	—	0.706** （2.08）	—	—	—	—	—	-0.076 （-0.03）	—	—
W×农业比重	0.545 （1.13）	—	—	0.275 （0.56）	—	—	-5.904 （-1.22）	—	—	-5.824 （-1.19）	—	—
W×政府经济行为	0.435 （0.45）	—	—	0.640 （0.66）	—	—	0.341 （0.62）	—	—	0.320 （0.58）	—	—
W×法律信用因素	0.065 （1.09）	—	—	0.051 （0.86）	—	—	0.500 （0.75）	—	—	0.497 （0.74）	—	—
ρ	-0.096*	-0.042	—	-0.113**	-0.046	—	-0.061	-0.034	—	-0.061	-0.034	—
λ	—	—	-0.102*	—	—	-0.115*	—	—	-0.036	—	—	-0.037
样本县（个）	37	37	37	37	37	37	37	37	37	37	37	37

表 5-5　县域银行网点对农村信贷资金流动影响的分地区空间计量实证结果

变量	模型 9（发达地区样本）			模型 10（发达地区样本）			模型 11（欠发达地区样本）			模型 12（欠发达地区样本）		
	SDM	SAR	SEM	SDM	SAR	SEM	SDM	SAR	SEM	SDM	SAR	SEM
资本边际产出	-2.111 *** (-5.21)	-2.221 *** (-5.10)	-2.135 *** (-4.82)	-1.970 *** (-4.98)	-2.171 *** (-5.00)	-2.069 *** (-4.68)	1.153 (0.86)	2.727 ** (2.09)	2.931 ** (2.22)	1.204 (0.90)	2.758 ** (2.11)	2.955 ** (2.24)
银行网点数	0.133 (1.32)	0.299 *** (2.95)	0.311 *** (3.08)	-0.035 (-0.32)	0.298 *** (2.96)	0.306 *** (3.07)	-1.223 *** (-4.45)	-1.110 *** (-4.11)	-1.099 *** (-4.09)	-1.217 *** (-4.42)	1.144 *** (-4.22)	-1.137 *** (-4.21)
本地法人银行网点数	—	—	—	—	—	—	—	—	—	—	—	—
大型银行网点数	—	—	—	—	—	—	—	—	—	—	—	—
股份制银行网点数	—	—	—	—	—	—	—	—	—	—	—	—
存款市场竞争度	—	—	—	—	—	—	—	—	—	—	—	—
贷款市场竞争度	—	—	—	0.919 ** (2.19)	0.639 (1.45)	0.723 (1.61)	—	—	—	0.854 (0.89)	1.176 (1.28)	1.163 (1.28)
农业比重	3.381 *** (4.49)	3.709 *** (4.55)	3.614 *** (4.57)	2.867 *** (3.85)	3.679 *** (4.54)	3.566 *** (4.55)	3.707 *** (2.78)	2.063 * (1.76)	1.919 * (1.65)	3.692 *** (2.77)	2.060 * (1.76)	1.924 * (1.65)
政府经济行为	-1.289 ** (-2.45)	-1.384 ** (-2.46)	-1.505 *** (-2.63)	-1.569 *** (-3.04)	-1.331 ** (-2.38)	-1.481 *** (-2.59)	0.183 (0.30)	0.317 (0.51)	0.364 (0.58)	0.206 (0.34)	0.362 (0.58)	0.410 (0.66)
法律信用因素	0.074 *** (2.93)	0.089 *** (3.19)	0.093 *** (3.36)	0.057 ** (2.28)	0.083 *** (2.93)	0.086 *** (3.09)	-0.250 (-0.41)	0.126 (0.22)	0.159 (0.28)	-0.221 (-0.36)	0.055 (0.09)	0.078 (0.13)
W×资本边际产出	0.628 *** (1.12)	—	—	0.442 (0.81)	—	—	7.934 *** (4.21)	—	—	7.870 *** (4.12)	—	—

续表

变量	模型 9（发达地区样本）			模型 10（发达地区样本）			模型 11（欠发达地区样本）			模型 12（欠发达地区样本）		
	SDM	SAR	SEM	SDM	SAR	SEM	SDM	SAR	SEM	SDM	SAR	SEM
W×银行网点数	0.119（1.01）	—	—	0.120（1.03）	—	—	0.074（0.19）	—	—	0.029（0.07）	—	—
W×本地法人银行网点数	—	—	—	—	—	—	—	—	—	—	—	—
W×大型银行网点数	—	—	—	—	—	—	—	—	—	—	—	—
W×股份制银行网点数	—	—	—	—	—	—	—	—	—	—	—	—
W×存款市场竞争度	—	—	—	—	—	—	—	—	—	—	—	—
W×贷款市场竞争度	—	—	—	3.123***（3.42）	—	—	—	—	—	-0.412（-0.29）	—	—
W×农业比重	-0.004（-0.00）	—	—	1.374（1.07）	—	—	-5.402***（-2.72）	—	—	-5.283***（-2.66）	—	—
W×政府经济行为	-2.088***（-2.75）	—	—	-1.886**（-2.52）	—	—	0.585（1.01）	—	—	0.581（1.00）	—	—
W×法律信用因素	0.116***（2.91）	—	—	0.104***（2.69）	—	—	1.585（1.39）	—	—	1.457（1.21）	—	—
ρ	-0.148**	-0.083	—	-0.123*	-0.087	—	-0.054	-0.044	—	-0.053	-0.041	—
λ	—	—	-0.128*	—	—	-1.140*	—	—	-0.055	—	—	-0.053
样本县（个）	10	10	10	10	10	10	27	27	27	27	27	27

模型 13 至模型 16 是全体样本的回归结果，模型 14 和模型 15 分别检验县域贷款市场竞争度和存款市场竞争度对农村信贷资金流动的影响差异，模型 16 是分银行类型的研究，将县域银行分解为本地法人银行、大型银行和股份制商业银行，以检验不同类型银行网点数对农村信贷资金流动的影响差异；模型 17 至模型 20 是分时期的研究，以 2006 年底实施准入新政为依据，将样本划分为 1997—2006 年和 2007—2015 年两段时期；模型 21 至模型 24 是分区域的检验，以经济发达程度为依据将样本划分为经济发达地区和经济欠发达地区。模型 17 至模型 24 也可以看作是对全体样本回归结果的稳健性检验。根据表 5－6 回归结果，银行网点数和市场竞争度变量系数显著性和方向不完全相同，但大部分显著的控制变量符号基本一致，这也是对全体样本所得结论稳健性的佐证。

首先，整体而言，县域银行网点布局对农村信贷资金流动的影响是由两条路径共同作用，与假说 1 不一致的是新增县域银行网点并未引起农村信贷资金更大规模的流出，而是引入更多资金。同时，银行网点的增设提高了金融市场的竞争度，竞争促使银行以提高服务质量等方式占有更大的市场份额。研究发现，模型 14 中的贷款市场竞争度在 10% 的显著性水平上为正，模型 15 中的存款市场竞争度在 5% 的显著性水平上为负，表明县域存款市场竞争度的提升显著加剧了农村信贷资金的流出，而贷款市场竞争度的提升则显著加大了农村信贷资金的流入。由此可见，如果银行增设网点目的在于完成储蓄存款任务，那么银行网点往往会通过系统内资金调度而分流大量可贷资金。1998—2001 年，国有商业银行撤并后幸存下来的银行网点大多仅设为吸收储蓄的机构，并不开展贷款等金融服务，造成了农村信贷资金的大量外流。相反，如果银行增设网点的目的在于获取更大的贷款市场份额，则有助于增加市场信贷总供给，抑制资金外流。

其次，比较本地法人银行和非本地法人银行网点的作用机制，此处将非本地法人银行进一步划分为股份制银行和大型银行。一是本地法人银行，本地法人银行网点增设有助于农村信贷资金的流入，与假说 2 内容一致。县域法人银行多分布于县域以下，以农信社为例，根据 2017 年国家统计局数据，我国共有乡镇级区划数 39888 个，每个乡镇平均拥有 1.96 个农信系统的网点，可以说农信社网点覆盖做到了下沉至村。早在 2003 年，国务院下发的《深化农村信用社改革试点方案》中就已提出把农信社逐步办成社区性地方金融机构。作为地方性法人机构，农信社借助于良好的地缘和业缘优势，长期以服务“三农”为主要经营目标。在财务核算方面，农信社主要以乡镇和市级联社为单位统一核算，且省联社不得无偿调动农合机构资金，这在一定程度上杜绝了资金被抽调，保证农信社资金多运用于本地。2010 年以来，监管部门也不断鼓励县域法人金融机构将新增存款主要用于当地贷款，进一步抑制了县域信贷资金的流出①。

二是股份制银行，实证结果显示，股份制银行网点的增设显著加大了农村信贷资金流出，与假说 2 内容相符。随着农村金融市场的发展，尽管一些股份制银行纷纷进驻农村市场寻找新的业务和利润增长点，但是由于准入管理的规定②，大多数银行仅设立了县级分支机构，很少在村镇布点。2009 年，为促进股份制商业银行、城商行更好服务地方经济和中小企业发展，监管部门适当放宽了中小商业银行分支机构的市场准入限制③。数据显示，仅 2010 年全年城商行跨区新建了 103 家异地分支机构。截至 2011 年末，城商行在长三角、环渤海以及珠三角等发达地区聚集的分支机构数量占比达 72%④。由此可见，股份制银行基于逐利目标，在资金的调度上出现由欠发达地区向发达地区转移的现象，这与张强等（2012）测算出股份制商业银行网点布局效率明显优于国有

① 2010 年中国人民银行同银监会制定印发《关于鼓励县域法人金融机构将新增存款一定比例用于当地贷款的考核办法（试行）》（银发〔2010〕262 号），考核办法第五条指出，县域法人金融机构中可贷资金与当地贷款同时增加且年度新增当地贷款占年度新增可贷资金比例大于 70%（含）的，或可贷资金减少而当地贷款增加的，考核为达标县域法人金融机构。

② 2001 年中国人民银行印发《中国人民银行关于进一步规范股份制商业银行分支机构准入管理的通知》（银发〔2001〕173 号）规定，股份制商业银行的机构发展需与当地经济发展、市场需求相适应；拟设立网点的城市具有良好的经济发展前景和市场潜力，城市国内生产总值（GDP）应达到 100 亿元，各项存款余额应达到 300 亿元。

③ 2009 年中国银监会印发了《关于中小商业银行分支机构市场准入政策的调整意见（试行）》（银监办发〔2009〕143 号），“已在省会（首府）城市设有分行的股份制商业银行，在该城市所在省（自治区）内的其他城市再申请设立下设分行和支行，不再受数量指标控制。城市商业银行在法人住所所在省（自治区、直辖市）内设立分支机构，不再受数量指标控制。股份制商业银行和城市商业银行在同城设立支行，不受数量指标控制”“鼓励股份制商业银行优先到西部、东北等金融机构较少、金融服务相对薄弱地区设立分支机构；支持城市商业银行按照‘三步走’原则建立分支机构网络，即先省内、后省外，先本经济区域、后跨经济区域，最后向全国辐射”。

④ 孙勇，跨区扩张对我国城市商业银行的影响——基于效率视角［J］. 中央财经大学学报，2014（2）：38－43.

银行和地方商业银行的结论是一致的。

三是大型银行，大型银行网点布局对农村信贷资金流动的作用在准入新政前后的表现恰好相反，与假说2内容不一致。在样本前期，增设大型银行网点加大了农村信贷资金净流出规模，而在样本后期增设大型银行网点则是加大了农村信贷资金的净流入规模。从1998年起，国有商业银行开始了大规模的机构撤并工作。以农业银行为例，1986—1997年，农业银行机构总数处于增长态势，从3.79万个增加到6.37万个。1998年起，农业银行开始撤并分支机构，县域以下的分支机构和营业网点由于业务规模小、人均利润低而成为撤并的重点对象，撤并量高达2.44万个。同时，国有银行在授权授信上逐步上收和取消县市支行的贷款审批权，贷款审批权集中在总行和一、二级分行，总、分行直贷、点贷规模不断扩大。国有商业银行网点的撤并和贷款审批权上收，以及邮政储蓄的转存制度致使基层网点“只存不贷”，一方面直接导致大量信贷资金从农村流向城市和经济发达地区，另一方面导致银农关系疏远，加深了银农间信息不对称的程度，抑制了资金在当地的有效投放。在样本后期，随着新农村建设的推进以及“三农”政策的实施，2007年邮储银行正式挂牌，2008年和2016年农业银行和邮储银行分别试点“三农”金融事业部，大型银行纷纷重返农村金融市场。截至2016年底，农业银行在全国有19个省的20家一级分行（含宁波分行）下辖县与机构参与“三农”金融事业部试点，试点县域农业银行的人员、存贷款占全行县域的80%左右，县域贷款余额达3.18万亿元，同比增速11.09%，高于全行平均水平1.47个百分点。邮储银行共有营业网点39927个，其中，县域及以下网点数达28440个，占全部网点的71%以上[①]。结合我国大型银行的改革方案可以发现，大型银行的发展战略与国家宏观调控政策息息相关，下沉经营管理和决策重心有利于强化大型银行网点对“三农”和县域业务的支持保障能力。模型16中大型银行网点数变量系数在整个样本期间也显著为正，本文推测，在政府干预和特殊利益的驱动下，大型银行集权式信贷管理模式会加剧农村信贷资金的外流，但是类似“三农”金融事业部的业务下沉模式则有利于大型银行县域网点的本地信贷资金投放。

① 数据来自中国人民银行《中国农村金融服务报告2016》。

再次，比较不同地区银行网点的作用机制。经济发达县域银行网点数对农村信贷资金流动的影响也属于两条路径共同作用的结果，银行网点数量的增加显著加剧了农村信贷资金的流出，而贷款市场竞争度的提高却又显著抑制了农村信贷资金的流出。经济欠发达县域银行网点对农村信贷资金流动的影响符合第一条路径，即银行网点的设立促进了县域银行业竞争，提高了信贷可获性，减少了信贷资金的流出，与假说3并不完全一致。从农村金融市场供给主体的竞争关系分析，欠发达样本地区的本地法人银行、股份制银行和大型银行网点数的结构均值从期初19:41:40转变为期末的28:37:35，经历了结构性大调整。由此可见，大型银行和股份制银行在欠发达地区新增网点，会与原市场上的农信社之间形成互补关系，形成合作性金融、商业性金融和政策性金融分工协作的农村金融体系，完善了金融供给结构。对于发达地区，样本地区的本地法人银行、股份制银行和大型银行网点数的结构均值从期初的19:41:40转变为期末的19:44:37，结构上增加的主要是股份制银行网点，说明原本就集聚了众多股份制银行网点的发达县域，由于羊群效应的存在，其他商业银行仍会陆续进驻，新设网点与原有存量网点之间常常是基于原有市场、原有业务的同质竞争，新增网点仅是农村金融市场外延量的变化。毗邻经济更发达的南京、苏州等中心城市，苏南县域的金融资源更易被吸引和流失，当然，这也体现出整个苏南地区金融市场一体化程度较高，市场机制成为引导区域资本流动的主要力量。

最后，主要依据模型13和模型14的回归结果分析其他控制变量。资金净流入滞后一期变量至少在5%置信水平上显著，且为正，表明农村信贷资金流动趋势具有一定的持续性，若要改变农村信贷资金流动的状态是个持续渐进的过程。地区初始禀赋变量在1%的置信水平上显著，且为负。但是，样本初期时该变量符号为正，表明在大型银行撤并网点进行集约化经营改革的背景下，短期内资金会流向初始禀赋高的地区，但是长期来看农村县域间信贷资金流动总体上存在收敛趋势。资本边际产出变量至少在5%的置信水平上显著，且为负，说明现实中信贷资金并未完全遵循资本逐利的特性，有学者认为这是由强金融控制政策下的县域农村金融市场分割所致（褚保金、莫媛，2011）。农业比重变量在10%的置信水平上显著，且为负，农业生产具有周期长、自然灾害频繁和范围广泛等特点，农业风险极易引发信用风险，与非农部门相比，较低的农业投资收益率对投资者缺乏吸引力，极大地影响了农村金融机构发放支

表5-6　县域银行网点对农村信贷资金流动影响的系统GMM实证结果

变量	模型13（全体样本）	模型14（全体样本）	模型15（全体样本）	模型16（全体样本）	模型17（1997—2006年）	模型18（1997—2006年）	模型19（2007—2015年）	模型20（2007—2015年）	模型21（发达地区）	模型22（发达地区）	模型23（欠发达地区）	模型24（欠发达地区）
资金净流入滞后一期	0.316** (0.146)	0.323** (0.142)	0.587*** (0.178)	0.465*** (0.172)	0.693*** (0.266)	0.458 (0.311)	0.639*** (0.199)	0.534** (0.211)	0.842*** (0.081)	0.691*** (0.126)	0.352** (0.152)	0.477*** (0.151)
初始禀赋	-1.429*** (0.474)	-1.338*** (0.478)	-2.021*** (0.580)	-2.226*** (0.572)	0.598* (0.322)	0.547* (0.314)	-2.324*** (0.762)	-2.249*** (0.757)	0.043 (0.033)	0.098** (0.046)	-1.141* (0.684)	-0.391 (0.707)
资本边际产出	-1.490*** (0.377)	-1.487*** (0.378)	-1.040** (0.496)	-2.091*** (0.453)	-0.006 (0.164)	-0.769* (0.454)	-8.271*** (2.140)	-8.679*** (2.189)	0.567** (0.148)	0.671*** (0.191)	-1.831** (0.894)	-1.686** (0.858)
银行网点数	1.097*** (0.331)	1.005*** (0.340)	1.424*** (0.379)	—	—	—	—	—	-0.027* (0.016)	-0.034* (0.019)	0.896* (0.517)	0.495 (0.431)
本地法人银行网点数	—	—	—	0.904* (0.468)	0.254* (0.135)	0.343* ** (0.128)	2.740*** (1.018)	2.595** (1.022)	—	—	—	—
股份制银行网点数	—	—	—	-0.171*** (0.050)	-0.058* (0.033)	-0.080** (0.032)	-0.995*** (0.305)	-1.029*** (0.310)	—	—	—	—
大型银行网点数	—	—	—	0.857*** (0.313)	-0.428** (0.217)	-0.564*** (0.207)	1.442*** (0.392)	1.564*** (0.410)	—	—	—	—
存款市场竞争度	—	—	-0.718** (0.337)	—	—	—	—	—	—	—	—	—
贷款市场竞争度	—	0.723* (0.414)	—	0.977** (0.487)	—	1.294** (0.624)	—	1.892** (0.929)	—	0.466* (0.254)	—	0.987* (0.589)

续表

变量	模型 13（全体样本）	模型 14（全体样本）	模型 15（全体样本）	模型 16（全体样本）	模型 17（1997—2006 年）	模型 18（1997—2006 年）	模型 19（2007—2015 年）	模型 20（2007—2015 年）	模型 21（发达地区）	模型 22（发达地区）	模型 23（欠发达地区）	模型 24（欠发达地区）
农业比重	-1.308 * (0.771)	-1.111 (0.779)	-2.536 ** (1.057)	-2.912 *** (0.904)	0.869 (0.666)	0.850 (0.674)	-2.785 (2.617)	-1.258 (2.703)	-0.667 ** (0.258)	0.067 (0.377)	0.374 (0.784)	0.956 (0.850)
政府经济行为	0.393 (1.027)	0.615 (1.024)	-0.243 (1.21)	0.387 (0.314)	-0.354 (0.568)	-0.435 (0.511)	0.186 (0.451)	0.318 (0.447)	-0.338 (0.246)	-0.556 ** (0.276)	0.470 (0.402)	2.057 (1.437)
利率市场化水平	0.059 (0.086)	0.125 (0.099)	0.043 (0.094)	-0.039 (0.119)	0.044 (0.104)	-0.020 (0.112)	-0.799 *** (0.256)	-0.724 *** (0.254)	-0.057 ** (0.026)	0.006 (0.025)	-0.060 (0.124)	0.039 (0.145)
法律信用因素	0.253 *** (0.096)	0.232 ** (0.096)	0.352 *** (0.117)	0.544 *** (0.136)	-0.580 (0.047)	-0.028 (0.047)	0.502 ** (0.199)	0.472 ** (0.188)	-0.011 (0.010)	-0.016 (0.012)	0.640 (0.650)	0.237 (0.651)
常数项	5.951 ** (2.511)	4.838 * (2.579)	9.939 *** (3.448)	10.409 *** (0.136)	-4.170 * (2.503)	-4.242 * (2.566)	6.870 (5.132)	4.388 (5.152)	-0.052 (0.269)	-1.116 ** (0.522)	4.684 (3.207)	-0.554 (4.196)
Sargan Test	24.59	23.86	19.45	17.56	9.51	7.02	11.87	13.02	14.64	14.62	17.59	19.10
AR（1）Test	-2.19 **	-2.34 **	-3.14	-2.54	-2.7 ***	-1.9 *	-2.32 **	-1.78 *	-4.24 ***	-3.46 ***	-2.24 **	-3.03 ***
AR（2）Test	-0.28	-0.26	-0.02	-0.31	0.43	-0.09	-0.46	-0.60	-1.41	0.09	-0.28	-0.03
Observations	629	629	627	555	222	222	333	333	160	90	351	405
样本数（个）	37	37	37	37	37	37	37	37	10	10	27	27

注：*、** 和 *** 分别表示该检验值在 10%、5% 和 1% 的置信水平上显著，括号中为标准误。

农贷款的积极性，大量农村信贷资金离农、脱农。利率市场化水平变量在全体样本中不显著，但是在样本后期及经济发达地区样本中显著，且为负，表明利率市场化程度越高，农村信贷资金流入规模增加。2013 年起我国贷款利率上限全面放开，更大的上浮区间有利于激励更多的社会资本参与农村金融机构，尤其在市场基础更完善、制度环境更宽松的经济发达地区，利率市场化对信贷资金的吸引力比欠发达地区更显著，这与现有相关研究结论是一致的（莫媛、周月书，2019）。法律信用因素在 5% 的置信水平上显著，稳定的农村信用环境对改善农村贷款质量具有重要意义。根据金融生态环境理论，金融生态环境质量越高的地区，越能吸引资金的流入。实践证明，通过预先进行客户信用调查并预授信的方式有助于提高农村经济主体金融服务的可得性。政府经济行为变量不显著，这或许意味着农村信贷资金流动是发生在县域之间或者更大范围的宏观层面的现象，地方政府的经济行为并未显著影响到农村地区的信贷资金流动。

5.5　本章小结

本章基于 1997—2015 年江苏省 37 个县（市）样本，描述了样本期间样本县银行网点数变化与信贷资金流动趋势，分别采用空间计量模型和系统 GMM 模型检验了县域银行网点与农村信贷资金流动的关系及其机制。研究发现：

第一，全体样本在降低农村金融市场准入前、经济发达地区县域样本在整个样本期，银行网点布局对农村信贷资金流动的影响存在显著的空间效应，但对大部分样本来说，农村信贷资金流动仍然表现出分割状态，空间效应不显著。

第二，整体而言，县域银行业金融机构网点的增设会增加农村信贷资金净流入的规模。存款市场的竞争会导致农村资金净流出规模增加，只有形成贷款市场竞争才能抑制农村资金净流出。

第三，本地法人银行增设网点有益于扩张本地市场份额，抑制资金外流，表现为引水渠效应；股份制银行增设网点由于逐利动机倾向于在系统内转移本地资金，表现为抽水机效应。在放宽市场准入前，大型银行的集权式信贷管理模式导致大型银行县域网点成为农村信贷资金外流的主渠道；在放宽市场准入后，大型银行“三农”金融事业部的业务下沉模式则有利于大型银行县域网点的本地信贷投放。

第四，分地区而言，经济发达县域银行网点的增设形成了市场内部的同质化竞争，引起农村资金净流出规模增加，而经济欠发达县域银行网点的增设则通过提升市场内部的差异化竞争，减少了信贷资金规模的净流出。

第6章　市场结构视角下农信社支农力度研究

6.1　农信社信贷支农的背景概述

我国农村信用社自20世纪50年代初期建立以来，主要服务于农村经济发展。经过多年改革发展，农村信用社[①]已成为农村金融服务的主力军，信贷支农是农村信用社推进普惠金融的主要方向。据统计，2018年底，农信社涉农贷款和农户贷款余额占全部金融机构的30%和55%，分别达到约9.6万亿元和4.9万亿元。然而，在涉农信贷扩张的同时，农信社的风险承担能力逐渐下滑。农信社涉农不良贷款达5886亿元，同比增长约32%，平均涉农不良贷款率约6%[②]；同期全国商业银行不良贷款率仅为1.83%[③]。受自然条件和农产品价格波动的影响，农户部门是农信社信用风险暴露最为集中的领域。

自2008年党的十七届三中全会提出县域银行业金融机构新吸收的存款主要用于当地发放贷款后，各年的中央一号文件多次提出强化涉农贷款增量管理。2010年9月，人民银行和原银监会联合印发《关于鼓励县域法人金融机构将新增存款一定比例用于当地贷款的考核办法（试行）》，指出"县域法人金融机构中可贷资金与当地贷款同时增加且年度新增当地贷款占年度新增可贷资金比例大于70%（含）的，或可贷资金减少而当地贷款增加的，考核为达标县域法人金融机构"，以促进金融机构加大支农力度。2019年1月，银保监会进一步提出农商行回归支农支小信贷主业的要求，涉农及小微企业贷款占比

① 此处沿用了农村信用社这一概念，指农信社系统，包含一级法人农村信用合作社、农村合作银行和农村商业银行等产权组织形式，下文简称农信社。

② 数据来源：根据中国人民银行农村金融服务研究小组《中国农村金融服务报告2018》整理得出。

③ 数据来源：中国银行保险监督管理委员会官网。

逐年上升至超过80%，大额贷款占比的目标值逐年下降直至低于30%[①]。信贷资金投向领域的差异，会影响经济主体之间的经济机会和利益分配，进而影响经济增长。赵峦和孙文凯（2010）指出，农信社改革改善金融支农功能可依据两项目标：一是是否提高了农信社对具有还款能力和还款意愿农户的贷款覆盖面，二是是否减少了非商业化导向的农户贷款、是否解决了利用金融手段履行财政职能的问题。在外部市场竞争发生变化的背景下，农信社是否会适时调整支农力度值得思考。研究结论可为农信社优化信贷结构提供理论依据，对于维护农村地区金融稳定具有现实意义。

6.2 信贷资金配置的内涵与原则

1. 信贷资金配置的内涵

商业银行信贷资金配置，是指银行的信贷资金在各贷款对象间的分配比例。由于资产配置属于银行主体行为，从根本上说信贷资金的配置主要取决于银行自身的风险偏好。风险偏好型商业银行会将更多的信贷资金配置到短期收益较高的部门，以获得更多盈利机会；风险规避型商业银行会更倾向于将信贷资金配置到风险较低的部门，以获得长期稳健发展。调整和优化信贷资金配置有利于防范和控制信贷风险，提高信贷资金的使用效率。就农信社来说，调整信贷资金的配置是保证其可持续发展的重要举措，是优化信贷资产质量的重要途径，也是其在县域市场保持核心竞争力的重要环节。

国内外学者就商业银行信贷资产配置进行了大量研究，马柯维茨（1952）提出的资产组合理论将效用作为评价指标，该理论成为商业银行研究和评价信贷资产组合的理论基础。马柯维茨的学生威廉·夏普（1963）提出了“夏普比率”，该模型度量的是单位风险的预期收益率，被投资者们经常用来评价和选择投资组合或投资基金。Gollinger 和 Morgan（1993）建立了商业银行贷款组合有效前沿模型，该模型的基本原理是在投资组合收益大于或者等于目标收益的基础上，建立组合方差最小的贷款分配模型。Altman 和 Saunders（1997）提出公司债券和商业银行投资组合分析模型，该模型是在贷款组合收益大于或

① 资料来源：《关于推进农村商业银行坚守定位强化治理提升金融服务能力的意见》（银保监办发〔2019〕5号）。

等于目标收益的约束下，求解夏普比率的最大值。Uryasev 和 Serraino（2010）侧重于研究商业银行风险聚集战略，根据商业银行风险收益目标，对贷款组合进行优化。国外相关研究集中于资本市场、信贷市场的金融工具配置，为分析金融机构内部资产配置提供了参考。

2. 信贷资金配置的一般原则

（1）三性原则

商业银行在信贷资金配置过程中必须遵循三性原则，即安全性、流动性和效益性。三者之间是相辅相成、有机统一的，是衡量和评价信贷资金配置合理性和均衡性的标准和尺度。商业银行在信贷资金配置过程中要维持成本和收益的均衡，只有当贷款的收益高于成本时，该项业务才可以进行。商业银行不断优化信贷资金配置，其实就是在不断提高低风险、高收益信贷资产的比重，降低高风险、低收益信贷资产的比重，控制低风险、低收益信贷资产的比重。同时还要兼顾信贷资产的流动性，避免追求高收益而带来流动性风险，在资产的期限上保持合理的配比关系。

（2）比例管理、总量控制的原则

遵循总量控制和比例管理相结合的信贷管理原则。商业银行信贷资金配置不仅要坚持以市场为导向，同时也要加强自身的调控，明确目标市场定位，突出比较优势。宏观上在保持资金总量供求平衡的前提下，提高盈利、降低风险；微观上要求最大限度地满足客户的合理信贷需求，但不能盲目扩大业务范围，提高信贷资金的配置效率，同时保持资产负债的合理比例，防止信用膨胀，避免信贷失控、流动性不足等问题。

（3）国家政策导向原则

银行经营与发展要以适应国家的宏观经济环境为前提，在信贷资金配置时要以国家的政策目标为导向。在贷款过程中，要积极准确地分析经济发展态势，调整和优化客户结构及贷款品种，提高低风险、高收益信贷资产的比重。对于农信社而言，在保证信贷资金充足的前提下，加强对“三农”领域的信贷支持，缓解农户和中小企业融资难问题，使信贷资金更有效率地支持实体经济的发展。

6.3 农信社“商业性”和“社会性”经营目标的观点分歧

为防范信用风险引起的损失，银行通常会动态调整自身的贷款策略和资产配置。从资本监管角度看，资本充足率较高的银行，会发放更多的高资本消耗型贷款以提高贷款收益，但也推升了信用风险；而当金融机构面临资本充足率约束时，通常又会缩减风险资产来达到监管要求，从而对信用风险相对较高的贷款部门产生一定的“挤出效应”（Van Den Heuvel，2008；彭继增和吴玮，2014）。江曙霞和刘忠璐（2016）的研究还发现，资本充足率在抑制个人和企业贷款增速方面有着不同的表现——抑制个人贷款增速的程度更大。从经济周期角度看，经济增速会影响商业银行风险偏好。当经济相对稳定、整体风险较小时，出于获利目的，银行会扩张自身信贷资产（刘莉亚等，2017）。宏观经济的波动则会影响借款人的财务状况，进而影响其偿债能力。当经济上行时，商业银行倾向于承担更高的信用风险，配置更多的风险资产；而当经济下行时，商业银行则会选择承担较低的风险，减少高风险资产的配置（Bruche 和 Gonzalez - Aguado，2010）。

农信社是农村信贷市场上主要资金供给者，支农是其本职职能。从最初的合作组织到国有银行的基层机构，再到与农行脱钩，国家顶层设计的原则思想贯穿于农信社的体制改革。但是，农村信贷市场突出的风险特征，使得政策支农目标和市场机构盈利目标之间存在天然冲突。大部分学者认为，商业化经营模式与支农目标不兼容。蓝虹和穆争社（2016）认为，由于农村金融服务的高成本、高风险和低收益，使得农信社开展农村金融服务不利于提高总体绩效。师荣蓉和徐璋勇（2012）指出，作为“身兼二任”的农信社，取得良好的成本效率是实现商业可持续经营、承担政策性支农服务的基础和前提。张兵和曹阳（2010）发现，新一轮的制度变迁使得农信社倾向于向大型乡镇企业提供金融支持，提升自身商业可持续发展能力，但未能实现支农目标。周月书和韩乔（2016）则认为，农信社在短期不会改变支农方向，在监管部门对于贷款风险和贷款质量要求提高的背景下，农信社更加重视对信贷风险的控制，采取更加审慎的信贷支农行为。

与上述观点相反的是，鞠荣华和肖迪（2017）的估计结果表明，农户贷款比例的增加对农信社经营绩效有正向影响：通过提高贷款收息率、降低营业税金及附加和所得税而起到的改善农信社经营绩效的正向作用，要大于通过提高成本收入比而拖累农信社经营绩效的副作用。肖斌卿等（2017）则通过测算农商行的商业效率和社会效率，发现两者之间呈现“U 形”关系：随着农信社的商业化转型，农商行客户群由原来的农户和小微企业转向大中型企业，导致社会效率下降；但随着农商行管理和技术的提升，二者会走向相互促进阶段。

综上所述，农信社作为农村金融系统的基础，一方面，农信社和其他银行一样，是以盈利为目标的经营主体，需遵循风险收益均衡原则配置资产；另一方面，农信社还承担着支持“三农”的社会责任，又难以完全坚持市场化导向。现有文献对农信社信用风险及其信贷资产配置方面的研究已取得了较为丰硕的成果，主要集中在农信社经营效率及其影响因素方面。在市场准入制度变迁的背景下，农信社面临着风险规避和份额竞争的两难处境。鉴于此，本章基于风险资产配置模型，引入外部信贷市场结构特征，探究信贷市场结构变化对农信社支农行为的影响。

6.4　样本地区市场结构与农户贷款规模现状分析

6.4.1　县域贷款市场竞争度分析

本章研究对象为江苏省 41 个县（市）的一级法人农商行[①]，考察期间为 1998—2015 年。本文采用赫芬达尔指数来衡量农村贷款市场竞争程度。江苏省贷款市场赫芬达尔指数的具体计算公式如下：$HHI_{i,t} = \sum_{j=1}^{n} (D_{j,i,t} / \sum_{j=1}^{n} D_{j,i,t})^2$，

① 苏南地区包括常熟农商行、张家港农商行、昆山农商行、太仓农商行、江阴农商行、宜兴农商行、丹阳农商行、扬中农商行、句容农商行 9 家农商行；苏中地区包括海安农商行、如东农商行、启东农商行、如皋农商行、海门农商行、兴化农商行、靖江农商行、泰兴农商行、宝应农商行、仪征农商行、高邮农商行 11 家农商行；苏北地区包括洪泽农商行、金湖农商行、盱眙农商行、涟水农商行、东海农商行、灌云农商行、灌南农商行、沭阳农商行、泗洪农商行、泗阳农商行、丰县农商行、沛县农商行、邳州农商行、睢宁农商行、新沂农商行、滨海农商行、阜宁农商行、射阳农商行、建湖农商行、东台农商行、响水农商行 21 家农商行。

其中 $D_{j,i,t}$ 是 i 地区 j 银行 t 时期的贷款。若某一家银行完全垄断整个贷款市场，则 $HHI = 1$，此时整个贷款市场的竞争效率将会很低；若贷款市场完全竞争，则 $HHI = 1/n$，此时各家银行将平均分配整个贷款市场份额。因此，HHI 值越低，表明市场竞争度越高。一般来说，竞争能够提高金融市场效率，从而带动地区经济的发展。

从江苏省整体来看，1998—2015 年三大地区贷款市场 HHI 值总体来说呈现下降趋势，说明各区域金融机构之间的竞争程度提高。苏南 HHI 值下降比较明显，由 1998 年的 0.1911 下降到 2015 年的 0.1167，而样本期间苏中和苏北降幅分别仅为 0.0690 和 0.0236，说明经济越发达的地区，县域金融机构数量越多。区域市场竞争度的表现为苏南 > 苏中 > 苏北。具体来看，自 2006 年农村金融市场准入门槛降低起，苏南县域隔年后 HHI 即降低到 0.18 以下；苏中县域则从 2010 年后垄断程度才有所降低，存在一定的政策时滞；苏北县域 HHI 一直在 0.18 以上，信贷市场集中度较高。

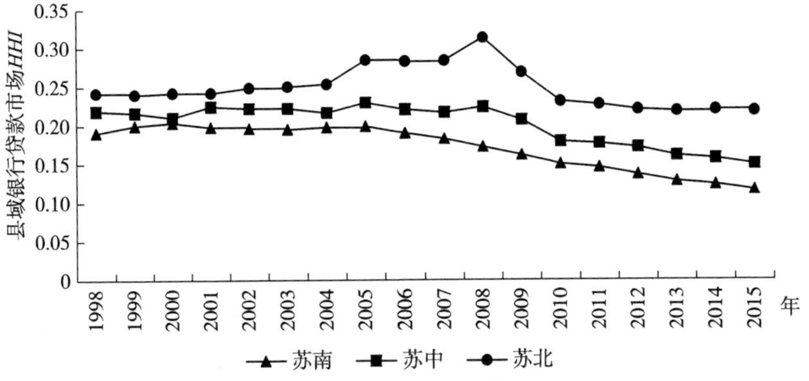

注：各区域贷款市场 HHI = 区域内样本贷款市场 HHI 之和/区域样本数。

图 6－1　县域贷款市场竞争度变化趋势

6.4.2　县域银行网点竞争度分析

该部分选用县域银行网点竞争度来作为衡量农村金融市场竞争度的另一个变量，计算方法与贷款市场竞争度相似，$HHI_{i,t} = \sum_{j=1}^{n}(O_{j,i,t}/\sum_{j=1}^{n}O_{j,i,t})^2$，其中 $O_{j,i,t}$ 是 i 地区 j 银行 t 时期在县域金融市场上的网点数。由图 6－2 可知，网点竞争度与贷款竞争度的变化趋势基本一致，整体呈现为竞争度趋高，即银行网点覆盖面增加，区域之间表现为苏南 > 苏中 > 苏北，苏南县域和苏北县域网点竞争度上升明显，苏中县域变化不明显。截至2015年，苏南地区网点 *HHI* 值达到0.1601，苏中地区为0.2169，而苏北地区只有0.3016。

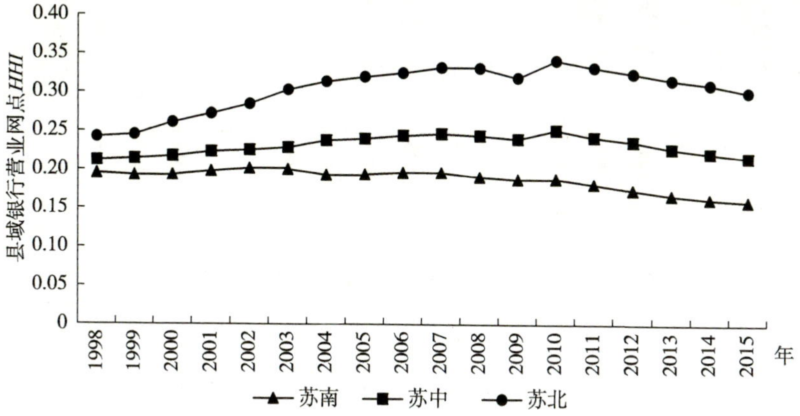

注：各区域营业网点 *HHI* = 区域内样本营业网点 *HHI* 之和/区域样本数。

图6-2 县域营业网点竞争度变化趋势图

6.4.3 农信社贷款市场集中度分析

农信社是农村金融市场支农主力军。随着外部市场竞争条件的改变，农信社在农村金融市场上的完全垄断逐渐向垄断竞争转变。由图6-3可知，整体而言，农信社贷款市场集中度呈现"倒U形"变化趋势，高值在2006—2008年附近。区域之间集中度的比较，呈现为苏南 > 苏中 > 苏北。在传统的苏北农区，县域农信社贷款集中度在2008年均值接近50%，说明农信社仍然是信贷投放的主体。苏中县域农信社贷款集中度的变化并不明显，苏南则表现为显著下降的趋势，表明经济发达地区市场竞争度越强，农信社的市场份额收缩越多。

6.4.4 农信社营业网点集中度分析

农信社营业网点集中度与贷款市场集中度表现相比，虽整体呈现"倒U形"趋势，但相对平稳。区域之间仍呈现为苏北 > 苏中 > 苏南。苏北地区在2010年前营业网点持续增加，符合普惠金融下沉网点、增加覆盖面的政策要

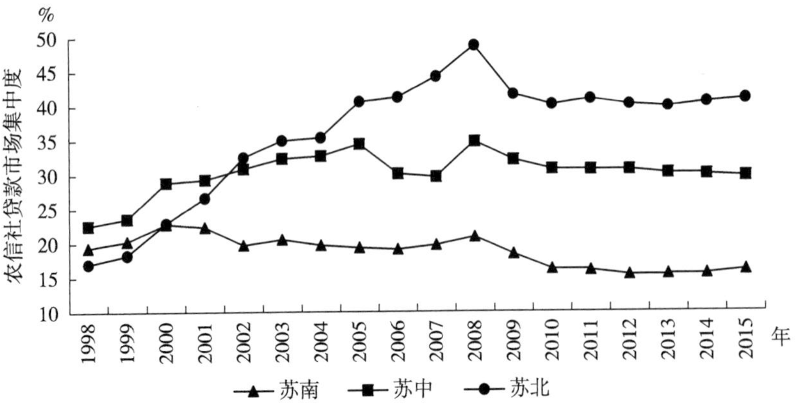

图 6-3　江苏省农信社贷款市场集中度变化趋势图

求；但是 2010 年后营业网点集中度有下降趋势，可能与乡镇合并后网点撤并，以及县域新增其他金融机构网点有关。苏中和苏南县域农信社网点集中度存在下降趋势，均值在 0.35 以下，说明苏中和苏南县域市场竞争度更高。

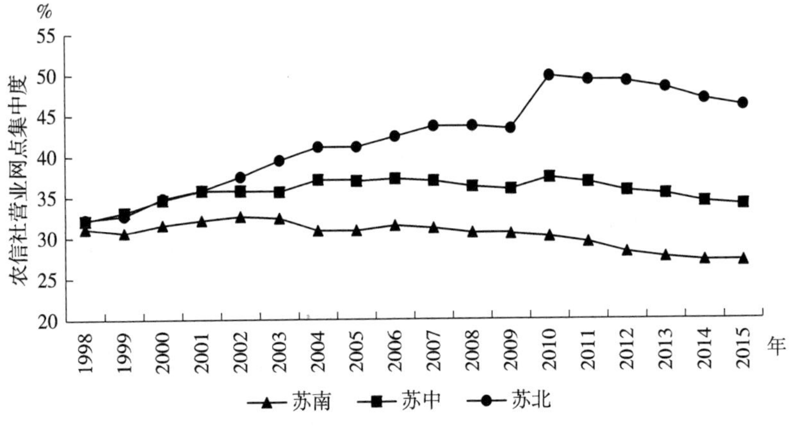

图 6-4　江苏省农信社营业网点集中度变化趋势图

6.4.5　农信社农户贷款规模分析

（1）农户贷款绝对规模分析

样本期间，农户贷款绝对规模整体上扬，增幅明显。由图 6-5 可知，从投放规模看，苏北 > 苏中 > 苏南，作为传统农区，苏北县域农信社从 1998 年的23.41亿元增加到2015年的808.57亿元，增长近34倍。苏南和苏中县域经济较为发达，产业结构由原先的农业为主向第二、第三产业转变，贷款客户以工商业为主，农户贷款规模不如苏北。

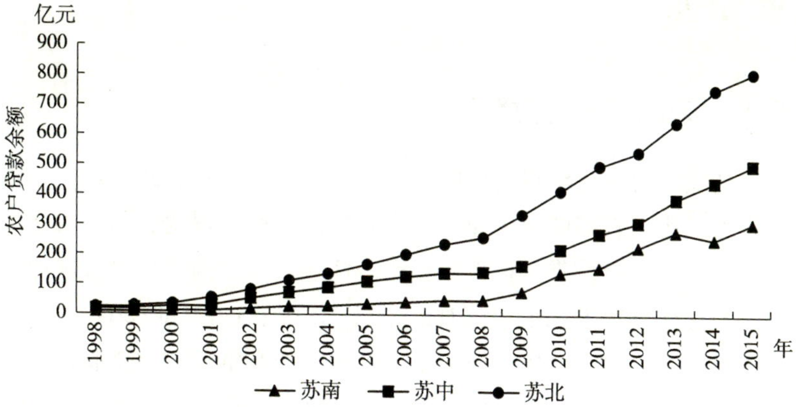

图6－5 江苏省农信社农户贷款绝对规模变化趋势图

（2）农信社农户贷款相对规模分析

农户贷款相对规模指标反映了农信社信贷配置的行为和结果。由图6－6可知，苏北和苏中县域农信社的农户贷款相对规模变化呈现“倒U形”趋势，高点出现在2006年附近，即农村金融市场准入门槛降低后，农信社信贷支农力度反而有下降趋势，信贷投放向企业客户转变。苏南地区农户贷款占比基本保持稳定，基本在10%以内，且在样本末期呈现上升趋势，即苏南县域农商

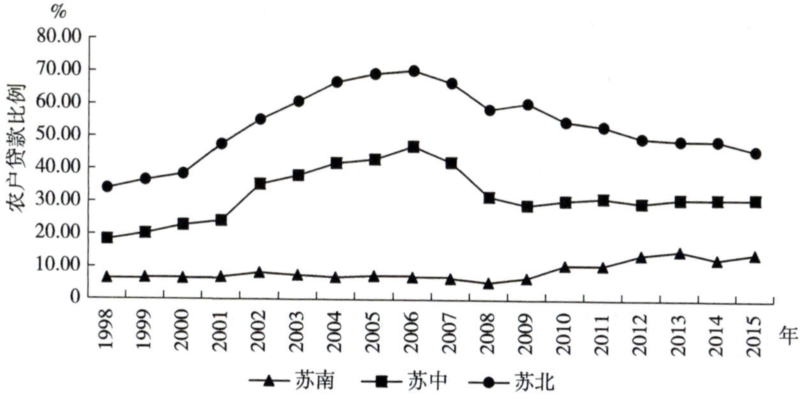

图6－6 江苏省农信社农户贷款相对规模变化趋势图

行随着市场竞争加剧，转而增加农户贷款比例。

6.5 县域信贷市场结构对农信社支农行为影响的实证分析

6.5.1 模型和变量选择

有关市场竞争对商业银行信贷配置行为的影响，学者们并未得出一致的观点。部分学者认为，较高的银行业集中度和较低的竞争程度有利于建立长期银企关系，从而提高企业信贷可得性，而竞争性的市场结构将会阻碍这种长期关系的建立，造成信贷决策的低效（Hauswald，2006；Love 和 Peria，2014）。但是另一部分学者认为较高的银行业集中度和较低的竞争度会对企业融资具有负向影响，银行业竞争将会有效缓解中小企业融资难问题（Beck 和 Levine，2004；Leon，2015）。江苏省三个地区由于经济水平的不同，贷款市场结构存在很大差异，苏南地区经济较为发达，贷款市场竞争激烈，农信社垄断程度不断降低，苏中和苏北地区虽然贷款市场竞争程度有所上升，但是农信社的集中度仍处于较高水平。

本章主要考察变量包括两个：一是农户贷款绝对规模。在检验市场结构对农户贷款绝对规模的影响时，引入农户部门信用风险。二是农户贷款的相对规模。农信社在有限资金约束下配置资产时，会比较不同部门的成本收益，因此引入农户部门和企业部门的信用风险因素。考虑到银行经营行为和业务操作的连续性，农信社上一年的贷款配置行为往往会延续至当年，选用农户贷款绝对规模和相对规模的滞后一期作为解释变量之一，以反映农信社调整贷款配置行为的动态过程。具体的计量模型设置如下：

$$\ln(TL)_{it}=\alpha_i+\beta_1\times\ln(TL)_{i,t-1}+\beta_2 NPL_{n_{it}}+\beta_3 LIB_{it}+\beta_4 COMP_{l_{it}}+\beta_5 CR_{l_{it}}+\beta_6 ROA_{it}+\beta_7 NONI_{it}+\beta_8 NGDP_{it}+\beta_9\ln(PGDP)_{it}+\varepsilon_{i,t}$$

$$PROP_{it}=\alpha_i+\beta_1 PROP_{i,t-1}+\beta_2 NPL_{n_{i,t-1}}+\beta_3 NPL_{e_{i,t-1}}+\beta_4 LIB_{it}+\beta_5 COMP_{l_{it}}+\beta_6 CR_{l_{it}}+\beta_7 ROA_{it}+\beta_8 NONI_{it}+\beta_9 NGDP_{it}+\beta_{10}\ln(PGDP)+\varepsilon_{it}$$

其中，i 表示选取的第 i 家农信社，t 表示年份，α_i是常数项，β_i是解释变量的回归系数，ε_{it}表示随机误差项。具体的变量有：

（1）被解释变量

农户贷款绝对规模（TL）。为各家农信社年末农户贷款余额，包括该年度短期农户贷款和中长期农户贷款两部分。

农户贷款相对规模（$PROP$）。为各家农信社年末农户贷款余额占农信社全部贷款余额的比重。

（2）解释变量

县域贷款市场竞争度（$COMP_l$）。选用$COMP_l$来表示贷款市场竞争度，为HHI的相反数，该指标越接近于1，说明贷款市场竞争度越高。

农信社贷款集中度（CR_l）。选用农信社贷款余额/全县（市）银行贷款余额来表示。

县域营业网点竞争度（$COMP_o$）。为赫芬达指数的相反数，该值越接近于1，说明县域银行网点竞争度越高。

农信社营业网点集中度（CR_o）。用农信社营业网点数/全县（市）银行网点数表示。

（3）控制变量

农户及企业部门的信用风险。分别选用农户不良贷款率（NPL_n）、企业不良贷款率（NPL_e）来衡量。

利率市场化水平（LIB）。利率市场化水平的量化目前还没有一致的意见。多数研究直接采用（0，1）虚拟变量来度量（王东静、张祥建，2007；张宗益等，2012），这一方法虽然简便，但是考虑到我国利率市场化改革是一个渐进式的过程，不同时期由于利率市场化的程度不同，利率发挥的作用也就不同，因此采用这个方法显得过于粗略。另一种方法是采用存贷款基准利率来度量（梁琪等，2010）。本章将借鉴第二种方法，用一年期实际贷款利率与一年期实际存款利率之差来度量利率市场化水平。一般而言，存贷利差越小说明利率市场化水平越高。

盈利能力（ROA）。盈利能力是农信社持续经营和长远发展的重要基础。本章用资产利润率来衡量农信社的盈利能力。资产利润率表示每单位资产创造多少净利润，这一指标通常用来衡量银行资产的整体运营效率，反映了管理层的经营能力，其计算公式为资产利润率 = 税后净利润/平均总资产 ×100%，该比率越高，表明资产收益性越高，农信社获利能力越大。

多元化程度（*NONI*）。农信社经营的多元化程度也会对其风险承受能力产生一定的影响。本文采用非利息收入占比即农信社非利息收入与营业收入的比值来反映农信社多元化经营程度。资产组合理论认为，构建多元化的资产组合有利于分散非系统性风险，稳定经营收益。该比值越大说明农信社盈利模式越多元化。

人均地区生产总值（*PGDP*）。人均地区生产总值通常用来衡量一个地区的经济发展水平，此处选用县域实际 GDP/年末户籍人口数来表示。

产业结构（*NGDP*）。本章选用第一产业增加值/县域实际 GDP 来反映县域的产业结构和城市化的状态。

进一步观察并分析模型中的内生变量：被解释变量滞后一期可能与当期扰动项有关，被解释变量滞后一期是重要的内生变量；资产利润率（ROA）也是内生变量，因为 ROA 是衡量农信社经营绩效的一个重要变量，而根据产业组织理论可知，农信社的市场行为会影响其经营绩效。为了避免各变量之间存在内生性问题而导致计量结果出现偏差，本章采用的是 Bond（2001）提出的系统广义矩（Systerm - GMM），该方法是将变量的滞后一阶差分作为工具变量运用到水平方程中来增加工具变量的有效性。GMM 估计包括一步估计法和两步估计法，由于两步估计法的标准差存在向下偏倚，在应用中通常使用一步估计法，且一步系统 GMM 估计法比一步差分估计法拥有更多的信息，可以有效控制某些解释变量的内生性问题，因此本章选择了一步系统 GMM 估计法。该方法关注两个诊断统计量，一是 AR（2），检验误差项是否存在二阶自相关；二是 Sargan test，原假设是工具变量与残差项不相关。我们应当拒绝不存在一阶序列相关的原假设，同时不应该拒绝无二阶序列相关的原假设。

6.5.2 县域信贷市场结构对农信社支农行为影响的估计结果

（1）描述性统计

各变量描述性统计结果如表 6－1 所示：

表 6－1　　变量描述性统计

变量类型	变量名称	均值	标准差	最小值	最大值
被解释变量	农户贷款绝对规模（*TL*）	11.133	1.331	6.583	13.883
	农户贷款相对规模（*PROP*）	0.391	0.239	0.004	0.926

续表

变量类型	变量名称	均值	标准差	最小值	最大值
解释变量	贷款市场竞争度（$COMP_l$）	0.781	0.057	0.565	0.903
	贷款市场集中度（CR_l）	0.311	0.118	0.056	0.639
	营业网点竞争度（$COMP_o$）	0.741	0.082	0.235	0.886
	营业网点集中度（CR_o）	0.377	0.111	0.157	0.870
控制变量	农户部门不良贷款率（NPL_n）	0.089	0.139	0.050	1.850
	企业部门不良贷款率（NPL_e）	0.278	0.405	0.068	2.497
	资本充足率（CAR）	0.075	0.124	−0.827	0.263
	利率市场化（LIB）	2.497	0.274	2.610	3.600
	资产利润率（ROA）	0.005	0.011	−0.049	0.084
	非利息收入占比（$NONI$）	0.175	0.128	0.021	0.682
	人均地区生产总值（$PGDP$）	9.165	1.036	7.236	12.380
	产业结构（$NGDP$）	0.191	0.124	0.008	0.552

自 2006 年农村金融市场“准入新政”及城商行的跨区经营限制的放松，提升了农村金融市场的竞争度，贷款市场竞争度均值为 0.781，与营业网点竞争度 0.741 较为接近，进一步验证了营业网点涉农贷款投放的渠道效应。农信社贷款市场集中度均值为 0.311，低于农信社营业网点集中度 0.377，表明农信社营业网点的平均贷款投放效率低于其他银行，即网点存在运营效率低的问题。

随着众多中小金融机构涌入县域金融市场，农村贷款市场供给增加，信用良好的企业客户成为众多机构争夺的对象，而农户部门的高风险性使众多金融机构不愿涉足。由于农信社具有很强的专业性和地域优势，在农户贷款方面具有“小银行”优势，因此农户贷款市场成为其扩张的利润来源。整体来看，江苏省县域农信社平均农户贷款比例为 39.1%，该数值表明农信社在信贷投向上基本坚持“三农”目标。与企业部门相比，农信社农户部门相对贷款规模更低，说明相比企业大额集中的贷款需求，农户的贷款需求量小，融资能力弱。农户贷款规模年均增长率约 22.9%，较农信社年末贷款余额年均增长率高约 3.6 个百分点。农户贷款占比年均增长率约为 2.4%，较企业贷款占比年均增长率高约 1.4 个百分点。这说明，随着国家扶持“三农”政策的深入，农信社信贷支农力度在持续加大。

（2）估计结果

市场结构是影响农信社信贷配置行为的重要因素。随着农村金融市场准入制度变迁，银行业在县域纷纷新设分支机构。营业物理网点是衡量农村金融市场结构的另一指标。刘伟和黄桂田（2003）指出各个银行间的竞争主要是通过各地的分支机构展开的，因此物理网点对商业银行信贷配置行为将会产生很大的影响。截至 2016 年末，我国农村地区银行网点数量达 12.67 万个。平均每万人拥有银行网点数量 1.39 个，县均银行网点 57.75 个，乡均银行网点 3.98 个，村均银行网点 0.23 个，这些指标相比 2015 年末均有增加。为了进一步探究农村金融市场上物理网点的变化对农信社信贷配置行为的影响，本章分别从贷款和物理网点的竞争度和集中度两个视角，分析农信社信贷支农行为。

由表 6－2 可知，对于全样本来说，不论是贷款市场竞争度还是网点竞争度，竞争性越强，农信社均会显著增加农户贷款绝对规模；分区域看，贷款市场竞争度变量在苏南和苏中不显著，但是在苏北样本是显著的。营业网点竞争度在苏南地区不显著，但是在苏中和苏北地区是显著的。在欠发达地区，金融市场竞争对农信社支农行为的影响符合有效结构假说，竞争改变了农信社在企业贷款市场和农户贷款市场上的信贷资金配置策略，促其支农“意愿”增加，对农户的贷款强度显著提升。

从集中度来看，对全体样本和经济发达的苏南地区而言，不论是贷款集中度还是网点集中度系数都不显著，只有在经济欠发达的苏中和苏北地区，农信社贷款市场份额越大、网点占比越高，其信贷支农力度越大。市场集中度在一定程度上能够反映农信社的市场势力状况，同时也将影响其在农村金融市场上的竞争力。综合竞争度的实证结果，在欠发达地区，以农信社为主的寡头竞争市场有助于农信社扩大支农力度。

表 6－2　　信贷市场结构与农户贷款绝对规模回归结果

变量	全体		苏南		苏中		苏北	
	模型 1	模型 2	模型 3	模型 4	模型 5	模型 6	模型 7	模型 8
L. TL	0.880***	0.891***	0.828***	0.836***	0.830***	0.895***	0.888***	0.872***
	(0.016)	(0.0112)	(0.038)	(0.034)	(0.025)	(0.024)	(0.023)	(0.021)
COMP	0.909*	0.795*	0.804	−5.210	0.008	2.126**	1.028**	0.926***
	(0.481)	(0.467)	(1.103)	(3.349)	(0.575)	(0.947)	(0.427)	(0.263)

续表

变量	全体		苏南		苏中		苏北	
	模型1	模型2	模型3	模型4	模型5	模型6	模型7	模型8
CR	0.363 (0.131)	0.430 (0.132)	1.173 (1.663)	-2.077 (1.610)	0.580 *** (0.163)	0.497 * (0.176)	0.638 ** (0.229)	0.891 *** (0.214)
NPLn	-0.322 ** (0.058)	-0.311 ** (0.054)	-5.009 *** (0.175)	-4.321 *** (0.179)	-1.102 *** (0.081)	-1.261 *** (0.084)	-0.005 (0.063)	-0.177 (0.060)
LIB	-0.194 *** (0.297)	-0.235 *** (0.345)	-0.572 *** (0.888)	-0.669 *** (1.709)	-0.277 *** (0.215)	-0.297 *** (0.463)	-0.110 * (0.267)	-0.091 * (0.205)
ROA	1.168 (1.782)	1.635 (1.824)	6.472 (6.335)	3.894 (6.576)	5.271 * (2.894)	4.988 (3.158)	0.642 (2.224)	0.011 (2.187)
NONI	0.282 ** (0.122)	0.281 ** (0.123)	0.608 * (0.349)	0.650 * (0.378)	0.267 ** (0.133)	0.208 (0.134)	0.430 *** (0.156)	0.218 (0.151)
NGDP	0.929 *** (0.291)	0.948 *** (0.299)	2.566 * (1.508)	0.830 (1.886)	0.325 (0.340)	0.564 (0.368)	0.096 (0.363)	0.151 (0.353)
PGDP	0.028 (0.035)	0.018 (0.031)	0.009 (0.079)	-0.003 (0.083)	0.015 (0.061)	-0.097 * (0.056)	-0.093 * (0.048)	-0.039 (0.047)
_ cons	0.915 (0.709)	0.0182 (0.0308)	2.783 * (1.533)	8.978 ** (3.725)	2.767 *** (0.664)	1.500 (0.975)	1.577 ** (0.718)	1.232 * (0.660)
AR (1) -p	0.000	0.000	0.005	0.001	0.000	0.000	0.000	0.000
AR (2) -p	0.115	0.128	0.106	0.171	0.324	0.301	0.120	0.160
Sargan -p	0.136	0.150	0.120	0.208	0.134	0.373	0.142	0.226
N	606	606	132	132	165	165	309	309

注：*、** 和 *** 分别表示该检验值在10%、5%和1%的置信水平上显著。模型1~2是江苏省全体样本回归结果，模型3~8在模型1~2的基础上依据区域划分，分别以苏南、苏中和苏北作为小样本进行实证检验。模型1、3、5、7中市场结构变量为贷款市场竞争度和集中度，模型2、4、6、8中市场结构变量为网点竞争度和集中度。

表6-3是考察信贷市场结构对农户贷款相对规模影响结果，由结果可知农村金融市场结构也是影响农信社贷款配置行为的重要因素。金融市场竞争度在全体样本和苏北小样本中以10%的显著性水平通过检验，系数为正，在苏南样本中却显著为负。市场集中度指标仅在苏北样本中显著，其他模型中方向虽然为正，但不显著。这可能与经济发展阶段有关系，最优金融结构理论强调

随着经济中产业结构和风险特性的变化，最优金融结构需要与相应阶段实体经济对金融服务的需求相适应，以有效地实现金融体系的基本功能。苏南地区以私营经济发达著称，外部竞争者进入县域金融市场后，往往会追随农信社的经营决策。苏南农信社资本充足，安全性较高，农信社为了追逐利润则会强化企业贷款市场的竞争，减少农户贷款供给。经济欠发达的苏北地区表现则符合传统的市场力量假说，较高的银行业集中度和较低的竞争程度有利于建立长期的银农关系，有更多的契约工具对借款者进行甄别并降低其道德风险，从而提高农户的信贷可得性。这与黄惠春（2011）的结论一致，在苏北县域金融市场上，随着市场竞争的加剧，农信社支农的广度和深度都会提高。苏北地区网点竞争度和集中度越高，农户贷款比例均会增加，这是因为苏北地区网点数相对较少，网点边际效用显著，在普惠金融的大背景下，网点数量的增加会提高农户贷款覆盖面，农户将获得更多贷款服务。

企业部门信用风险在1%的显著性水平通过检验，结果未发生改变，苏中地区滞后一期农户不良贷款率系数更显著。企业更加依赖银企合作的长期信贷关系，具有更加真实可信的信用违约成本及规模优势。农户个人贷款通常属于短期贷款，不能解决长期资金需求，由于信用度不高，提供的材料往往需要耗费信贷人员大量时间去验证、核实，时间和人工成本较高，所以与企业贷款相比，平均成本会显得更高。但是，农户贷款技术的改进，比如小额信贷、联保贷款等业务，在一定程度上替代农信社信贷员通过个人接触和现场调查甄别贷款申请人的真实意愿及贷款使用情况。当企业贷款由于资金链紧张和断裂而出现较高不良贷款率时，农信社在大幅减少对企业贷款的同时，会增加农户贷款的比例。但是，农户经营不确定性大、收益空间狭小，银行向其发放贷款获得较大利差的同时，也承担着比其他贷款业务更大的信用风险。农户一旦违约，就会导致农信社对农户的进一步惜贷和慎贷，减少农户贷款比例。然而，不同地区群体特点和经营环境等方面存在巨大差别，随着“三农”政策倾斜，苏北地区农信社仍是支持“三农”的基础，并未因农户贷款不良率上升而显著降低农户贷款比例。截至2015年，苏北地区农户贷款比例已达到46.13%，苏中地区次之，为31.32%，而在经济较发达的苏南地区农户贷款占比仅为14.38%。

利率市场化在全体样本及经济较发达的苏南和苏中样本中以1%的显著性

水平通过检验，系数为负，但是苏北样本不显著，表明利率市场化改革有利于激励农信社增加农户贷款比例，这与赵平（2014）的研究结论相符，贷款利率的适度自由上浮将会诱致银行扩大贷款供给，为融资主体创造一个不受信贷配给约束的较大自由信贷市场空间。对农信社而言，利率市场化环境下，执行更大的利率上浮区间有助于其覆盖运作农贷的管理费用和风险成本。假说3由此得到验证。分样本研究发现，该变量系数在苏南和苏中样本中也显著且为负，但在苏北样本中为正且不显著。可能的原因是：一方面，苏南和苏中农村金融市场的市场化程度较高，所以利率市场化变量能通过检验；而苏北地区市场集中度较高，农村信贷市场的有效性相对较低。另一方面，苏北地区农户收入水平低，在收入约束下，由于存在信贷需求的价格型配给，潜在的信贷需求者为节约利息成本会放弃贷款申请。当然，由于本文利率市场化指标仅考虑了宏观层面的趋势，囿于数据限制，未能结合微观农信社个体的利率浮动范围去设定该指标，这里的结论具有一定局限性。

最后，部分地区特征和农信社的经营特征变量对贷款配置行为也存在显著影响。一是地区经济特征。地方经济水平系数不显著；产业结构系数则显著为正，说明县域农业发展对经济增长贡献越大，农信社越愿意将更多信贷资金配置到农户部门，充分体现了实体经济对金融服务的依赖性。二是农信社的经营特征。盈利能力变量的系数为正，且在苏北样本中显著，在其他模型中不显著，表明盈利能力越强的农信社，其资产管理水平越高，倾向于将更多信贷资金投向农户市场以获得潜在的盈利机会。其揭示的积极意义是，农信社覆盖目标客户、发挥支农效果应以保证自身的商业可持续性为前提，片面强调支农的政策属性，并不利于其自身成长。业务多元化程度在全体样本和苏北样本中显著，系数为负，而苏南样本中却为正。资产组合理论认为，构建多元化的资产组合有利于分散非系统性风险。Chiorazzo（2008）、Sanya 和 Wolfe（2011）研究指出，发展中国家银行非利息收入对提高银行利润以及风险调整后的收益率是有利的，苏南地区农信社已逐步推动产品结构向投资类业务、交易类业务、大类资产管理类业务、代客类业务并重转变，实现范围经济的同时增加了农户贷款的销售渠道。苏北地区农信社中间业务起步较晚，金融创新型人才缺乏，业务范围比较狭窄，仍主要是收付结算和代理业务等品种，由此可能会导致部分农村客户流失。

表 6-3　　　　信贷市场结构与农户贷款相对规模回归结果

变量	全体		苏南		苏中		苏北	
	模型 9	模型 10	模型 11	模型 12	模型 13	模型 14	模型 15	模型 16
L. PROP	0.867 ***	0.848 ***	0.774 ***	0.828 ***	0.906 ***	0.911 ***	0.755 ***	0.697 ***
	(0.018)	(0.018)	(0.049)	(0.048)	(0.039)	(0.037)	(0.035)	(0.036)
L. NPLn	-0.048 **	-0.055 **	-0.500 **	0.220 ***	-0.068 **	-0.119 **	-0.006	-0.008
	(0.024)	(0.026)	(0.289)	(0.065)	(0.053)	(0.056)	(0.049)	(0.048)
L. NPLe	0.035 ***	0.065 ***	0.268 ***	0.056 ***	0.0453 ***	0.023 **	0.037 **	0.045 ***
	(0.010)	(0.010)	(0.072)	(0.021)	(0.015)	(0.019)	(0.016)	(0.014)
LIB	-0.036 **	-0.027 *	-0.057 ***	-0.060 ***	-0.106 ***	-0.105 ***	-0.001	-0.006
	(0.015)	(0.015)	(0.021)	(0.020)	(0.029)	(0.029)	(0.027)	(0.025)
COMP	0.094 *	0.131 *	-0.273 **	-0.568 *	0.009	0.684 *	0.274 *	0.133 *
	(0.092)	(0.093)	(0.132)	(0.517)	(0.211)	(0.380)	(0.153)	(0.112)
CR	0.072	0.110 *	0.151	-0.192	0.004	0.213	0.062 *	0.285 ***
	(0.049)	(0.064)	(0.118)	(0.265)	(0.071)	(0.192)	(0.090)	(0.086)
ROA	0.177	0.514	0.748	0.400	1.073	1.566	2.263 ***	2.247 ***
	(0.379)	(0.400)	(1.030)	(1.077)	(1.110)	(1.236)	(0.602)	(0.585)
NONI	-0.043 *	-0.038 *	0.128 ***	0.087	-0.046	-0.017	-0.202 ***	-0.267 ***
	(0.029)	(0.030)	(0.050)	(0.059)	(0.050)	(0.051)	(0.060)	(0.058)
NGDP	0.345 ***	0.353 ***	0.427 *	0.070	0.031	0.086	0.428 ***	0.511 ***
	(0.058)	(0.060)	(0.239)	(0.253)	(0.119)	(0.125)	(0.113)	(0.108)
PGDP	-0.005	0.005	0.004	-0.005	-0.019	0.038 **	-0.006	0.004
	(0.007)	(0.007)	(0.012)	(0.013)	(0.020)	(0.019)	(0.016)	(0.015)
_ cons	0.111	-0.100	0.324	0.758	0.552 **	0.146	-0.140	-0.221
	(0.148)	(0.136)	(0.212)	(0.554)	(0.241)	(0.351)	(0.248)	(0.227)
AR(1) - p	0.000	0.000	0.000	0.000	0.079	0.006	0.000	0.000
AR(2) - p	0.446	0.164	0.218	0.219	0.880	0.678	0.824	0.746
Sargan - p	0.164	0.155	0.257	0.229	0.676	0.723	0.537	0.560
N	606	606	105	105	165	165	330	330

注：*、** 和 *** 分别表示该检验值在 10%、5% 和 1% 的置信水平上显著。模型 9~10 是江苏省全体样本回归结果，模型 11~16 在模型 9~10 的基础上依据区域划分，分别以苏南、苏中和苏北作为小样本进行实证检验。模型 9、11、13、15 中市场结构变量为贷款市场竞争度和集中度，模型 9、12、14、16 中市场结构变量为网点竞争度和集中度。

(3) 稳健性检验

为了进一步检验信贷市场结构对农信社信贷配置行为的影响，此处替换信用风险变量，采用资本充足率这一变量作为衡量信用风险的代理变量。资本充足率指标体现了银行按风险加权资产配置资本金的水平。巴塞尔协议Ⅲ规定商业银行资本充足率、一级资本充足率和核心一级资本充足率最低要求分别为8%、6%和4.5%，对银行资本充足率的监管有利于提高商业银行抵御风险的能力。受历史原因影响，农信社积累了大量的不良资产，给发展带来了沉重的包袱。为此，我国于2003年开始对农信社进行“充实资本、完善公司治理”为主要内容的改革，不良资产随着央行票据的置换而降低，资本充足率大幅提高。2004年《商业银行资本充足率管理办法》实施以来，各银行抗风险能力也明显增强。据银监会2015年年报统计，截至2015年底，我国商业银行资本充足率达13.45%，大大超过最低监管要求，本文41家样本农信社2015年平均资本充足率达13.01%，资本充足率的显著提高，表明江苏省各家农信社抵御风险的能力有了质的飞跃。研究结论基本没有改变。

表6-4　信贷市场结构与农户贷款绝对规模稳健性检验结果

变量	全体		苏南		苏中		苏北	
	模型17	模型18	模型19	模型20	模型21	模型22	模型23	模型24
L. PROP	0.864***	0.858***	0.850***	0.884***	0.963***	0.960***	0.740***	0.686***
	(0.022)	(0.021)	(0.036)	(0.040)	(0.038)	(0.033)	(0.031)	(0.032)
CAP	-0.095**	-0.135***	-0.281***	-0.260***	-0.201***	-0.146***	-0.028	-0.041
	(0.041)	(0.037)	(0.090)	(0.094)	(0.076)	(0.057)	(0.249)	(0.241)
LIB	0.035**	-0.020*	-0.058***	-0.041*	-0.088***	-0.096***	-0.004	-0.010
	(0.017)	(0.015)	(0.022)	(0.022)	(0.029)	(0.028)	(0.027)	(0.025)
COMP	0.050	0.213**	-0.453***	-0.170*	0.004	0.680**	0.273*	0.182*
	(0.121)	(0.104)	(0.147)	(0.525)	(0.220)	(0.285)	(0.155)	(0.109)
CR	0.117*	0.161**	0.094	-0.079	0.004	0.294*	0.046	0.300***
	(0.065)	(0.070)	(0.119)	(0.276)	(0.074)	(0.158)	(0.091)	(0.086)
ROA	0.584	0.288	2.908***	2.491**	0.599	1.230	2.129***	2.134***
	(0.450)	(0.440)	(0.950)	(0.993)	(1.324)	(1.115)	(0.601)	(0.586)
NONI	-0.045*	-0.039*	0.124***	0.100**	-0.009	-0.021	-0.185***	-0.239***
	(0.036)	(0.031)	(0.042)	(0.050)	(0.053)	(0.048)	(0.064)	(0.061)

续表

变量	全体		苏南		苏中		苏北	
	模型 17	模型 18	模型 19	模型 20	模型 21	模型 22	模型 23	模型 24
NGDP	0.379 ***	0.338 ***	0.521 **	0.299	-0.072	-0.040	0.439 ***	0.545 ***
	(0.082)	(0.062)	(0.207)	(0.229)	(0.127)	(0.116)	(0.114)	(0.111)
PGDP	-0.004	0.004	0.008	-0.009	-0.029	0.032 **	-0.020	-0.014
	(0.009)	(0.007)	(0.011)	(0.011)	(0.021)	(0.016)	(0.016)	(0.015)
_ cons	0.155	-0.176	0.577 ***	0.386	0.593 **	0.043	0.016	-0.073
	(0.186)	(0.139)	(0.206)	(0.557)	(0.257)	(0.314)	(0.245)	(0.230)
AR(1) - p	0.000	0.000	0.000	0.000	0.002	0.000	0.000	0.000
AR(2) - p	0.534	0.354	0.614	0.532	0.710	0.841	0.793	0.755
Sargan - p	0.276	0.216	0.295	0.382	0.462	0.652	0.206	0.207
N	605	605	119	119	165	165	330	330

注：*、** 和 *** 分别表示该检验值在 10%、5% 和 1% 的置信水平上显著。模型 17～18 是江苏省全体样本回归结果，模型 19～24 在模型 17～18 的基础上依据区域划分，分别以苏南、苏中和苏北作为小样本进行实证检验。模型 17、19、21、23 中市场结构变量为贷款市场竞争度和集中度，模型 18、20、22、24 中市场结构变量为网点竞争度和集中度。

6.6 本章小结

本章以 1998—2015 年江苏省 41 家县（市）法人农信社为例，结合部门风险约束条件，运用 GMM 模型实证分析了信贷市场结构对农信社支农行为的影响。结论发现，市场结构是影响农信社信贷配置行为的重要因素。从全样本看，遵循 SCP 理论范式，市场准入降低后，农村信贷市场竞争度变高，农信社支农力度会增大。

分区域看，在农户贷款的绝对规模方面，无论是贷款（或网点）竞争度还是贷款（或网点）集中度的变化对经济发达地区农信社农户贷款绝对值的影响均不显著，即农村信贷市场的竞争不会显著改变农信社支农行为，经济发达地区农信社基本都改制为农商行，他们更倾向于追逐企业客户。但是在欠发达地区，以农信社为主的寡头竞争市场有助于农信社扩大支农力度。在农户贷款的相对规模方面，随着农村信贷市场竞争性加强，苏南地区农信社为了追逐利润则会强化企业贷款市场的竞争，减少农户贷款供给；而经济欠发达的苏北地区农信社的表现则符合传统的市场力量假说，较高的银行业集中度有利于建立长期的银农关系，而且苏北地区网点数相对较少，网点边际效用显著，网点数量的增加会提高农户贷款覆盖面，从而提高农户的信贷可得性。

此外，利率市场化进程中，农信社若执行统一大幅上浮的利率定价策略，易诱发违约风险，支农力度也会减小。盈利能力越强的农信社，资产管理水平越高，倾向于将更多信贷资金投向农户市场以获得潜在的盈利机会。因此，农信社覆盖目标客户、发挥支农效果应以保证自身的商业可持续性为前提，片面强调支农的政策属性，并不利于其自身成长。

第7章　金融资源观视角下农村金融效率评价

7.1　农村金融资源配置效率的背景概述

2019年，中央一号文件提出推动资源要素向农村流动，优先保障“三农”资金投入。充足的金融资源供给是实现乡村振兴的重要支撑。推动农村金融机构回归本源是当前农村金融改革发展的正确方向。截至2018年末，全国银行业金融机构涉农贷款余额33万亿元①，2007年创立涉农贷款统计以来年均增速达15%，累计为1.84亿农户建立信用档案，近9700万农户获得银行贷款，贷款余额超过3.4万亿元。农村地区银行网点数达12.66万个，县均银行网点数达56.41个②。农村金融规模扩张固然迅速，但金融资源发展的不平衡和不充分问题却也日益暴露。我国“三农”金融缺口逾3万亿元③，资本短缺以及资本形成不足是长期制约县域经济发展的重要因素（唐明知和潘丽丽，2018）。

基于县域银行网点布局和农村信贷资金流动的分析，研究表明：银行网点集聚分布、网点下沉有助于信贷资金流入农村，但在不同地区、不同机构的视角下，金融资源配置状况存在差异。Besley（1994）认为，只有在配置有效前提下，资金才能分配至具有最佳投资机会的农户或企业手里，才能促进生产和投资。因此，金融资源的分配与配置状态决定了社会经济资源的分配结构与利用状态，经济资源的帕累托最优分配要求金融资源的配置也应达到帕累托最

① 数据来自银保监会网站。

② 数据来自中国人民银行网站。

③ 中国社科院，《“三农”互联网金融蓝皮书：中国“三农”互联网金融发展报告（2017）》，2018。

优。基于金融资源视角，以白钦先等为代表的金融可持续发展理论认为，金融资源是区别于自然资源的特殊资源，既是资源配置的对象，又是配置其他资源的方式和手段，其兼具战略性、脆弱性、中介性、社会性和层次性的特征。他们将金融效率定义为“金融资源在经济系统与金融系统以及金融系统内部子系统之间配置的协调程度”（白钦先，2001），王振山（2005）认为金融效率就是指以尽可能低的成本将有限的金融资源进行最优配置以实现其最有效的利用。

我们需要思考的是：农村金融效率在县域层面的表现如何去衡量，是由规模驱动抑或是技术推进，在不同外部环境下农村金融效率的表现是否具有一定规律性。如何将县域银行网点、资金流动等要素嵌入配置效率的评价中，是本章关注的重点。本章拟在科学评价农村金融效率的基础上，厘清农村金融效率的区域差异及其收敛性，为提升金融效率提供思路与对策。

7.2　测度农村金融效率的三阶段 DEA 模型介绍

目前，现有研究在金融效率及其测度方面积累了丰富成果，研究样本也已从农村整体、东中西部、省际层面深入县域样本。作为一种估计生产边界的非参数方法，DEA 模型及其变形形式被广泛应用于农村金融效率计量中，但研究方法和研究内容上还有待完善。首先，基于数据包络法效率评价的关键是确定合理的投入和产出指标。Yaron 等（1992）在评价发展中国家金融市场时，从农村金融市场对经济的贡献率、农村金融机构的独立性与可持续性以及农村金融覆盖面多维度构建评价指标体系，强调了农村金融的公平与经济特征，如何选取更加契合农村金融发展内涵的投入产出指标是本章拟解决的关键问题。其次，除了比较金融效率的区域差异外，检验农村金融效率的收敛关系是研究金融发展不平衡的发展方向。因此，本章拟结合农村金融特征设立合理的评价指标，围绕农村经济增长的目标，运用三阶段 DEA 模型剔除外部环境的影响以更准确评价金融资源的投入与产出关系，并进一步探析县域金融效率的差异性与收敛性，为实现农村金融协调发展提供理论支持。

Fried 等（2002）指出，三阶段 DEA 法能够剔除外部环境和随机误差因素对效率值的干扰，使计算结果能更真实地反映决策单元的管理水平。研究中考虑外部环境和随机误差的影响，能够赋予农村金融发展过程的丰富性和动态性。

7.2.1 第一阶段：传统 DEA 模型分析初始效率

根据具体的分析目的，DEA 模型分为投入导向和产出导向。投入导向 DEA 模型是在产出水平一定的条件下，投入最小化的规划问题；产出导向 DEA 模型是在投入水平一定的条件下，产出最大化的规划问题。由于金融机构的规模报酬是可变的，并且农村金融资源的跨期投入变化很大，金融资源是否存在投入冗余，投入的变化是否会带动农村金融效率的变化需要探究。鉴于此，本文选择投入导向 BCC 模型，用于处理规模报酬可变假设下的决策单元有效性问题。对于任意决策单元，投入导向对偶形式的 BCC 模型可表示为：

$$\theta^* = Min[\theta - \varepsilon(\sum s_{ji0}^- + \sum s_{ri0}^+)] \tag{7-1a}$$

$$\text{s. t.} \sum_{i=1}^{n} \lambda_i x_{ji} + s_{ji0}^- = \theta x_{ji0} \tag{7-1b}$$

$$\sum_{i=1}^{n} \lambda_i y_{ri} - s_{ri0}^+ = y_{ri0} \tag{7-1c}$$

$$\sum_{i=1}^{n} \lambda_i = 1 \tag{7-1d}$$

$$s_{ji0}^-, s_{ri0}^+ \geqslant 0, \lambda_i \geqslant 0 \tag{7-1e}$$

式（7-1）中，$i=1, 2, \cdots, n$，$j=1, 2, \cdots, m$，$r=1, 2, \cdots, s$。n 表示决策单元的个数，m 和 s 分别表示投入和产出变量的个数，x_{ji}、y_{ri}分别表示投入、产出向量。λ_i 为权重，s_{ji0}^-和 s_{ri0}^+分别为决策单元的第 j 项投入和第 r 项产出的松弛变量；ε 为非阿基米德无穷小量。θ 为决策单元的有效值。DEA 模型本质上是一个线性规划问题。若 $\theta = 1$，且 $s_{ji0}^- = s_{ri0}^+ = 0$，则决策单元 DEA 有效；若 $\theta = 1$，且 $s_{ji0}^- \neq 0$ 或 $s_{ri0}^+ \neq 0$ 时，则决策单元弱 DEA 有效；若 $\theta < 1$，则决策单元非 DEA 有效。θ^* 为决策单元的综合效率，表示在当前的生产技术条件下，达到既定产出所需要的最小投入与实际投入的比值。此处，主要表现为农村金融资源的配置与利用状态。综合效率可分解为纯技术效率与规模效率的乘积。纯技术效率是指在规模报酬可变的条件下决策单元与生产前沿面之间的距离，反映了决策单元的技术方法和管理水平等。此处，着重表现金融制度在农村地区的运行与管理科学程度。规模效率测度的是在不完全市场竞争约束

的条件下决策单元的实际生产规模与最优目标生产规模之间的距离，此处主要反映金融要素投入在农村的规模化水平。

（1）决策单元。本章收集了1998—2015年江苏省41个县（市）农村金融指标数据，经过后期整理选取35[①]个县（市）作为决策单元。借鉴刘自敏等（2014）的方法，对所有跨年决策单元在统一前沿面下进行效率测度，将不同年份的同一县（市）视为不同的决策单元。

（2）投入指标。农村金融投入一般包括人、财、物三个方面。信用的增长如果缺乏金融资源基础，往往会损害择优行为与资本形成的增长机制（Hansen和Sulla，2013）。本章分别选取县（市）农村金融机构[②]从业人员数、金融机构人均存款余额、金融机构网点数作为投入指标。

（3）产出指标。第一，作为衡量农村金融体系运行水平的重要指标，农村金融效率强调金融与经济的共生关系。金融产出主要表现为金融产品和服务的产出及对经济发展的推动作用。因此选取农村居民人均纯收入作为产出指标之一。第二，Lensink（1996）认为，在农村设立的金融机构虽然吸收了农村储蓄，但若未提供相应的金融机会，金融机构的大量设立对提高农村金融效率没有明显效果。因此，选取获取金融服务的农户数和金融机构人均贷款余额作为两项重要的产出指标。第三，“资本洼地”现象在我国农村地区明显，农村资金外流严重。因此，选取地区信贷资金净流入也是较为合理的产出指标[③]。

（4）外部环境指标。外部环境指标应当选取对农村金融效率产生客观影响，但不在主观可控范围内且影响方向不定的变量。借鉴已有研究，在宏观经济环境方面，选取地区生产总值和农业产业比重两个指标反映不同县域之间的

---

① 除去部分数据缺失的7个县，共获得35个县（市）截面。苏南地区包括宜兴市、常熟市、张家港市、昆山市、太仓市、丹阳市、扬中市和句容市8个县（市），苏中地区包括海安县、如东县、启东市、新沂市、如皋市、海门市、宝应县、仪征市、高邮市、兴化市、靖江市、泰兴市12个县（市），苏北地区包括丰县、沛县、睢宁县、邳州市、赣榆县、灌云县、灌南县、洪泽县、金湖县、响水县、滨海县、阜宁县、射阳县、建湖县、大丰市15个县（市）。

② 由于数据可得性，此处以农村合作金融机构为代表，主要指农村信用社、农村合作银行和农村商业银行。

③ 2010年中国人民银行同银监会制定印发《关于鼓励县域法人金融机构将新增存款一定比例用于当地贷款的考核办法（试行）》，考核办法第五条指出，县域法人金融机构中可贷资金与当地贷款同时增加且年度新增当地贷款占年度新增可贷资金比例大于70%（含）的，或可贷资金减少而当地贷款增加的，考核为达标县域法人金融机构。样本期间农村信贷资金外流是现实特征，由于DEA模型的投入产出指标数据必须为正数，所以本文将信贷资金净流入的数据进行了指数化处理。

经济发展差距；在地方政府行为方面，选取财政支出占比反映政府的调节职能；在金融市场结构方面，选取金融市场竞争度作为影响投入冗余的重要因素。

7.2.2 第二阶段：构建相似 SFA 模型

由于第一阶段采用了投入导向 DEA 模型，则管理无效率、环境因素和随机误差会影响投入变量进而影响效率测算结果。因此，第二阶段需从投入松弛变量中分离出环境因素和随机误差，重新调整投入变量值。将一阶段投入松弛变量设为被解释变量，将环境因素设为解释变量。若有 p 个可观测的环境变量，首先构建如下 SFA 回归方程：

$$s_{jit} = f(z_{it};\beta_{jt}) + \nu_{jit} + \mu_{jit} \tag{7-2}$$

式（7－2）中，s_{jit}表示第 t 年 i 县（市）第 j 个投入的松弛变量，$z_{it} = (z_{1it}, z_{2it}, \cdots, z_{pit})$ 表示 p 个可观测的环境变量集，β_{jt}为环境变量系数，$f(z_{it};\beta_{jt})$ 表示环境变量对投入松弛值 s_{jit}的影响。本文采取一般线性形式进行估计，即 $f(z_{it};\beta_{jt}) = \beta_{jt}z_{it}$，$\nu_{jit} + \mu_{jit}$是混合误差项，$\nu_{jit} \sim N(0,\sigma_{vjt}^2)$ 是随机干扰，表示随机干扰因素对投入松弛变量的影响；μ_{jit}表示管理无效率，为管理因素对投入松弛变量的影响，假设其服从在零点截断的正态分布，即 $\mu_{jit} \sim N^+(\mu_{jt},\sigma_{\mu jt}^2)$，其中 $\mu_{it} = \exp\{-\eta(t-T_i)\}\mu_i$，$T_i$ 是决策单元的最后一个时期，η 为衰退系数。若 η 显著不等于 0，回归模型选择时变模型，若 η 不显著不等于 0，回归模型选择非时变模型。ν_{jit}与 μ_{jit}相互独立，使用极大似然法可估计参数 $(\beta_{jt}, \mu_{jt}, \sigma_{\mu jt}^2, \sigma_{vjt}^2)$。$\gamma = \frac{\sigma_{\mu jt}^2}{\sigma_{\mu jt}^2 + \sigma_{vjt}^2}$ 表示误差项方差中技术无效率方差占总方差的比重，当 γ 趋近 1 时，说明管理因素的影响占主导地位；当 γ 趋近 0 时，说明随机误差的影响占主导地位。

接着，将决策单元调整到相同的外部环境和相同的自然状态，以剔除外部环境与随机误差对效率值的影响。从 SFA 回归模型的混合误差中分离出随机误差，随机误差的估计为：

$$\hat{E}(\nu_{jit} \mid \nu_{jit} + \mu_{jit}) = S_{jit} - z_{it}\hat{\beta}_{jt} - \hat{E}[\mu_{jit} \mid \nu_{jit} + \mu_{jit}] \tag{7-3}$$

最后，选择最差外部环境的决策单元为标准，对其他所有处于相对较好外部环境的决策单元采用增加其投入的调整方法，对其他决策单元投入量的调整如下：

$$\hat{x}_{jit} = x_{jit} + [\max(f(z_{it};\hat{\beta}_{jt})) - \hat{\beta}_{jt}z_{it}] + [\max(\hat{\nu}_{jit}) - \hat{\nu}_{jit}] \quad (7-4)$$

式（7－4）中，x_{jit}表示第t年第i个县（市）第j项原始投入值，$\hat{x}_{jit}$为其调整后的值；第一个括号内的式子表示将决策单元外部环境调整至最差时所减少的投入数量，第二个括号内的式子表示对随机误差项所造成的松弛值进行调整。

7.2.3　第三阶段：剔除不可控因素影响后的DEA效率测算

用调整后的$\hat{x}_{jit}$代替原始投入水平x_{jit}，保持产出不变，运用投入导向BCC模型重新测算决策单元的效率。三阶段DEA效率值即为消除外部环境和随机干扰后的实际综合效率，其中三阶段纯技术效率与三阶段规模效率均能更准确地反映决策单元的管理水平和规模经济性。在跨年的统一前沿面下，此时DEA效率是基于同质性和跨年可比较的。

7.3　基于三阶段DEA模型的农村金融效率评价

7.3.1　第一阶段：传统DEA效率值测度

本章县（市）经济发展数据来源于《江苏省统计年鉴》，信贷资金净流入、各家金融机构存贷款余额、农村合作金融机构从业人员数等数据来源于中国人民银行南京分行调研。投入与产出变量的描述性统计具体如表7－1所示。

表7－1　　金融效率相关变量统计分析

变量	定义（单位）	最大值	最小值	均值	标准差
产出变量1	信贷资金净流入（指数）（万元）	22095.5	0.00028	36.15	879.57
产出变量2	获取金融服务的农户数（人）	946514	32	88911	126495
产出变量3	人均贷款余额（元/人）	276307	1249.63	24190.95	42015.89
产出变量4	农村居民人均纯收入（元）	25978	2151	7799	4847
投入变量1	金融机构网点数（个）	389	30	128	71
投入变量2	农信社从业人员数（人）	2040	150	507	211

续表

变量	定义（单位）	最大值	最小值	均值	标准差
投入变量3	人均存款余额（元/人）	389149	1167.67	34009.63	53629.05
经济发展水平	地区生产总值（对数）（亿元）	16.67	11.3	13.64	0.98
农业产业比重	农业增加值占地区生产总值的比重	0.522	0.008	0.18	0.12
政府经济行为	财政支出占地区生产总值的比重	1.233	0.007	0.01	0.07
金融市场竞争	1减去赫芬达尔指数	0.896	0.385	0.79	0.05

图7－1对样本县（市）一阶段金融效率进行逐年平均，可观察到农村金融效率在1998—2015年期间的变化趋势。整体来看，农村金融综合效率的平均值为0.64，处于效率前沿面的只有25个县域样本，占全部样本的3.97%，说明大约96%的个体存在提升金融效率的空间。样本规模效率均值高达0.94，标准差仅为0.08，规模报酬递增、不变和递减的样本比重分别为49.52%、8.89%和41.59%，由此可见，近半数样本县域的金融效率是由规模扩张驱动，另一半则已出现投入冗余的状态。农村金融纯技术效率处于劣势，效率值在样本期间呈现“U形”，自2003年出现0.59的低值后，逐步上行至2015年的0.90，说明样本前期农村金融效率低主要源于金融技术层面的薄弱，随着农村金融体制改革的推进，样本后期农村金融管理水平显著提升。从截面看，按照经济区位条件，将样本划分为苏南、苏中和苏北三个组别，经济欠发达的苏北农村金融综合效率最高，经济发达的苏南农村却最低。事实上，样本县（市）外部环境不尽相同，在外部环境和随机误差的影响下，地区间的效率差异是否被高估？我们需要进一步讨论。

7.3.2 第二阶段：环境变量的回归结果

运用Frontier4.1软件进行面板SFA的时变衰退模型估计，模型估计结果如表7－2所示。衰变系数η均通过显著性检验，因此此处采用时变面板SFA模型。γ统计值趋近于1，表明管理非效率因素占总方差的比例很大，农村金融制度的运行效率存在较大的差异，采用SFA模型是合适的。表7－2中环境变量系数均通过显著性检验，表明环境因素对投入冗余存在显著影响。在产出一定的条件下，削减投入冗余能够提高农村金融效率。当环境变量系数为负时，表示环境变量的增加有利于投入松弛变量的减少，金融要素投入的浪费越少，金融效率越上升。反之，金融效率越下降。

表7-2　各项投入松弛变量与外部环境因素的面板SFA回归结果

解释变量 \ 被解释变量	金融机构网点投入松弛变量	农村金融机构从业人员投入松弛变量	人均存款余额投入松弛变量
经济发展水平	14.74*** (7.39)	21.43** (2.77)	11611.90*** (291.76)
农业产业比重	-28.98* (-1.63)	-146.35** (-2.26)	-438.31*** (-16.72)
金融市场竞争度	-33.62 (-1.48)	-177.59* (-2.08)	33767.53*** (2927.50)
政府经济行为	-136.06*** (-4.5)	-647*** (-5.68)	-37970.69*** (-36893.72)
常数项	-152.44*** (-4.63)	-40.73 (-0.32)	-180256.79*** (-7893.06)
σ^2	1927.18*** (6.82)	41946.18*** (1478.46)	227143070.00*** (227142920.00)
η	0.06*** (8.38)	0.02*** (4.3)	-0.01* (-2.14)
γ	0.93*** (55.36)	0.95*** (67.47)	0.78*** (33.38)
LogL	-3210.91	-3936.84	6709.54
LR	211.49	112.11	66.21

注：***、**和*分别表示1%、5%和10%的显著性水平。括号中的数据为t值。

（1）经济发展水平。地方经济的发展对金融要素投入冗余的影响为正。经济发达地区凭借良好的经济环境能够充分吸引金融资源投入，受金融资源逐利特征和金融集聚的溢出效应影响，县域银行网点、从业人员及存款资源极易存在过度饱和的现象。相反，欠发达地区则表现为有效金融供给不足的窘状。

（2）农业产业比重。从各国经济发展历程中可以看出，不平衡的产业结构会阻碍经济发展进程和效率的改善。随着农业现代化进程的推进，农业经济发展对农村金融服务提出了更多新需求。农业产业比重与三个松弛变量的相关性均为负，说明传统农业向现代农业转化的过程中，农业产业规模化有利于激励银行网点和信贷员的业务下沉，产融结合有利于形成以产促融效应，促进农村资金的本地积累。

（3）金融市场竞争度。基于传统SCP假说，放宽农村金融市场准入门槛促进了金融部门的竞争，有利于金融资源的有效分配与利用。在竞争度高的环境下，金融机构通过控制适度规模的从业人员数量以降低运营成本，获取更高的经营效率。竞争度对人均存款余额投入松弛变量的影响为正，这可能表现出金融机构从贷款市场竞争转向存款市场，尤其是全国性或区域性商业银行通过集中调度资金的管理制度将农村存款资源调往城市，导致农村本地存款资源的投入冗余。

（4）政府经济行为。该变量对投入松弛变量的影响均呈现负向作用，一方面，由于农村信贷市场的信息不对称、不完全竞争等问题，金融市场趋于无效。公共利益论认为作为市场失灵的回应，政府管制可弥补市场的不足以增进社会福利，从而达到帕累托改进。另一方面，出于缓解财政压力、发展地方经济的考虑，地方政府往往为辖区争夺金融资源而优化自身。例如，农村信用社改革以来，经过地方政府的资源整合，江苏省41个县（市）农信社网点从1997年的2143个降低为2006年的1799个，改变了农信社网点过于分散的局面，减少了网点投入冗余，增强了农信社商业化运行空间。

7.3.3 第三阶段：调整后的DEA效率值

对比一阶段和三阶段的估计结果可以看出，因外部环境影响，规模效率被高估，纯技术效率被低估。随着环境因素的改善，一阶段综合效率与三阶段综合效率存在收敛趋势。

整体来看，三阶段农村金融综合效率均值为0.7，纯技术效率整体高于0.7，金融综合效率无效主要来自规模效率无效。从规模报酬状态来看，样本中71.3%的决策单元处于规模报酬递增状态，说明大部分县域地区金融供给不足。从效率值的变化情况看，样本期间农村金融效率的变化大体经历了三个阶段。第一阶段，1998—2005年，江苏农村金融综合效率存在下降趋势。该阶段国有商业银行由于商业化改革和经营范围的改变而纷纷撤离农村地区，农村金融市场出现服务供给不足和金融缺位的现象。第二阶段，2006—2009年，农村金融制度不断完善，2006年底在中国人民银行和银监会的推动下，农村金融市场“准入新政”出台，伴随着农业银行成立“三农金融事业部”，区域性商业银行及新型农村金融机构陆续进驻县域。准入门槛的降低使得农村金融机构的种类、数量、规模呈现积极变化，规模效率达到0.7及以上，农村金融综合效率获得提升。第三阶段，2010—2015年，2010年农村金融产品和服务

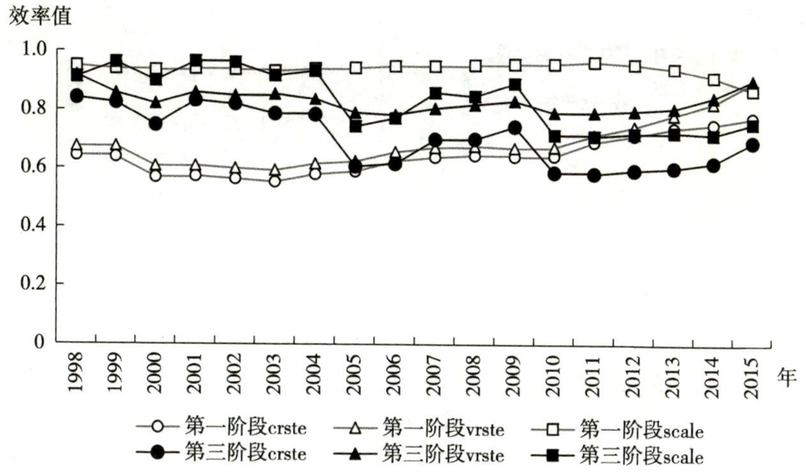

注：crste 表示综合效率，vrste 表示纯技术效率，scale 表示规模效率，下同。

图 7－1　一阶段与三阶段农村金融效率的对比

方式创新工作在全国范围内推进，金融机构结合农村金融服务需求特点，扩大抵押担保范围，创新了诸如集体林权抵押贷款、农机具抵押贷款、仓单质押贷款等产品，该时期纯技术效率上升至 0.8 以上。但是，规模效率相比前期有所下降，可能的原因是随着现代农业规模化和产业化、农业新型经营主体的涌现，农村金融产品和服务的相对供给仍然不足。与部分学者认为我国只关注农村金融数量而非质量不同的是，本章认为农村金融综合效率的提高主要受益于纯技术效率的改善，即金融质量是农村金融可持续发展的重要原因，也是政府决策部门尤为关注的问题，江苏省采取的系列农村金融改革举措对提高农村金融资源的配置效率发挥了实质性作用。

分区域看（见图 7－2），农村金融效率水平与区域经济梯度表征一致。其中，纯技术效率最高的是经济较发达的苏南农村，最低的是经济欠发达的苏北农村，苏中农村居中。区域纯技术效率的变动趋势基本同步，表明区域间一定程度的关联有利于快速地溢出技术。规模效率在 2005 年以前区域差距较小，从 2005 年起出现明显分化，也表现为苏南最高、苏北最低、苏中居中特征，截至 2015 年，苏南 52% 的决策单元已实现规模经济，而苏北仅为 20%。值得注意的是，放宽农村地区金融机构准入门槛的政策总体上能够增加农村金融供给，但是欠发达地区金融机构的新增网点却演变成农村资金外流的主要渠道，

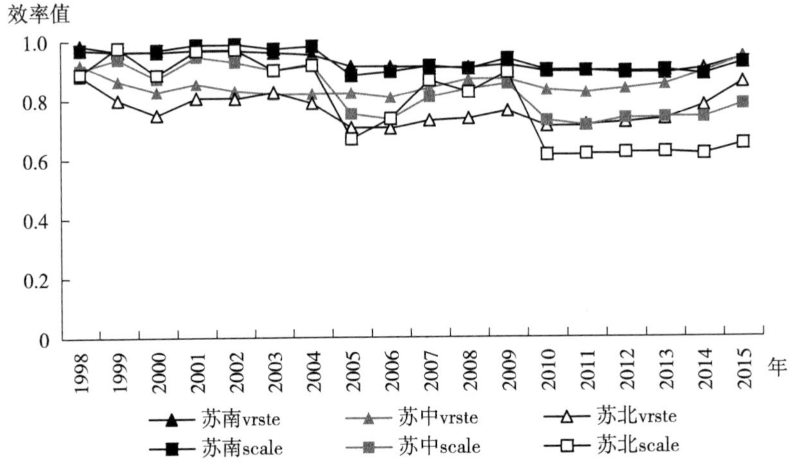

图7－2　三阶段农村金融纯技术效率和规模效率的分地区对比

导致苏北仍表现为“资本洼地”。鉴于此，提升农村金融综合效率的政策必须在首先稳定提升经济发达地区金融效率的基础上，改善欠发达地区的金融效率。当前农村金融工作的重点应关注经济发达地区金融管理制度的溢出效应以及欠发达地区金融发展水平的规模化。在促进区域金融协调发展的政策背景下，实证检验农村金融效率收敛性十分必要。

7.4　农村金融效率收敛性检验

进一步，本章采用如下绝对β收敛方程对苏南、苏中和苏北区域内部各县（市）进行回归分析。

$$(\ln E_t - \ln E_0)/T = \alpha_0 + \alpha_1 \times dum_1 + \alpha_2 \times dum_2 + \beta_0 \times \ln E_0 + dum_1 \times \beta_1 \times \ln E_0 + dum_2 \times \beta_2 \times \ln E_0 + \varepsilon \quad (7-5)$$

绝对β收敛表示各县（市）金融效率的增长速度与初始水平存在负相关关系，金融效率较低县（市）的增长速度要快于金融效率较高县（市），各县（市）都朝着相同的稳态水平趋同。式（7－5）中，E_t为i县在t时期的金融效率，分别表示为综合效率、纯技术效率或规模效率，E_0为基期的效率值，T为考察的时间跨度。$\ln E_t$和$\ln E_0$分别为2015年和1998年的效率值，T取值为17。dum为虚拟变量，$dum1=1$时，表示为苏南，$dum1=0$时，表示为其他；

$dum2=1$ 时，表示为苏北，$dum2=0$ 时，表示为其他。β_j 为收敛系数，如果 $\beta_0<0$ 且显著，则苏中效率收敛，反之为发散；如果 $\beta_0+\beta_1<0$ 且显著，则苏南效率收敛，反之为发散；如果 $\beta_0+\beta_2<0$，则苏北效率收敛，反之为发散。ε 为随机干扰项。估计结果见表 7－3 模型（1）。

表 7－3　农村金融效率绝对 β 收敛的估计结果

效率指标	区域	模型（1）OLS 检验			模型（2）面板随机效应检验		
		β	R^2	F 值	β	R^2	wald－chi2 值
综合效率	全体	－0.040*** (0.145)	0.356	5.8***	－0.215*** (0.025)	0.114	75.94***
	苏南	0.007 (0.01)	0.373	3.46**	－0.064 (0.67)	0.122	82.12***
	苏中	－0.051** (0.026)			－0.183*** (0.047)		
	苏北	－0.038* (4.09)			－0.254*** (65.6)		
纯技术效率	全体	－0.039*** (0.011)	0.382	6.39***	－0.205*** (0.025)	0.105	69.51***
	苏南	－0.089 (2.85)	0.410	4.02***	－0.067 (0.97)	0.129	87.02***
	苏中	－0.029* (0.016)			－0.110** (0.043)		
	苏北	－0.043*** (8.67)			－0.291*** (79.36)		
规模效率	全体	－0.043** (0.016)	0.425	7.64***	－0.244*** (79.36)	0.117	78.24***
	苏南	0.026 (0.18)	0.458	4.91***	－0.126 (1.49)	0.120	79.98***
	苏中	－0.066** (0.031)			－0.225*** (0.055)		
	苏北	－0.041** (4.45)			－0.263*** (60.36)		

注：***、**、* 表示 1%、5%、10% 的显著性水平。全体和苏中样本括号中数据为 β_0 估计标准误。苏南和苏北样本括号里的数据在模型（1）中为 $\beta_0+\beta_1$ 和 $\beta_0+\beta_2$ 的 F 检验值，在模型（2）中为 $\beta_0+\beta_1$ 和 $\beta_0+\beta_2$ 的 chi2 检验值。

估计结果显示，整体上农村综合效率、纯技术效率及规模效率均显著收敛，表明县域金融效率的均衡值最终会趋于一致，收敛速度分别达 6.72%、6.41% 和 7.66%。苏南农村金融综合效率的收敛趋势并不显著，即不存在绝对 β 收敛的特征，源于纯技术效率和规模效率的收敛性均不显著，苏南既有常熟、张家港等经济发达的全国百强县，也有句容这样的农业大县，适用于经济强县的管理理念、方法和制度体系不一定适用于农业大县。截至 2015 年，苏南存贷款余额最高的县（市）达到 5350.73 亿元，是最低县（市）的 6.3 倍，区域内部金融资源分布不平衡。

苏中和苏北区域内部综合效率的收敛迹象显著。规模效率的收敛性显著，说明欠发达地区提升金融效率的基础性工作应为快速加大金融资源投入，这为实现“推动农村金融机构回归本源，引导金融资源向农业农村倾斜”的功能定位提供了有力依据。纯技术效率收敛性显著，可能的原因是：苏中在地理上毗邻经济发展水平更高的苏南，易于学习和借鉴苏南农村金融政策实施及机构改革等先进经验，缩小内部纯技术效率差距。苏北在制度上常常获得改革试点的政策支持，例如 2009 年，苏北的宿迁和淮安两地开展允许苏南农商行跨区设立异地支行的试点；2014 年，宿迁泗洪县开展农村土地承包经营权抵押贷款试点等，试点经验的普遍推广有利于区域纯技术效率趋于一致。由此表明，鉴于县域结构特征和政策环境的差异，针对经济强县和传统农区，有差别的、灵活的农村金融制度安排是我国现阶段农村金融体系的改革方向。

接着，本文采用面板数据模型对上述结论进行了稳健性检验。

$$\ln E_{i,t} - \ln E_{i,t-1} = \alpha_0 + \alpha_1 \times dum_1 + \alpha_2 \times dum_2 + \beta_0 \times \ln E_{i,t-1} + dum_1 \times \beta_1 \times \ln E_{i,t-1} + dum_2 \times \beta_2 \times \ln E_{i,t-1} + u_i + t_t + \varepsilon_{it} \tag{7-6}$$

式（7-6）中，$E_{i,t}$ 为 i 县在 t 时期的金融效率，$E_{i,t-1}$ 为滞后一期效率值。u_i 为县（市）个体效应，t_t 为时间固定效应，ε_{it} 为随机干扰项。该模型含有不随时间变化的 dum 变量，因此本文选择随机效应进行稳健性检验，估计结果见表 7-3 模型（2），各收敛系数的方向和显著性与模型（1）相同，说明本章的研究结论具有有效性和稳健性。

7.5 本章小结

本章将县域银行网点和信贷资金净流入分别添至金融效率的投入和产出变

量，在金融资源配置不平衡的背景下，以 1998—2015 年江苏省 35 个县（市）为样本，运用三阶段 DEA 模型测度农村金融效率。结果表明，农村金融效率整体水平不低，农村金融综合效率有效主要源于农村金融制度的不断完善，综合效率无效主要由规模不经济性引起，且受外部环境制约明显。从截面看，金融发展存在地区不平衡性，农村金融效率表现出由南至北依次递减的梯级分布特征。对地方经济发展、农业产业比重、政府经济行为及金融市场竞争等外部环境的改善，有利于减少金融资源投入冗余，提高资源配置与运行效率。随着时间推移，农村金融综合效率、纯技术效率和规模效率在全体、苏中和苏北样本中均表现为绝对 β 收敛趋势，但经济发达的苏南地区效率收敛趋势不显著。研究结论对于提高农村金融效率、协调区域金融发展具有一定的政策启示。

第8章　农村信贷资金流动与经济包容性发展

8.1　经济包容性发展的内涵

传统的经济增长理论注重经济产值的增长，但我国县域经济突出的问题是城乡收入差距巨大，乡村存在着大量的低收入人口。这些因素使得经济产值的增长难以真实衡量县域经济的发展，且无法体现乡村振兴的整体目标，因此强调公平、合理的经济发展，即包容性经济发展能更贴切地反映乡村实际情况。在对县域金融资源的配置进行了深入分析后，本章将结合信贷资源的流动与包容性发展的目标，综合考察信贷资源配置的经济影响。

从词源上看，包容性发展是“包容性”和“发展”两个词的组合，其核心是发展，但是这种发展不是排斥性（exclusive）而是包容性的。包容性发展是发展经济学概念。包容性是指人与人、人与社会、人与自然的和谐。包容性发展是指以人为中心的，人与人、人与社会、人与自然的和谐发展，是包括GDP增长指数、人类发展指数、社会发展指数、社会福利指数、幸福指数在内的全面发展。任何真正的发展都是包容性发展，包容性发展实际上就是普惠性发展，既要考虑发展的效益也要考虑发展的质量。包容性发展概念突出发展的包容性这一本质特征，从而把“发展”和“增长”明确区别开来，避免打着“发展”旗号的“增长”，为经济与社会的可持续发展提供科学的理论指导。

包容性发展理论最早是由亚洲开发银行提出来的一种新的经济增长理念，其核心就是要实现一种机会均等的经济发展模式。这里的“机会均等”含义是出自对经济发展个体背景以及个体努力程度的考虑。根据包容性发展理论，我们应该消除个体背景差异带来的机会不平等现象，进而最大限度地缩小结果不平等。

从要素结构和逻辑框架上看，包容性发展主要涉及主体、客观、过程和结果等几个方面（高传胜，2012）。一是发展主体的全民性是包容性发展的逻辑起点。没有全体共同参与，发展成果的分配上的利益共享也便失去了其社会公正性。不管是什么身份的国民，都应该力所能及地参与到经济社会活动中。包容性发展非常重视弱势群体的发展，加强对这部分发展能力较差弱势群体的人力资本投资、基本医疗保障等成为包容性发展的主要内容。二是发展内容的全面性是包容性发展的基本特征。包容性发展不仅仅局限于经济增长，还强调社会发展及其与经济发展的协调性、政治文明进步等。这些直接影响到资源配置和发展机会是否公平地覆盖到弱势群体。它是益贫式增长的扩展，这种发展有利于发展中国家中的大多数人，而且在经济与政治上更具有持续性（Birdsall，2007）。三是发展过程的公平性是包容性发展的本质要求。只有充分实现发展过程的机会均等，才能真正保证更大范围的利益共享。否则，在投资环境差、市场垄断程度高的情况下，利益共享的力度会减弱。因此，建立健全公共服务体系，加强基础性公共服务的可及性、可得性，给国民提供充足的机会和公平竞争的舞台，有利于增强发展的包容性。四是发展成果的共享性是包容性发展的重要目标。包容性发展是一个多维指标，从发展结果看最能体现该指标水平的是国民收入分配的合理性，例如各地区在专业化分工和协作中各自所得所占份额的相对合理性，同一产业不同环节的主体各自所得所占比例的相对合理性，不同行业的从业者收入分配差距的合理性，不同社会群体收入差距的合理性、居民内部收入差距的合理性等。在非收入方面的维度上更多地体现在国民对于各类公共服务供给上的可获得性。

综上所述，包容性增长在保证过程公平、机会均等的同时，最终的目标是保证结果的公平和贫困人口受益。如果经济增长能有效减少贫困，并降低收入不平等程度，将有利于经济的可持续增长。本章对农村经济的包容性发展分析主要聚焦于如何减少贫困和降低收入不平等。

8.2　资源配置失衡下的经济包容性发展现状

2019年，中央一号文件明确提出“鼓励银行业金融机构加大对乡村振兴和脱贫攻坚中长期信贷支持力度”，金融扶贫模式在国家扶贫开发及促进农村贫困落后地区发展中发挥着越来越重要的作用。截至2018年末，我国建档立卡贫困人口的贷款余额为3150亿元，同比下降3%，全年减少98亿元①。

然而，信贷资金的区域配置是不平衡的。一方面，2007年创立涉农贷款统计以来，到2018年全部金融机构涉农贷款余额累计增长534.4%，平均每年增速为16.5%。涉农贷款余额从2006年末的6.1万亿元增加至2018年末的32.7万亿元，占各项贷款的比重从22%提高至24%，总体来看取得了良好的成绩②。但另一方面，截至2016年末，在涉农贷款方面，我国东部地区占比为45.4%，中部和西部地区占比分别为21.2%和25.7%③，县域中存贷比最高的县达1.28，最低的县却只有0.25④。由此可见，许多县域的信贷资金是外流的，农村信贷资金外流会降低农户信贷可得性，减少农民收入水平。截至2018年末，全国农村贫困人口为1660万人，较上年末减少1386万人；贫困发生率1.7%，较上年下降1.4个百分点⑤。2019年中央一号文件强调的“聚力精准施策，决战决胜脱贫攻坚”，则体现了包容性经济发展的理念，即强调在经济增长的同时，应减少收入不平等。

以江苏省为例，1997—2019年，江苏省的城乡居民收入差距呈现先上升后下降的“倒U形”趋势，城乡居民收入差距在2009年达到最大，自2010年之后逐年缩小，城乡居民收入差距的状况在逐年改善。而用于衡量农村贫困率的农村恩格尔系数则呈现稳定的下降趋势，2019年仅为26.2%，2018年江苏省的农村贫困发生率下降至6%以下⑥。到2020年，江苏省已经实现6000元以下收入人口全部脱贫。

一直以来，贫困、不平等与增长是世界各国和地区经济社会发展中三个始终纠结在一起的重要问题。那么，农村信贷资金的回流是否有助于实现经济包容性发展？赫希曼涓滴效应理论认为，区域间发展差距扩大的原因来自极化效应，但这一过程也存在将增长向外围区域扩散的涓滴效应。在区域经济发展的

---

① 数据来自中国人民银行。

② 数据来自中国人民银行《中国农村金融服务报告（2018）》。

③ 根据中国人民银行《中国农村金融服务报告（2016）》中的相关数据整理。

④ 数据来自《中国县域经济发展报告（2017）》。

⑤ 数据来自国家统计局网站。

⑥ 数据来自国家统计局网站。

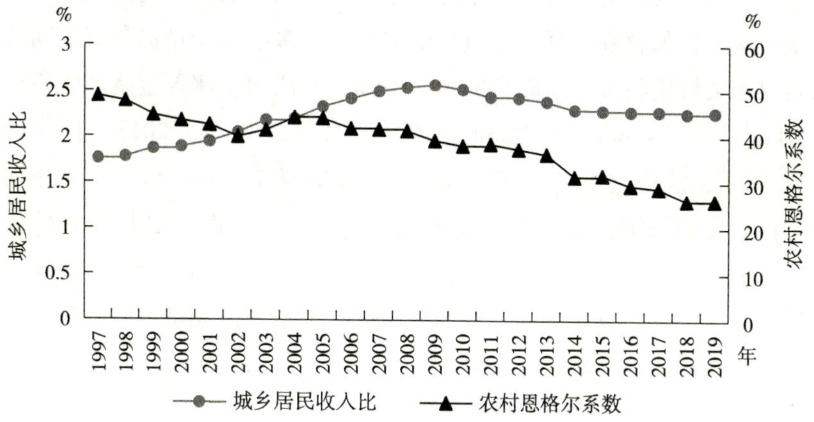

图 8-1　江苏省 1997—2019 年城乡居民收入差距与农村贫困率状况

过程中，涓滴效应最终会大于极化效应而占据优势。但是，正向涓滴效应并不是必然发生的，而是需要人为引导的（谢超峰等，2017）。在农村金融改革发展过程中，县域层面的信贷资金流动对经济包容性发展的作用是否存在涓滴效应，以及在哪些前提条件下能够产生涓滴效应，这一问题值得思考。通常农业贷款促进农民收入增长的效应具有一定的滞后期（余新平等，2010），为考察农村信贷资金流动对经济包容性发展作用机制的时空滞后效应提供了思路。这些问题的解决不仅可以科学优化农村金融资源配置，为政府在农村金融市场化改革的背景下保障农村金融资源精准投入、降低收入不平等提供更多的政策选择。更重要的是，通过对不同空间位置、不同产业结构县域地区涓滴作用差异的研究，厘清农村信贷资金流动和经济包容性发展关系的规律。

目前，在金融发展与包容性发展方面国内外学者的研究取得了众多有价值的成果，但是从研究视角和研究方法来看，还有进一步完善的空间。首先，近 20 年来我国农村信贷资金经历了大规模流出和逐步回流的阶段性转变，兼具了政策设计和市场机制的双重特征，结合经济包容性发展内涵，建立两者的系统联系是本研究的新视角。其次，现有相关文献多以省域样本为研究对象，在政府主导的强制性制度变迁背景下基于县域层面考察县域信贷资金流动对金融包容性发展的异质性具有现实意义。最后，在研究方法上，现有研究多以分位数回归、系统矩估计、格兰杰因果检验、误差修正模型等方法进行估计，忽视了农村信贷资金流动的空间效应。空间经济计量理论（Anselin，1990）认为，一个地区空间单元上的某种经济地理现象或某一属性值与邻近地区空间单元上同一现象或属性值存在关联性。过往研究发现很多经济变量都具有空间依赖性或空间自相关性的特征，最新研究已将空间计量法用于解释金融产业集聚发展的空间效应（Baldwin 和 Martin，2001；周凯、刘帅，2013；任英华等，2010），基于涓滴效应机制运用空间动态面板模型检验农村信贷资金流动对经济包容性发展的影响，更加契合我国经济包容性发展助力乡村振兴的政策导向。本章的研究目标在于：一方面，检验县域信贷资金的流动是否有助于降低区域的农村贫困率；另一方面，检验县域信贷资金的流动是否有助于促进地区城乡居民收入差距的收敛。

8.3 农村信贷资金流动对经济包容性发展影响的计量模型构建

沿用 Ali 和 Son（2007）的观点，包容性发展不仅要创造新的经济机会，而且要确保这种机会能够平等地被社会所得，即机会平等地增长。根据经济包容性发展的内涵，本章主要从城乡收入不平等程度与农村贫困率两个角度来进行衡量，综合反映农村经济的包容性发展水平。

1. 单变量的空间分布特征分析

本章拟采用常见的 Moran's I 来分别考察农村信贷资金流动及经济包容性发展水平的空间分布特征。其计算公式如下：

$$I = \frac{n\sum_{i=1}^{n}\sum_{j=1}^{n}W_{ij}(Y_i - \bar{Y})(Y_j - \bar{Y})}{\sum_{i=1}^{n}(Y_i - \bar{Y})\sum_{i=1}^{n}\sum_{j=1}^{n}W_{ij}} \tag{8-1}$$

式（8－1）中，Y_i 为第 i 个地区的属性值，这里用农村信贷资金净流入占比来衡量农村信贷资金流动，以农村贫困发生率、城乡居民收入差距衡量经济包容性发展水平。W_{ij}为空间权重，为了避免结果受到先验确定权重方案的影响，研究选用 0－1 型空间权重矩阵 W_{cont}，即地理邻接型空间权重矩阵。如果两个县域相邻，则赋予权重为 1，如果两个县域不相邻，则赋予权重为 0。

当 Moran's I 值大于 0 时，表明该经济变量存在空间依赖性；当 Moran's I 值小于 0 时，表明存在空间异质性；当 Moran's I 值为 0 时，表明不存在空间相关性。Moran's I 显著性检验一般采用服从正态标准的 Z 统计量。观察农村信贷资金流动与经济包容性发展的空间分布特征，判断两者之间的空间关联度。

2. 农村信贷资金流动对经济包容性发展影响的空间效应检验

首先，通过各经济变量的空间自相关性检验，可初步判定农村信贷资金流动和经济包容性发展之间存在关联。鉴于经济社会现象广泛的持续性特征，农村信贷资金流动对经济包容性发展的作用应该是长期存在的，两者的变化与发展具有滞后效应，另外经济现象两两之间本身也会相互作用。鉴于此，本研究将衡量经济包容性发展的两个指标“农村贫困率”与“城乡居民收入差距”的空间滞后项引入解释变量，构建动态分析模型，其一是为满足包容性发展可能存在的滞后性要求，其二是让模型更全面、更细致地覆盖模型设定时未考虑到的其他潜在影响因素，最大限度地减少模型的设定偏差。接着，分别建立空间滞后模型（SAR）和空间误差模型（SEM），具体如下：

$$POV_{it} = \rho POV_{it} + \beta_1 NF_{it} + \beta_2 STR_{it} + \beta_3 EXP_{it} + \beta_4 EMP_{it} + \beta_5 GOV_{it} + \theta WX_{it} + \mu_{it} \quad (8-2)$$

$$GOI_{it} = \rho POV_{it} + \beta_1 NF_{it} + \beta_2 STR_{it} + \beta_3 EXP_{it} + \beta_4 EMP_{it} + \beta_5 GOV_{it} + \theta WX_{it} + \mu_{it} \quad (8-3)$$

$$\mu_{it} = \lambda W\mu_{it} + \varepsilon_{it}, \varepsilon \sim N(0, \sigma^2 I_n) \quad (8-4)$$

在式（8-2）和式（8-3）中，POV_{it}、GOI_{it}是被解释变量，分别为农村贫困率、城乡居民收入差距，反映经济包容性发展水平。NF_{it}表示农村信贷资金净流入量。下标 i 和 t 分别表示第 i 个县（市）和第 t 年。控制变量包括产业结构（STR_{it}）、对外开放程度（EXP_{it}）、就业水平（EMP_{it}）、政府经济行为（GOV_{it}）。μ_{it}是残差项，表示影响包容性发展的其他因素。ε_{it}是随机干扰项。W 为 $n \times n$ 阶的空间权重矩阵，ρ 为空间相关系数，λ 为空间误差系数。当 $\rho \neq 0$、$\theta = 0$ 且 $\lambda = 0$ 时为空间滞后模型（SAR）；当 $\rho = 0$、$\theta = 0$ 且 $\lambda \neq 0$ 时为空间误差模型（SEM）。

SAR 模型用于测度不同地区农村贫困率与城乡居民收入差距的空间关系是否由变量间的空间依赖性引起，ρ 为空间相关系数，反映相邻县域之间的溢出效应大小和方向，$\rho > 0$ 为溢出效应，$\rho < 0$ 为虹吸效应。SEM 模型测度的是不同地区农村贫困率与城乡居民收入差距的空间依赖性是否由空间误差扰动的相关性造成，λ 为因变量向量的空间误差系数，反映邻近空间单元之间的依赖程

度，其空间依赖作用存在于误差项之中，$\lambda > 0$ 为空间依赖性，$\lambda < 0$ 为空间异质性。

8.4 农村信贷资金流动对经济包容性发展影响的空间效应讨论

8.4.1 变量选取与说明

本章构建了江苏省 37 个县（市）2008—2015 年的面板数据集，囿于数据可得性，实证研究期间以 2008 年为基期，数据来源于 2009—2016 年《江苏统计年鉴》，并借助中国人民银行南京分行调查统计系统获取的经济金融数据，具有一定代表性和可信度。

被解释变量为农村贫困率与城乡居民收入差距。其中，农村贫困率采用农村居民人均生活消费支出占农村居民人均纯收入比例来衡量，根据持久收入的假说，家庭消费是与其持久收入有关。因此，现期消费可以是持久收入的一个很好的代理变量，从而可以成为持久性贫困的一种度量指标（Deaton，1997）。这种论点引发了一系列以消费为基础的贫困研究。姚建平（2012）指出消费支出比例法比较特殊，它以全部居民的消费支出为基础，因此，考虑了贫困者的经济分享问题。衡量家庭经济能力的指标是收入，消费支出只是收入的一部分。因此，消费支出比例法是相对贫困和绝对贫困的折中。我国在最低生活保障制度建立初期，最低生活保障线的制定采用绝对贫困定位很正常。但是随着经济的发展，让低保对象一定程度上分享社会经济发展成果的呼声越来越多。从理念上看，消费支出比例法与我国当前低保制度的发展形势比较契合。由于现有消费额数据无法分离食品支出与非食品支出，进而计算恩格尔系数，因此本章直接采用消费支出占比来反映家庭贫困情况。此外，城乡居民收入差距采用城镇居民人均可支配收入和农村居民人均纯收入的差与地区人均 GDP 的比值来衡量。2013 年，国家统计局“农村居民人均纯收入”统计口径改为了“农村居民人均可支配收入”，本章依据国家统计局的统计口径变化进行相应调整，即对 2013—2015 年的“农村居民人均可支配收入”仍沿用“农村居民人均纯收入”指标。核心解释变量为江苏省各县（市）2008—2015 年的县域信贷资金净流入，用县域信贷资金净流入占地区生产总值的比值来衡量。

控制变量选取了政府经济行为、产业结构、就业水平、开放程度等指标。公共支出是政府致力于贫困减缓的重要政策工具，如何有效地配置资源来扶持贫困人口脱贫从而实现发展成果由人民共享，是建设社会主义和谐社会的基本要求。本章采用各县（市）公共财政支出占地区生产总值来度量各县（市）政府经济行为。地区产业结构的变化对本地区居民收入水平的变化存在显著影响，因此选取各县（市）农业产值占地区生产总值比重反映县域产业结构。一个地区的就业状况往往是衡量该地区经济运行稳定性的重要指标，因此选取各县（市）就业人数反映县域就业水平。作为沿海贸易大省，江苏省对外开放程度不断提高，对外贸易依存度深刻影响着居民的收入水平，因此选取各县（市）进出口额占地区生产总值的比重来表示各县（市）的对外开放程度。各变量的定义与描述性统计如表 8 - 1 所示。

表 8 - 1　　变量选取与描述性统计

分类	变量名称	符号	变量定义	均值	标准差
被解释变量	农村贫困率	POV	农村居民人均生活消费支出/农村居民人均纯收入	0.691	0.095
	城乡居民收入差距	GOI	（城镇居民人均可支配收入 - 农村居民人均纯收入）/地区人均生产总值	0.237	0.075
解释变量	信贷资金流动	NF	地区信贷资金净流入/名义 GDP	-0.216	1.088
控制变量	产业结构	STR	农业增加值/地区生产总值	0.121	0.071
	就业水平	EMP	就业人数的对数	13.167	0.392
	对外开放程度	EXP	进出口额/地区生产总值	0.252	0.398
	政府经济行为	GOV	财政支出/地区生产总值	0.131	0.079
矩阵	空间邻近权重矩阵	W	根据江苏省 37 个县（市）构建的区域矩阵	—	—

表 8 - 1 是模型中相关变量的描述性统计，从被解释变量来看，一方面，农村贫困率均值为 0.691。据统计，2015 年全国居民人均消费支出（15712 元）占全国居民人均可支配收入（21966 元）比例为 71.53%，城镇居民人均消费支出（21392 元）占城镇居民人均可支配收入（31195 元）比例为 68.58%，农村居民人均消费支出（9223 元）占农村居民人均可支配收入（11422 元）比例为 80.75%，农村居民恩格尔系数为 33%。说明江苏省县域

的农村居民的生活消费支出整体较高，农村居民生活状况依然有待改善。另一方面，城乡居民收入差距的均值为 0.237，2015 年我国城乡收入差距平均为 0.402，居民人均可支配收入基尼系数为 0.462，说明县域内部的收入差距低于全国平均水平，但仍存在进一步缩小的空间。从解释变量来看，信贷资金流动的均值为 -0.216，且标准差较大，反映了江苏省县域间的信贷资金整体呈现净流出态势，且不同县域间资金流入流出的相对水平差异大。

8.4.2 农村信贷资金流动对农村贫困率影响的空间效应检验

1. 空间相关性检验

检验样本数据是否适用空间计量方法前，首先应检验指标本身是否存在空间自相关性，即农村贫困率、城乡居民收入差距和信贷资金净流入三个指标各自是否存在空间自相关性。若指标本身存在空间自相关性，该研究适用于空间计量方法。本章采用全局 Moran's I 检验上述三个变量的空间相关性。运用 Stata13.0 计量软件分别测算 2008—2015 年江苏省 37 个县（市）的农村贫困率、城乡居民收入差距和信贷资金净流入的全局 Moran's I 以检验其空间自相关性，检验结果如表 8 -2 所示。当 Moran's I 大于 0 时，表示数据呈现空间正相关，值越大，空间相关性越明显；当 Moran's I 小于 0 时，表示数据呈现空间负相关，值越小，空间差异越大；当 Moran's I 为 0 时，表示数据在空间上呈随机性。

表 8 -2　　空间自相关性检验结果

年份	Moran's I		
	农村贫困率	城乡居民收入差距	信贷资金净流入
2008	0.508***	0.523***	-0.097
2009	0.227*	0.370**	-0.006
2010	0.292**	0.341***	0.033
2011	0.320**	0.319**	0.031
2012	0.478***	0.303**	0.027
2013	0.441***	0.275**	0.003
2014	0.277**	0.216*	-0.003
2015	0.279**	0.191*	-0.006

注：***、**、*分别表示在 1%、5%、10% 的显著性水平下通过假设性检验。

从检验结果来看，2008—2015 年农村贫困率与城乡居民收入差距的

Moran's I 均大于 0，且拒绝“无空间自相关”的原假设，表示农村贫困率与城乡居民收入差距并非完全随机分布，均具有明显的空间自相关性。该结果说明，具有相似的属性聚集在一起，在江苏县域层面农村贫困率较高和城乡居民收入差距较大的县（市）相互邻近，而农村贫困率较低和城乡居民收入差距较小的县（市）相互邻近。但信贷资金净流入指标的 Moran's I 在 0 左右浮动，且未通过显著性检验，表示随机分布，不存在空间自相关性。说明江苏省各县域间的资金流动缺乏空间相关性，存在一定程度的地区分割。Moore 等（1989）以及 Hughes（1992）等学者利用乘数效应模型证明，在既定的利率水平和地理空间下，信贷资金是具有空间效应的。在此基础上，本章进一步考察了农村信贷资金流动与农村贫困率、城乡居民收入差距在空间上的关联性。

2. 信贷资金流动对农村贫困率影响的空间效应检验结果

首先，判断模型选择随机效应抑或固定效应。对 2008—2015 年江苏省 37 个县（市）面板数据进行计量检验和结果分析。在不考虑空间相关性的条件下对普通面板数据进行 Hausman 检验。根据 Stata13. 0 计量软件的结果，在普通面板中，模型 Hausman 检验值为 10. 76，且在 10% 的显著性水平下通过显著性检验，表明模型选择固定效应回归更合适。在空间面板中，SAR 和 SEM 两个模型的 Hausman 检验值均在 5% 的显著性水平下通过检验，结果如表 8 - 3 所示。

表 8 - 3　　农村信贷资金流动影响农村贫困率的估计结果

变量	农村贫困率		
	(1) 普通面板	(2) SAR	(3) SEM
信贷资金流动	-0. 009 ** (-2. 15)	-0. 010 *** (-2. 57)	-0. 010 *** (-2. 69)
产业结构	0. 227 (1. 50)	-0. 042 (-0. 34)	-0. 110 (-0. 78)
就业水平	-0. 028 (-0. 81)	-0. 019 (-0. 85)	-0. 020 (-0. 85)
对外开放程度	0. 044 (1. 22)	0. 046 * (1. 93)	0. 052 * * (2. 06)
政府经济行为	-0. 020 (-0. 46)	-0. 038 (-0. 91)	-0. 040 (-0. 97)

续表

变量	农村贫困率		
	(1) 普通面板	(2) SAR	(3) SEM
常数项	0.915 (1.82)	0.906 (1.80)	0.921 (1.92)
ρ/λ		0.173*** (3.27)	0.176*** (3.01)
R^2	0.13	0.14	0.16
LogL		437.18	436.40
观测值	296	296	296

注：***、**、*分别表示在1%、5%、10%的显著性水平下通过假设性检验，括号内为t（z）值。

其次，观察核心解释变量。由表8-3可知，信贷资金流动分别在1%和5%的显著性水平下通过检验，且系数为负，表明信贷资金的净流入对农村贫困减缓有显著的正向作用。Beck等（2007）认为金融准入对促进包容性增长具有重要作用。低收入人群和小企业往往无法从正规金融渠道获得贷款，投资于健康、教育等方面的资金严重不足。农村信贷资金供给的增加，降低了金融机构信贷配给的程度，使得低收入人群获得支付、融资、理财、保险等金融服务的成本降低，促进他们参与金融市场，获得平等的收入增长机会。事实上，包容性经济增长的内涵就是要让包含相对贫困阶层的所有人都能分享到经济发展的成果和红利，从这个角度来看，县域信贷资金的流动进一步降低了农村地区的贫困率，让低收入人群更多地从金融的发展中获益，反映了经济的包容性增长。

由于空间滞后模型的对数似然值大于空间误差模型，所以此处选择空间滞后模型的空间相关系数对结果进行解释。在空间滞后模型中，空间自相关系数为正，说明江苏省县域的农村贫困率存在显著的空间溢出效应，本地区的农村贫困率的降低会带动周边县区农村贫困率下降。这反映了一个现实情况，我国贫困人群中，有一半人口分布在集中连片区域，主要分布在各省市边缘地区，外部辐射力量弱。这些区域不仅贫困人口规模比较大，还存在生态环境脆弱、基础设施和公共服务落后的问题。因此，在扶贫开发的过程中可将自然环境放到重要的地位。改变扶贫政策的“大水漫灌”，将宏观的扶贫政策根据贫困地区和人口的现实条件和状况再次细化，使扶贫资源能够真正精准“渗入”被扶助对象。

最后，在控制变量方面，对外开放程度对农村贫困率的作用在普通面板模型中未通过显著性检验，但在空间模型中均通过显著性检验，表明在考虑空间因素时，对外开放程度越深，本地农村贫困率越高。可能的原因是贫困地区交通、通信等设施的落后，束缚着商品交换的总量和频率，同时也束缚着任何产业的发展。根据贸易理论，在市场经济条件下（帕累托最优），资源与要素的禀赋（以及它们的流动性）是一个地区生产结构的重要决定因素（李春涟和吕维戬，2002）。县域对外开放程度越高，流出农村地区的信息、人力和物力等生产要素越多，进而造成农村地区的持续“失血”。其他控制变量不显著。

8.4.3　农村信贷资金流动对城乡居民收入差距影响的空间效应检验

首先，判断模型选择随机效应抑或固定效应。根据 Stata13.0 计量软件的结果，在普通面板中，模型 Hausman 检验值为 166.25，且在 1% 的显著性水平下拒绝原假设。因此，固定效应回归更合适。在空间面板中，SAR 和 SEM 两个模型的 Hausman 检验值均在 1% 的显著性水平下通过检验，故选择空间面板固定效应回归，其结果如表 8－4 所示。

表 8－4　　农村信贷资金流动影响城乡居民收入差距的估计结果

变量	城乡居民收入差距		
	(4) 普通面板	(5) SAR	(6) SEM
信贷资金流动	0.007** (2.55)	0.005*** (3.27)	0.006*** (3.74)
产业结构	1.762*** (18.71)	0.762*** (7.34)	0.747*** (5.83)
就业水平	0.014 (0.63)	0.059*** (4.10)	0.084*** (5.06)
对外开放程度	−0.032 (−1.42)	−0.056*** (−3.65)	−0.050*** (−3.13)

续表

变量	城乡居民收入差距		
	(4) 普通面板	(5) SAR	(6) SEM
政府经济行为	0.024 (0.90)	0.013 (0.75)	0.015 (0.96)
常数项	1.595 (7.28)	1.409 (5.96)	1.326 (6.24)
ρ/λ		0.417*** (9.13)	0.446*** (7.58)
R^2	0.58	0.54	0.43
LogL		761.99	749.76
观测值	296	296	296

注：***、**、*分别表示在1%、5%、10%的显著性水平下通过假设性检验，括号内为t(z)值。

其次，观察核心解释变量。从表8-4可知，信贷资金流动变量分别在1%和5%的显著性水平下通过检验且系数为正，表明县域信贷资金净流入反而扩大了城乡居民收入差距，可能的原因是信贷资金净流入虽然能使得农村贫困人口获益，但是相比农村贫困人口，城镇人口获益更大。即县域资金流向城镇居民的份额更多，而流向低收入农户的份额较少。对于城镇居民而言，信贷约束的缓解有利于其创业实施，获取更高的收入；对于农户而言，信贷约束的缓解有利于降低辍学率、提高人力资本及增加农业生产物资的购买，收入提升效应不如城镇居民。在空间滞后模型中，空间滞后系数为正，说明城乡居民收入差距存在显著的空间溢出效应，本地城乡居民收入的缩小会影响到周边县域城乡居民收入差距的缩小。其隐含的政策含义是，应重视县域之间和城乡之间的空间地理联系，通过完善交通设施促进区域要素流动和经济联系。

最后，控制变量方面，在考虑空间因素的条件下，产业结构变量系数为正，且通过了显著性检验，说明第一产业的发展加剧了城乡居民收入差距，可能的原因是传统农业的弱质性导致了农户的低收入，“谷贱伤农”也会导致农户收入降低。实证研究表明，并不是所有的经济增长都能减贫，只有经济增长是持续的，广大劳动者都能从中受益，劳动收入在经济增长中占较高份额时，才能实现广泛的减贫。因此，农户就业机会的增长主要反映在第二、第三产业就业机会增长，这也揭示了农村第一、第二、第三产业融合发展，是拓宽农民增收渠道，构建现代农业产业体系的重要举措。就业水平变量系数为正，且通过了显著性检验，表明就业水平增加不利于缓解城乡收入差距，可能的原因是就业人数统计口径主要来源于县（市）的城镇地区，城镇居民工资性收入高于农户务农的收入，因此就业水平的提升加大了城乡居民收入差距。Ravallion（2004）、Kakwani 和 Son（2004）等提出了“利贫式增长”，即通过收入再分配让贫困人口受益。给我们带来的启示是，伴随着农地经营权流转，农村剩余劳动力向非农产业转移。通过改善产业结构，提高第三产业比重，创造更多的就业机会，能够让更多农户参与到经济增长的过程。成为城镇新市民是提高农户收入的重要渠道，也是经济工业化和农村城镇化下的必然趋势。对外开放程度变量系数为负，且通过了显著性检验，对外开放程度的扩大则有助于缓解城乡居民收入差距。通过几个控制变量的表现，可以发现县域经济存在显著的涓滴效应。

8.4.4　农村信贷资金流动影响经济包容性发展的区域异质性检验

南北发展不平衡是制约江苏经济社会发展的瓶颈。江苏省“十三五”扶贫开发的重点主要是农村低收入人口、省定经济薄弱村、扶贫开发重点片区和扶贫开发重点县（区）四类对象，大部分集中在苏北地区。从农民收入差距来看，2017 年苏南地区农村人均可支配收入达到 26795 元，而苏北地区只有 16517 元，只是苏南的 61.64%。这与苏北自然条件、地理位置等因素有关，也与长期以来江苏发展的侧重点在苏南的政策导向有关，再加上苏北经济落后形成的人们观念上的差异，这些都造成了苏北相对落后的面貌。

自 1985 年至今，苏北扶贫开发工作大致经历三个阶段：一是扶贫攻坚阶段，目标是解决困难农户的温饱问题；二是致力于消除绝对贫困现象全面推广阶段，主要是“十二五”时期以年收入 4000 元为目标的扶贫开发，“十二五”期间全省 4000 元以下低收入农户已全部脱贫；三是扶贫奔小康攻坚阶段，在此阶段苏北扶贫开发工作是以解决帮扶对象收入不高、可支配收入低和实现基本公共服务均等为主要目的。《江苏省“十三五”农村扶贫开发规划》在金融扶贫方面，指出要继续“完善扶贫小额贷款贴息奖励政策，面向建档立卡低收入农户，将农户单户贷款额度由1万元提高到2万元。扩大扶贫贷款认定范围，涵盖已实现脱贫的上期建档立卡农户，设定2~3年观察期，在观察期内持续提供扶贫贷款支持。鼓励各类银行业金融机构为低收入农户提供免抵押、免担保的小额信用贷款，针对低收入农户资金需求特点，灵活确定贷款期限，合理确定贷款额度。支持经济薄弱地区开展特色农产品价格保险，有条件的地方可给予一定保费补贴”“建立健全经济薄弱地区融资风险分担和补偿机制，鼓励有条件的地方设立扶贫贷款风险补偿基金和担保基金，专项用于低收入农户贷款以及带动其就业的家庭农场、种养大户、专业合作社和产业化龙头企业等新型农业经营主体贷款的风险补偿”。

囿于样本量的限制，为检验县域范围内信贷资金流动对农村贫困率、城乡居民收入差距的影响是否存在区域异质性，模型中进一步增加了“是否属于苏北地区”这个虚拟变量。由于在空间模型基准回归中空间滞后模型的对数似然值大于空间误差模型，所以此处选用空间滞后模型，即SAR模型分别进行回归，回归结果如表8-5所示。

表8-5　　信贷资金流动影响经济包容性发展的区域异质性估计

变量	(7) 农村贫困率	(8) 城乡居民收入差距
信贷资金流动	-0.009** (-2.23)	0.005** (2.72)
是否苏北	-0.084*** (-3.01)	-0.060*** (-0.87)
控制变量	控制	控制
常数项	0.856 (2.93)	0.450 (2.81)
ρ	0.143* (2.67)	0.576*** (15.82)
R^2	0.27	0.49
LogL	441.44	637.31
观测值	296	296

注：***、**、*分别表示在1%、5%、10%的显著性水平下通过假设性检验，括号内为t(z)值。

由表8-5可知，在考虑了控制变量的情况下，一是苏北县域的贫困率显著低于苏南和苏中地区。可能的原因是，近年来农村脱贫攻坚是党和政府工作的重点之一，脱贫是农村振兴的基础和前提。江苏省的脱贫政策倾向经济相对落后的苏北地区，精准扶贫政策取得显著成效，使得苏北县域贫困状况显著改善。二是苏北县域的城乡收入差距显著低于苏南和苏中地区。可能的原因是，苏北县域微观主体以农业为主要产业，内部收入差距小。但是苏南和苏中县域产业结构多元，微观主体的收入来源包括工资性收入、财产性收入、经营性收入等多种类型，内部收入差距大。加之市场化本身的马太效应会继续加剧贫富分化，尤其是财富增长以房产、矿产资源等为载体，资本收益呈几何级数增长，导致经济发达地区高收入群体与“底部横盘”的劳工阶层的收入拉开差距。

8.5　本章小结

本章基于2008—2015年江苏省37个县（市）样本，从农村贫困率和城乡居民收入差距的视角，运用空间计量模型分析了县域信贷资金流动对于经济包容性发展的影响。

从整体来看，信贷资金流动不具有显著的空间自相关性，即县域间资金流动存在地理分割。从空间上看，降低金融准入提高了农村信贷资金的净流入，对低收入人群和高收入人群均会受益。对低收入人群而言，信贷供给增加，缓解了融资约束问题，降低了贫困；对高收入人群而言，由于他们具备更高的创收能力，信贷资金的边际受益比低收入人群更大。这也会导致城乡收入差距变大。

但是，从产业结构、就业水平、对外开放指标看，信贷资金流入对经济发展存在涓滴效应，高收入人群创造了更多的就业机会，能够让农户参与到经济增长的过程。同时，信贷资金流动对经济包容性发展的影响存在显著的空间溢出效应，因此金融扶贫政策的实施应重视县域之间和城乡之间的空间地理联系。从区域异质性的角度看，经济欠发达的苏北县域的农村贫困率和城乡居民收入差距均显著低于经济较发达的江苏省其他县域。

第9章　总结与建议

9.1　全书总结

本书以准入制度变迁下的农村信贷资金流动为研究主题，基于农业经济学、金融学、发展经济学、区域经济学等相关理论，综合运用空间计量模型、三阶段 DEA 模型、系统 GMM 估计等方法研究农村金融资源配置问题。本书分析了不同地区银行网点布局的空间特征以及由此导致的信贷资金流动趋势，以农信社为例阐述了准入政策变化对其支农行为的影响，考察农村金融资源配置的效率，并评价了信贷资金流动对县域经济包容性发展的影响。主要结论包括：

1. 县域银行网点布局具有空间相关性，且在不同时期及不同类型银行表现为空间依赖性和异质性的差异化特征。

首先，农村金融市场存在分割性的观点得到证实，受行政分割、金融机构管理体制等因素制约，金融机构的横向联动有限，县域银行网点数的局部自相关性不强，但随着金融市场分割程度的减弱，银行网点数的全局自相关性逐渐增强。各类银行因功能定位不同，在机构布局及演进方面存在显著差异，相关性呈现大型银行 > 股份制银行 > 城商行 > 农信社 > 邮储银行的趋势。

其次，县域银行网点已呈现一定程度的空间集聚。分机构看，在准入制度放松的背景下，县域大型银行网点分布从随机分散向金融集聚转变，呈现高—高集聚和低—低集聚两种模式的分化；股份制银行与城商行从县域金融供给不足逐步向经济强县延伸，网点分布趋于集中化。高—高、低—高和高—低三种金融集聚模式并存的状态体现了这两类银行网点空间分布的异质性；农信社网点分布从时空上表现为空间依赖性与空间异质性并存的状态；邮储银行网点分布呈现随机分布状态，强调区域均衡，这符合邮政储蓄机构的基本特征和服务本质。

2. 基于异质性空间理论，县域银行网点分布会受到相邻县（市）银行分布的影响，且不同所有制银行在网点分布上坚持不同的效率—公平原则。

整体而言，县（市）的银行网点分布和经济环境会对其相邻的县（市）产生明显的溢出效应。分机构看，本地法人机构农信社的网点布局存在空间虹吸效应，并能对其他银行入驻县域市场产生理性羊群效应；非本地法人银行的县域网点布局则存在空间溢出效应；大型银行在股份制改革过程中，逐步实现了集约化经营，在城乡广泛分布网点的前提下更加注重效益导向；股份制银行和城商行设立网点时尚未关注金融公平；国有独资性质的邮储银行在关注金融公平时却难以兼顾金融效率。除此之外，银行网点分布也存在人口分布、信息技术水平和地方政府经济行为等因素的影响。

3. 县域银行网点布局对农村信贷资金流动的影响存在区域异质性和机构异质性。

整体而言，县域银行业金融机构网点的增设会增加农村信贷资金净流入的规模。存款市场的竞争会导致农村资金净流出规模增加，只有形成贷款市场竞争才能抑制农村资金净流出。分机构而言，本地法人银行增设网点有益于扩张本地市场份额，抑制资金外流，表现为引水渠效应；股份制银行增设网点由于逐利动机倾向于在系统内转移本地资金，表现为抽水机效应；放宽市场准入前，大型银行的集权式信贷管理模式导致大型银行县域网点成为农村信贷资金外流的主渠道，放宽市场准入后，大型银行“三农”金融事业部的业务下沉模式则有利于大型银行县域网点的本地信贷投放。分地区而言，经济发达县域银行网点的增设形成了市场内部的同质化竞争，引起农村资金净流出规模增加，而经济欠发达县域银行网点的增设则通过提升市场内部的差异化竞争，减少了信贷资金规模的净流出。

4. 准入制度变迁通过改变农村信贷市场结构进而影响农信社的支农行为。

准入制度的变迁促进农村信贷市场结构更趋于竞争，市场结构是影响农信社信贷配置行为的重要因素。整体而言，遵循 SCP 理论范式，市场准入门槛降低后，农村信贷市场竞争度变高，农信社支农力度会增大。分区域看，经济发达的苏南地区符合最优金融结构理论，市场竞争度越高，农信社农户贷款相对规模减小，苏南地区以私营经济发达著称，外部竞争者进入县域金融市场后，往往会追随农信社强化企业贷款市场的经营决策；经济欠发达的苏北地区市场竞争度越高，农信社农户贷款的绝对规模和相对规模都会扩大，苏北县域银行网点数较少，网点边际效用显著，显著提高了农户贷款覆盖面。

5. 县域农村金融资源配置效率源于农村金融制度的完善且存在收敛性。

整体而言，农村金融效率整体水平不低，农村金融综合效率有效主要源于农村金融制度的不断完善，综合效率无效主要由规模不经济性引起，且受外部环境制约明显。从截面看，金融发展存在地区不平衡性，农村金融效率表现出由南至北依次递减的梯级分布特征。对地方经济发展、农业产业比重、政府经济行为及金融市场竞争等外部环境的改善，有利于减少金融资源投入冗余，提高资源配置与运行效率。随着时间推移，农村金融综合效率、纯技术效率和规模效率在全体、苏中和苏北样本中均表现为绝对 β 收敛趋势，但经济发达的苏南地区效率收敛趋势不显著。

6. 县域信贷资金净流入降低了农村贫困，但是扩大了城乡收入差距。

首先，县域信贷资金流动不具有显著的空间相关性，即县域间缺乏充分的流动性。其次，信贷资金流动对农村贫困率和城乡居民收入差距的影响存在显著的空间溢出效应。县域信贷资金的净流入缓解了农村居民的融资约束，降低了农村贫困率；但是城镇居民因县域信贷资金净流入的获益更高，导致城乡收入差距扩大。从区域异质性的角度看，苏北县域的农村贫困率和城乡居民收入差距均显著低于苏南和苏中地区。

9.2 对策建议

基于上述结论，本书提出以下的对策建议，以期为未来中国农村金融改革和发展提供理论依据和实操借鉴。

9.2.1 重视空间要素作用，引导信贷资金流入县域农村

第一，在选择县域金融协调发展路径时，应重视空间要素的作用。充分利用区位优势、制度溢出和空间依赖等地理条件，打破行政区划的局限，扩大金融辐射强度，发挥市场在资源配置中的基础作用，促进金融资源在更大范围内优化配置。

第二，重视农信社在县域发展初期的虹吸作用，积极引导其他银行进入县域金融市场，增加农村金融供给，发展普惠金融事业。《关于做好2016年农村金融服务工作的通知》（银监办发〔2016〕26号）中，明确提出支持优质农村商业银行跨区设立分支机构，实现经营管理经验的复制和推广，这对提高欠发达地区金融发展水平及促进区域金融协调发展具有积极作用。

第三，加快互联网基础设施建设，补充实体网点。商业银行以效益为导向的网点布局战略可能会带来欠发达地区和弱势群体的金融排斥问题。借助信息和通信技术的进步，进行渠道资源创新，降低银行运营成本，最终实现农村金融公平和效率两大目标。

9.2.2　优化银行物理网点布局，完善农村金融市场体系

第一，应引导不同类型银行形成差异化的市场定位，力图形成“多层次，有主导，广覆盖”的市场格局。由于资金、技术和市场定位的差异，不同的银行不可能在不同的农村金融市场上达到相同的贷款水平。根据“最优金融结构”理论，以中小金融机构为主的金融结构更适合向农村经济主体提供贷款。对本地法人银行而言，一方面，提高信贷支农的政策要求，例如2019年1月银保监会发布《关于推进农村商业银行坚守定位强化治理提升金融服务能力的意见》，要求新增贷款用于当地的比例大于等于70%，涉农及小微企业贷款占比逐年上升至超过80%。另一方面，降低民间资本的准入门槛，较高的门槛限制不利于吸引资本流向农村地区。以2006年准入的村镇银行为例，其发起人制度限定单一非金融机构企业法人及其关联方持股比例不得超过10%，弱化了民间资本参与农村金融的积极性。对大型银行而言，自身资本实力雄厚且占有政策优势，根据2017年《政府工作报告》中“鼓励大中型商业银行设立普惠金融事业部”的要求，应简化决策过程、下沉业务资源、下放决策权限。

第二，不同地区金融供给主体结构的选择应以适应地区经济需求为依据。经济发达的农村地区宜选择需求追随型金融供给模式，这些地区金融一体化程度较高，市场竞争对微观主体经济行为具有较强的约束力。经济欠发达的农村地区宜选择供给领先型金融供给模式。在农村金融市场竞争不太充分的条件下，逐步增加地方法人银行和大型银行的县域物理网点甚至线上网点，培育金

融市场及完善金融体系。

第三，农村资金外流不只与县域银行网点布局有关，归根结底还是农村金融市场体系建设的问题。金融当局和地方政府应主动承担农村金融市场的拓荒成本，政府可以通过制定农村信贷风险适度转移分散等金融优惠政策及农业产业优惠政策引导农村资金回流。健全农村金融的法律法规，有条件地放开农村金融市场利率，完善农村金融市场的生态环境，最终提升农村金融服务的供给水平。

9.2.3 完善监管激励约束措施，强化农信社金融支农主力军的作用

农信社在农村经济发展中发挥着金融主力军的作用。由于特殊的体制和市场定位，农信社肩负着政策性支农和市场化盈利的双重任务，既不能因过分强调支农而无法实现可持续发展，又不能只顾追逐经营绩效而改变支农的本质。

第一，农信社应不断优化资源配置，统筹企业业务，积极拓展支农业务，大力推进土地承包经营权、宅基地使用权抵押贷款等相关业务落地，扩大支农业务的覆盖面。

第二，农信社应因地制宜开展切合当地经济社会发展现状的相关业务，并强化风险控制，防范不良贷款。对经济发达的地区，农信社应在信贷支持企业客户的同时，合理控制低风险和高风险部门的信贷比例，完善信贷考核指标，有效防范非农部门的信贷风险；对经济欠发达的地区，农信社应发挥本土优势，积极参与农村征信制度建设，不断拓宽客户群，加大涉农信贷投放，促进农民增收、农业增效。对监管部门而言，可以适度放宽支农贷款的风险容忍度。例如，《关于调整商业银行贷款损失准备监管要求的通知》（银监发〔2018〕7号）中明确提出按“同质同类、一行一策”的原则制定银行贷款损失准备的监管要求，《关于做好2018年“三农”和扶贫金融服务工作的通知》（银监发〔2018〕46号）进一步提出涉农贷款、精准扶贫贷款不良率高出自身各项贷款不良率年度目标2个百分点（含）以内的，可不作为银行内部考核评价的扣分因素，并要求各银行业金融机构制定和完善涉农、扶贫金融服务尽职免责制度，这些政策措施为农信社兼顾政策性支农和市场化盈利目标提供了可能。

第三，在利率市场化进程中，农信社应摒除利率“一浮到顶”的单一定价法，而是根据管理费用、风险成本和市场竞争等因素调整利率水平，发挥利率差异化定价对信贷支农的正向作用，增强农信社的可持续发展能力。

9.2.4　释放技术创新的溢出效应，提高农村金融效率

第一，重视金融资源空间分布不平衡的问题。一方面，积极发挥农村先进管理制度和经验溢出效应，支持优质农村商业银行跨区设立分支机构，实现经营管理经验的复制和推广，对提高其他地区农村金融纯技术效率具有积极作用。另一方面，加大农村金融资源投入力度，欠发达地区涉农银行业金融机构尤其要专注服务本地、服务县域、服务社区，当年新增可贷资金应主要用于当地。

第二，兼顾效率和公平，尤其是对金融资源的普惠与机会均等的需要，进一步深化金融资源配置体制改革。统筹协调区域金融经济的发展，发挥财政资金公益性和无偿性的引动作用，用少量的财政补贴来引导大规模的信贷资金投入，同时突破农村金融供给统一的框架，实行区域适度差异的农村金融改革与发展策略。

第三，改善外部环境，保持农村地区经济稳定，积极调整农业产业结构，推进农业产业链和价值链建设，积极发展农产品加工业和农业生产性服务业。建立涉农银行业金融机构服务“三农”的激励约束机制，推动农村金融机构回归本源，适当逐级下放贷款审批权限，避免投入冗余或不足。兼顾农村金融数量和质量的发展目标，最终实现金融资源和经济资源的帕累托优化。

9.2.5　发挥信贷资金的涓滴效应，促进农村经济包容性发展

第一，注重区域金融协调发展。由于不同地区农村贫困率和城乡居民收入差距存在高—高集聚和低—低集聚等局部连片效应，政策制定应考虑到这种局部连片效应，突出苏南地区产业发展以及金融模式创新等方面的示范引领作用，以技术、人才等方式强化优势的外向溢出，从而实现优化区域经济发展的平衡性。

第二，提高低收入人群信贷可得性。在收益成本导向下，县域金融资源优先向高收入人群倾斜。一方面，建立统一的农村征信体系，消除金融机构与农

户之间的信息不对称、降低金融市场的交易成本；激励农户在信贷过程中做到“守信用、讲诚信”，以提高金融机构对农户放贷的意愿。另一方面，提高农户专业技能，积极开展生产经营活动；完善移动互联网等数字金融基础设施，发展数字普惠金融，提高农户参与金融市场的概率。

第三，完善金融发展与居民收入的传导机制，发挥涓滴效应。在城镇化的背景下，引导资金流入县域，促进高收入人群创业或扩大生产，从而增加低收入人群就业机会，进而提高他们的工资性收入。同时，切实提高农民工保障水平，注重农户自身“造血”能力的培养。

参考文献

[1] 部慧，梁小珍，皮理．我国金融业区域发展差异的空间统计分析［J］．系统工程理论与实践，2014（5）：1171－1180.

[2] 白钦先．金融可持续发展研究导论［M］．北京：中国金融出版社，2001.

[3] 巴红静，管伟军．我国农村信贷资金外流问题探析［J］．农村经济，2009（12）：66－70.

[4] 巴曙松，刘孝红，牛播坤．转型时期中国金融体系中的地方治理与银行改革的互动研究［J］．金融研究，2005（5）：25－37.

[5] 白澄宇．农村金融改革与创新并举——2017 年中央一号文件研读笔记［N］．中华合作时报，2017－2－10（B01）.

[6] 曹源芳，谢惠珍，汪祖杰．金融地理对区域金融稳定的作用机理：基于金融功能观的分析视角［J］．经济体制改革，2012（4）：47－51.

[7] 陈鹏，刘锡良．当前农村利率机制是有效的吗？［J］．中国农村经济，2009（11）：39－59.

[8] 蔡卫星．分支机构市场准入放松、跨区域经营与银行绩效［J］．金融研究，2016（6）：127－141.

[9] 褚保金，莫媛．金融市场分割下的县域农村资本流动——基于江苏省 39 个县（市）的实证分析［J］．中国农村经济，2011（1）：88－96.

[10] 董晓林，徐虹．我国农村金融排斥影响因素的实证分析——基于县域金融机构网点分布的视角［J］．金融研究，2012（9）：115－126.

[11] 丁志国，徐德财，赵晶．农村金融有效促进了我国农村经济发展吗［J］．农业经济问题，2012（9）：50－57＋111.

[12] 丁洲锋，孙习祥，聂鸣．小额信贷支农探讨［J］．宏观经济研究，2006（1）：50－52＋58.

[13] 傅鹏，张鹏．金融发展减贫的门槛效应与区域差异——来自中国的经验数据［J］．当代财经，2016（6）：55－64.

[14] 冯林，王家传，蔡超．金融资源配置差异视角的城乡二元解释［J］．农业经济问题，2013（1）：34－38.

[15] 房付洋，谢元态．我国农村资金净流出及其原因分析［J］．经济师，2016（7）：10－13.

[16] 高传胜．论包容性发展的理论内核［J］．南京大学学报（哲学·人文科学·社会科学版），2012（1）：32－39＋158－159.

[17] 黄惠春，褚保金．我国县域农村金融市场竞争度研究［J］．金融研究，2011（8）：167－177.

[18] 黄惠春，杨军．县域农村金融市场结构与农村信用社绩效关系检验——基于GMM动态面板模型［J］．中国农村经济，2011（8）：63－71.

[19] 黄永兴，徐鹏，孙彦骊．金融集聚影响因素及其溢出效应——基于长三角的实证分析［J］．投资研究，2011（8）：111－119.

[20] 黄惠春．金融市场准入与农信社信贷支农关联：苏北样本［J］．改革，2011（2）：49－54.

[21] 何德旭，饶明．金融排斥性与我国农村金融市场供求失衡［J］．湖北经济学院学报，2007（5）：54－60＋66.

[22] 焦瑾璞，陈瑾．建设中国普惠金融体系——提供全民享受现代金融服务的机会和途径［M］．北京：中国金融出版社，2009.

[23] 焦兵．农村金融需求的结构性与层次性分析［J］．学术界，2007（1）：141－145.

[24] 江曙霞，刘忠璐．资本质量会影响银行贷款行为吗？［J］．金融研究，2016（12）：63－77.

[25] 鞠荣华，肖迪．农户贷款拖累农村信用社的经营绩效吗？［J］．中国农业大学学报，2017，22（9）：174－182.

[26] 贾春新，夏武勇，黄张凯．银行分支机构、国有银行竞争与经济增长［J］．管理世界，2008（2）：7－14.

[27] 纪志宏．存贷比地区差异研究［J］．金融研究，2013（5）：12－31.

［28］蓝虹，穆争社．我国农村信用社改革绩效评价——基于三阶段 DEA 模型 Malmquist 指数分析法［J］．金融研究，2016（6）：159－175.

［29］李西江．经济结构调整及金融工具选择：缘自地区间差异［J］．改革，2012（8）：25－30.

［30］李小三，徐鸣．关于县域经济的理论思考［J］．江西社会科学，2000（3）：84－89.

［31］李钊，王舒健．金融聚集理论与中国区域金融发展差异的聚类分析［J］．金融理论与实践，2009（2）：40－44.

［32］李林，丁艺，刘志华．金融集聚对区域经济增长溢出作用的空间计量分析［J］．金融研究，2011（5）：113－123.

［33］李喜梅．放松管制、银行竞争与区域经济增长［J］．中国软科学，2013（9）：187－192.

［34］李富有，金娟．资金流失：新农村建设中的瓶颈解析——以西安农村地区为例［J］．甘肃社会科学，2011（3）：240－243.

［35］罗斯丹，陈晓，姚悦欣．我国普惠金融发展的减贫效应研究［J］．当代经济研究，2016（12）：84－93.

［36］林毅夫，姜烨．发展战略、经济结构与银行业结构：来自中国的经验［J］．管理世界，2006（1）：29－40＋171.

［37］林毅夫，刘明兴．经济发展战略与中国的工业化［J］．经济研究，2004（7）：48－58.

［38］林毅夫，李志赟．中国的国有企业与金融体制改革［J］．经济学（季刊）．2005（3）：913－936.

［39］林毅夫，孙希芳，姜烨．经济发展中的最优金融结构理论初探［J］．经济研究，2009，44（8）：4－17.

［40］柳宗伟，毛蕴诗．基于 GIS 与神经网络的商业银行网点选址方法研究［J］．商业经济与管理，2004（9）：55－59.

［41］梁琪，张孝岩，过新伟．中国金融市场基准利率的培育——基于构建完整基准收益率曲线的实证分析［J］．金融研究，2010（9）：87－105.

［42］刘莉亚，余晶晶，杨金强，朱小能．竞争之于银行信贷结构调整是双刃剑吗？——中国利率市场化进程的微观证据［J］．经济研究，2017，52

(5)：131－145.

[43] 刘伟，黄桂田．银行业的集中、竞争与绩效 [J]．经济研究，2003 (11)：14－21＋91.

[44] 刘伟玲．黑龙江省农村信贷资金流动效率分析 [J]．理论探讨，2008 (6)：98－100.

[45] 吕捷，郭俊杰，唐忠．利率管制放开会加速资本的离农化吗 [J]．管理世界，2016 (12)：47－59.

[46] 黎翠梅，曹建珍．中国农村金融效率区域差异的动态分析与综合评价 [J]．农业技术经济，2012 (3)：4－12.

[47] 李春涟，吕维戬．关于贫困地区对外开放的再思考 [J]．经济问题探索，2002 (2)：34－36.

[48] 刘自敏，张昕竹，杨丹．我国省级政府卫生投入效率的时空演变——基于面板三阶段 DEA 模型的分析 [J]．中央财经大学学报，2014 (6)：97－104.

[49] 刘小玄，周晓艳．金融资源与实体经济之间配置关系的检验 [J]．金融研究，2011 (2)：57－70.

[50] 刘芳．从金融资源配置角度看经济欠发达地区的资金外流金融 [J]．金融研究，2002 (9)：129－134.

[51] 龙海明，唐怡，凤伟俊．我国信贷资金区域配置失衡研究 [J]．金融研究，2011 (9)：54－64.

[52] 米运生，吕立才，马安勤．深化对外开放与西部跨越式发展——基于 FDI 选择因素的实证分析 [J]．重庆工商大学学报（西部论坛），2007，17 (3)：9－13.

[53] 莫媛，周月书．农户正规信贷需求的利率弹性及其异质性分析 [J]．华南农业大学学报（社会科学版），2019，18 (2)：109－121.

[54] 莫媛，徐虹．农村金融发展中的区域市场分割研究：江苏样本 [J]．南京农业大学学报（社会科学版），2012 (3)：34－40.

[55] 彭小辉，史清华．"卢卡斯之谜"与中国城乡资本流动 [J]．经济与管理研究，2012 (3)：65－72.

[56] 彭继增，吴玮．资本监管与银行贷款结构——基于我国商业银行的

经验研究［J］. 金融研究，2014（3）：123－137.

［57］平新乔，李森. 资源禀赋、收入分配与农村金融发展的关联度［J］. 改革，2017（7）：137－150.

［58］孙犇，宋艳伟. 官员晋升、地方经济增长竞争与信贷资源配置［J］. 当代经济科学，2012，34（1）：46－57＋125－126.

［59］石盛林. 县域金融密度与经济增长的实证研究：基于垄断竞争的解释［J］. 中央财经大学学报，2011（4）：39－44.

［60］史彦龙，庞如超. 我国农村信贷资金配置效率实证研究［J］. 合作经济与科技，2012（17）：64－65.

［61］师荣蓉，徐璋勇. 农村信用社成本效率及其影响因素研究——来自陕西省81个区县的统计数据［J］. 农业技术经济，2012（3）：78－85.

［62］唐明知，潘丽丽. 金融支持县域经济发展问题研究［J］. 区域金融研究，2018（3）：38－41.

［63］谭燕芝，陈彬，田龙鹏，黄向阳. 什么因素在多大程度上导致农村金融排斥难题——基于2010年中部六省667县（区）数据的实证分析［J］. 经济评论，2014（1）：25－37.

［64］田杰，陶建平. 农村金融密度对农村经济增长的影响——来自我国1883个县（市）面板数据的实证研究［J］. 经济经，2012（1）：108－111.

［65］钱小安. 市场化改革中的资金配置机制、结构及其影响［J］. 金融研究，2004（3）：16－27.

［66］任英华，徐玲，游万海. 金融集聚影响因素空间计量模型及其应用［J］. 数量经济技术经济研究，2010（5）：104－115.

［67］苏理云，冉莹，吴婷婷. 重庆农村金融与经济发展的相关性研究——基于VAR模型的实证分析［J］. 重庆理工大学学报（自然科学版），2014（12）：127－133.

［68］孙永强. 金融发展、城市化与城乡居民收入差距研究［J］. 金融研究，2012（4）：98－109.

［69］宋立新，任厚，樊吉. 宏观经济周期的微观视角：县域金融案例研究［J］. 金融研究，2003（11）：111－118.

［70］谭庆华，冈玉红. 政策性金融的引导—虹吸—扩张机制及相关政策

探讨［J］．广东商学院学报，2004（4）：67－73.

［71］谭燕芝，彭千芮．普惠金融发展与贫困减缓：直接影响与空间溢出效应［J］．当代财经，2018（3）：56－67.

［72］王雪冬．包容性增长理论的研究现状及未来展望［J］．经济研究参考，2018（37）：61－66.

［73］王烨．我国农村金融市场准入制度研究［D］．北京：首都经济贸易大学，2013.

［74］王东静，张祥建．利率市场化、企业融资与金融机构信贷行为研究［J］．世界经济，2007（2）：50－59.

［75］汪小亚．寻求低成本的农村金融服务［J］．甘肃金融，2009（12）：4－7.

［76］伍艳．我国信贷资金区域间非均衡流动分析［J］．经济纵横，2006（12）：12－14.

［77］王曙光，王东宾．双重二元金融结构、农户信贷需求与农村金融改革——基于11省14县市的田野调查［J］．财贸经济，2011（5）：38－44＋136.

［78］王振山．银行规模与中国商业银行的运行效率研究［J］．财贸经济，2000（5）：19－22.

［79］王擎，吴玮，黄娟．城市商业银行跨区域经营：信贷扩张、风险水平及银行绩效［J］．金融研究，2012（1）：141－153.

［80］王汉杰，温涛，韩佳丽．深度贫困地区农村金融与农户收入增长：益贫还是益富？［J］．当代财经，2018（11）：44－55.

［81］王汉杰，温涛，韩佳丽．深度贫困地区农村金融能够有效缓解农户内部收入差距吗［J］．金融经济学研究，2018（5）：117－128.

［82］王修华，关键．中国农村金融包容水平测度与收入分配效应［J］．中国软科学，2014（8）：150－161.

［83］温涛，刘达．农村金融扶贫：逻辑、实践与机制创新［J］．社会科学战线，2019（2）：65－71＋281＋2.

［84］温红梅，姚凤阁，常晶．基于四阶段DEA的农村金融效率评价——来自中国县域数据的实证分析［J］．苏州大学学报（哲学社会科学版），2014

(1): 107-112.

[85] 汪旭晖. 次贷危机影响下的中国农村信贷体系优化 [J]. 财贸经济, 2009 (3): 39-44.

[86] 熊德平, 陆智强, 李红玉. 农村金融供给、主发起行跨区经营与村镇银行网点数量——基于中国865家村镇银行数据的实证分析 [J]. 中国农村经济, 2017 (4): 30-45.

[87] 熊娜, 陈池波, 杜辉. 农业补贴对农村金融市场的"挤出效应"——理论分析与实证检验 [J]. 中南财经政法大学学报, 2011 (5): 102-107+144.

[88] 肖斌卿, 李心丹, 颜建晔. 商业效率与社会效率: 替代还是互补? ——基于农村商业银行的面板数据检验 [J]. 复旦学报 (社会科学版), 2017, 59 (5): 117-129.

[89] 薛星. 欠发达地区存贷款运行失衡的原因与对策思考 [J]. 金融纵横, 2006 (4): 23-25.

[90] 许圣道, 田霖. 我国农村地区金融排斥研究 [J]. 金融研究, 2008 (7): 195-206.

[91] 谢平, 徐忠. 公共财政、金融支农与农村金融改革——基于贵州省及其样本县的调查分析 [J]. 经济研究, 2006 (40): 106-114.

[92] 谢超峰, 范从来, 王泽亚. 发达地区的益贫式增长: 以长江三角洲为例 [J]. 南京大学学报 (哲学·人文科学·社会科学版), 2017 (4): 24-38+157.

[93] 徐忠, 程恩江. 利率政策、农村金融机构行为与农村信贷短缺 [J]. 金融研究, 2004 (12): 34-44.

[94] 晏宗新. 我国银行业监管体系分析——基于监管偏好与反管制的视角 [J]. 中国工业经济, 2009 (12): 36-45.

[95] 杨满沧. 中国农村资本流动研究 [M]. 河南人民出版社, 2006.

[96] 余壮雄, 杨扬. 市场向西、政治向东——-中国国内资本流动方向的测算 [J]. 管理世界, 2014 (6): 53-64.

[97] 岳改之. 我国商业银行分支机构市场准入问题探讨 [J]. 金融理论与实践, 2002 (1): 25-26.

[98] 易远宏．农村空心化趋势的资金外流综合测度与分析［J］．统计与决策，2013（19）：91－94.

[99] 姚建平．基于消费支出比例的最低生活保障线研究［J］．人口与经济，2012（1）：78－85.

[100] 杨国中，李木祥．我国信贷资金的非均衡流动与差异性金融政策实施的研究［J］．金融研究，2004（9）：119－133.

[101] 杨振山，文辉，蔡建明．从投入产出视角看城乡经济关系的发展与演变［J］．经济地理，2011（8）：1294－1300.

[102] 余新平，熊晶白，熊德平．中国农村金融发展与农民收入增长［J］．中国农村经济，2010（6）：77－86＋96.

[103] 袁云峰，贾康，徐向东．金融竞争相对资本深化与地区经济效率［J］．统计研究，2012（3）：45－53.

[104] 张传勇．资源要素流动配置与城乡一体化发展——基于我国省际面板数据的实证分析［J］．财经论丛，2011（6）：3－8.

[105] 周天勇．增加农民收入，关键在哪里——读中央一号文件［J］．政策瞭望，2004，（3）：6－7.

[106] 周月书，韩乔．农村商业银行股权结构、信贷行为与经营绩效——以江苏省为例［J］．中国农村观察，2016（1）：51－62.

[107] 赵峦，孙文凯．农信社改革对改善金融支农的政策效应评估——基于全国农户调查面板数据的倍差法分析［J］．金融研究，2010（3）：194－206.

[108] 赵平．中国贷款利率自由化与中小企业贷款供给约束——基于S－W贷款供给曲线的理论分析［J］．经济理论与经济管理，2014（8）：78－88.

[109] 赵庆庆．论反垄断法中行政垄断的界定［J］．甘肃政法成人教育学院学报，2004（4）：16－18.

[110] 张强，陶江，吴敏．中国商业银行网点布局绩效研究——基于主要商业银行的比较［J］．金融研究，2012（5）：123－135.

[111] 张兵，曹阳．商业可持续、支农力度与农村信用社新一轮制度变迁——基于苏南农村商业银行的实证分析［J］．中国农村经济，2010（6）：87－96.

［112］张宗益，吴恒宇，吴俊．商业银行价格竞争与风险行为关系——基于贷款利率市场化的经验研究［J］．金融研究，2012（7）：1－3＋5－14.

［113］张世晓．金融资源配置与区域经济差异的关联度［J］．改革，2008（1）：92－96.

［114］中国人民银行徐州市中心支行课题组，薛星．信贷资金区域流动能力与有效配置的江苏案例［J］．上海金融，2007（8）：36－39.

［115］张晓山，何安耐．关于农村金融体制改革的几点思考［J］．农业经济问题，2002（9）：41－45.

［116］张兵，翁辰．农村金融发展的减贫效应——空间溢出和门槛特征［J］．农业技术经济，2015（9）：37－47.

［117］张满红．对陇南地区国有商业银行分支机构市场退出情况的调查［J］．西安金融，2002（9）：42－58.

［118］张婧，沈玉芳，刘曙华等．区域金融协调发展研究——基于长三角经济一体化的实证［J］．地域研究与开发，2010（5）：33－38.

［119］张永刚，张茜．基于 DEA 方法的农村金融效率研究［J］．经济问题，2015（1）：60－63＋113.

［120］张静．当前县域经济资金运作机理、金融缺陷及对策［J］．金融研究，2006（9）：43－52.

［121］张杰．改革中的中国金融组织空间结构分析［J］．当代经济科学，1996（5）：1－11.

［122］钟笑寒，汤荔．农村金融机构收缩的经济影响——对中国的实证研究［J］．经济评论，2005（1）：109－115.

［123］赵洪丹，朱显平．农村金融、财政支农与农村经济发展［J］．当代经济科学，2015（5）：96－108＋127－128.

［124］周凯，刘帅．金融资源空间集聚对经济增长的空间效应分析——基于中国省域空间面板数据的实证分析［J］．投资研究，2013（1）：75－88.

［125］祝小平．论商业性农村金融机构的适度规模［J］．金融研究，2003（9）：121－129.

［126］Anselin，L. Spatial Dependence and Spatial Structural Instability in Applied Regression Analysis［J］. Journal of Regional Science，1990，30（2）：

185 -207.

[127] Awusabo - Asare K. , S. K Annim, A. M. Abane and D. Asare - Minta. Who is Reaching Whom? Depth of Outreach of Rural Micro Finance Institutions in Ghana [J] . International NGO Journal, 2009, 4 (4): 132 -141.

[128] Agca S. , Mozumdar, A. The Impact of Capital Market Imperfections on Investment - cash Flow Sensitivity [J] . Journal of Banking&Finance, 2008, 32 (2): 207 -216.

[129] Aghion, P. , Angeletos, G. M. and Banerjee, A. and Manova, K.. Volatility and Growth: Credit Constraints and Productivity - Enhancing Investment [C] . NBER Working Paper, 2005.

[130] Anselin, L. Spatial Dependence and Spatial Structural Instability in Applied Regression Analysis [J] . Journal of Regional Science, 1990, 30 (2): 185 -207.

[131] Anselin, L. Spatial Econometrics: Methods and Models [J] . Dordrecht, Kluwer Academic Publishers, 1988, 3.

[132] Abrams, B. A. , M. Z. Clarke and R. F. Settle. The Impact of Banking and Fiscal Policies on State - Level Economic Growth [J] Southern Economic Journal. 1999, 66 (2): 367 -378.

[133] Adams, M. and D. Hillier. The Effect of Captive Insurer Formation on Stock Returns: An Empirical Test from the UK [J] . Journal of Banking and Finance, 2000, 24 (11): 1787 -1807.

[134] Alfaro, L. , S. Kalemli - Ozcan and V. Volosovych. Why doesnt Capital Flow from Rich to Poor Countries? An Empirical Investigation [J] . The Review of Economics and Statistics, 2008, 90 (2): 347 -368.

[135] Ali, I. and H. H. Son. Measuring Inclusive Growth [J] . Asian Development Review, 2007, 24 (1): 11 -31.

[136] Aghion, P. and P. Bolton. A Theory of Trickle - down Growth and Development [J] . The Review of Economic Studies, 1997, 64 (2): 151 -172.

[137] Aghion P. , P. Howitt and D. Mayer - Foulkes. The Effect of Financial Development on Convergence: Theory and Evidence [J] . The Quarterly Journal of

Economics, 2005, 120 (1): 173 - 222.

[138] Altman, E. I. and A. Saunders. Credit Risk Measurement: Developments over the Last 20 years [J]. Journal of Banking and Finance, 1997, 21 (11): 1721 - 1742.

[139] Beck, T. and R. Levine. Stock Markets, Banks, and Growth: Panel Evidence [J]. Journal of Banking and Finance, 2004, 28 (3): 423 - 442.

[140] Boyreau - Debray, G. and S. J. Wei. Pitfalls of a State - dominated Financial System: The Case of China [C], NBER Working Paper No. 11214, 2005.

[141] Bond, S. R., A. Hoeffler and J. R. Temple. GMM Estimation of Empirical Growth Models [C]. CEPR Discussion Paper No. 3048, London: CEPR.

[142] Bruche, M. and C. Gonzalez - Aguado. Recovery Rates, Default Probabilities, and the Credit Cycle [J]. Journal of Banking and Finance, 2010, 34 (4): 754 - 754.

[143] Baldwin R., P. Martin. Global Income Divergence, Trade and Industrialization: The Geograpgy of Growth Take - offs [J]. Journal of Economic Growth, 2001, 6 (1): 5 - 37.

[144] Beck T., A. De La Torre. The Basic Analytics of Access to Financial Services [J]. Financial Markets, Institutions & Instruments, 2007, 16 (2): 79 - 117.

[145] Birdsall, N.. Reflections on the Macro Foundations of the Middle Class in the Developing World, Working Paper, No. 130, Centre for Global Development, Washington D. C., 2007.

[146] Brevoort, K. P., and T. H. Hannan. Commercial Lending and Distance: Evidence from Community Reinvestment Act Data [J]. Journal of Money, Credit, and Banking, 2006, 38 (8): 1991 - 2012.

[147] Burgess, R., R. Pande. Do Rural Banks Matter? Evidence from the Indian Social Banking Experiment [J]. The American Economic Review, 2005, 95 (3): 780 - 795.

[148] Besley T., Coate S. How do Market Failures Justify Interventions in Rural Credit Markets [J]. World Bank Research Observer, 1994, 9 (1): 27 - 47.

[149] Benston G. J. Economies of Scale of Financial Institutions [J]. Journal of Money Credit & Banking, 1972, (4) 2: 312 -341.

[150] Berger A. N. The Profit - structure Relationship in Banking: Tests of Market - power and Efficient - structure Hypotheses [J]. Journal of Money Credit & Banking, 1995, 27 (2): 404 -431.

[151] Burton A Abrams, Margaret Z Clarke, Russell F Settle. The Impact of Banking and Fiscal Policies On State - Level Economic Growth [J]. Southern Economic Journal, 1999, 66 (2): 367 -378.

[152] Chang, A., S. Chaudhuri, J. Jayaratne. Rational Herd and the Spatial Clustering of Bank Branches: an Empirical Analysis [R]. Federal Reserve Bank of New York, Research Paper 9724.

[153] Crawford, R. J. A Comparison of the Internal Urban Spatial Pattern of Unit and Branch Bank Offices [J]. The Professional Geographer, 1973, 25 (4): 353 -356.

[154] Calomiris, Charles. Do "Vulnerable" Economies Need Deposit Insurance? Lessons from U. S. Agriculture in the 1920s. If Texas Were Chile: A Primer on Banking Reform. [J]. San Francisco: Institute for Contemortary Studies, 1992, 237 -349.

[155] Calomiris, Charles. U. S. Banking Deregulation in Historical Perspective [M]. New York: Cambridge University Press, 2000.

[156] Chiorazzo, V., C. Milani and F. Salvini. Income Diversification and Bank from Italian Banks [J]. Journal Of search, 2008, 33 (3): 181 -203

[157] Demirguc - Kunt, A., E. Feyen and R. Levine. Optimal Financial Structures and Development: The Evolving Importance of Banks and Markets [C]. World Bank, mimeo, 2011.

[158] Davis, E. P. International Financial Centers: an Industrial Analysis [R]. Bank of England Discussion Paper, 1990, 50 -57.

[159] Dymski, G. A., J. M. Veitch. Financial Transformation and the Metropolis: Booms, Busts, and Banking in Los Angeles [J]. Environment and Planning A, 1991, 28 (7): 1233 -1260.

[160] Deaton, A. S.. The Analysis of Household Surveys: A Microeconomic Approach to Development Policy [M]. Baltimore: The John Hopkins University Press, 1997.

[161] Dehejia, R, L leras - Muney, A. Financial Development and Pathways of Growth: State Branching and Deposit Insurance Laws in the United States, 1900 - 1940 [J]. The Journal of Law and Economics, 2007, 50 (2): 239 - 271.

[162] Emilia, A. M. and A. W. Robert J. Financial Sector Development and Economic Growth in New Zealand [J]. Applied Economics Letters, 2001, 8 (8): 545 - 549.

[163] Fleming J M. Domestic Financial Policies under Fixed and under Floating Exchange Rates [C]. IMF Staff Papers, 1962, 9 (3): 369 - 380.

[164] Fried H. O., Lovell C., Schmidt S. S., Yaisawarng S. Accounting for Environment Effects and Statistical Noise in Data Envelopment Analysis [J]. Journal of Productivity Analysis, 2002, 17 (1): 157 - 174.

[165] Fortheringham, A., S., Brunsdon, C., Charlton, M. Quan - titative Geography: Perspectives on Spatial Data Analysis [M]. SAGE Publications LTD, London, 2000.

[166] Galor, O, and J. Zeira. Income Distribution and Macroeconomics [J]. The Review of Economic Studies, 1993, 60 (1): 35 - 52.

[167] Gehrig, T. Banking Relations, Competition and Research Incentives [C]. Center for Financial Institutions Working Papers 00 - 14, Wharton School Center for Financial Institutions, University of Pennsylvania, 2000.

[168] Gollinger, T. L. and J. B. Morgan. Calculation of an Efficient Frontier for a Commercial Loan Portfolio [J]. The Journal of Portfolio Management, 1993, 19 (2): 39 - 46.

[169] Gehrig, T. Competing Market [J]. European Economic Review, 1998, 42 (2): 277 - 310.

[170] Gonzalez - Vega C. Deepening Rural Financial Markets: Macroeconomic, Policy and Political Dimensions [C]. Paving the Way Forward for Rural Finance an International Conference on Best Practices, Washington, DC. 2003: 2 - 4.

[171] Guiso, L., P. Sapienza and L. Zingales. Does Culture Affect Economic Outcomes [J]. Journal of Economic Perspective, 2006, 20 (2): 23 -48.

[172] Greenwood, J. and Jovanovic, B. Financial Development, Growth, and the Distribution of Income [J]. NBER Working Paper, 1989.

[173] Hannan, T. H., and G. A. Hanweck. "Recent Trends in the Number and Size of Bank Branches: An Examination of Likely Determinants" [J]. FEDS Working Paper, 23 (2): 155 -164.

[174] Hansen N - J. H., O. Sulla. Credit Growth in Latin America: Financial Development or Credit Boom [C]. IMF Working Papers WP/13/106. Washington, DC., United States: International Montery Fund.

[175] Hauswald, R. and R. Marquez. Competition and Strategic Information Acquisition in Credit Markets [J]. The Review of Financial Studies, 2006, 19 (3): 967 -1000.

[176] Hirschman, A. O., The Strategy of Economic Development [M]. New Haven, CT: Yale University, 1958.

[177] Jayaratne, J., and P. E. Strahan. The Finance Growth Nexus: Evidence from Bank Branch Deregulation [J]. The Quarterly Journal of Economics, 111 (3): 639 -670.

[178] Jayaratne, J., Strahan, p. Entry Restrictions, Industry Evolution, and Dynamic Efficiency: Evidence from Commercial Banking [J]. Journal of Law and Economics, 1998, 41: 239 -273.

[179] Jayaratne, J. and Philip S. The Benefits of Branching Deregulation [J]. Economic Policy Review, 1997, 22 (1): 13 -29.

[180] Kakwani, N. and H. H. Son. Pro - poor Growth: Concepts and Measurement with Country Case Studies [J]. The Pakistan Development Review, 2004, 42 (4): 417 -444.

[181] Keskin H. D., and Z. Abdioglu. Factors Affecting the Geographical Distribution of Bank Branches in Turkey [J]. European Journal of Social Sciences, (4): 23 -38.

[182] Koetter M, Wedow M. Finance and Growth in a Bank - based Econo-

my: Is It Quantity or Quality That Matters [J]. Journal of International Money & Finance, 2010, 29 (8): 1529-1545.

[183] King, R. G., R. Levine. Finance and Growth: Schumpeter Might be Right [J]. Quarterly Journal of Economics, 1993, 108 (3): 717-738.

[184] Kuzets, S. International Differences in Capital Formation and Financing [J]. National Bureau of Economic Research, 1955, 55 (2): 17-110.

[185] Leon, F. Does Bank Competition Alleviate Credit Constraints in Developing Countries [J]. Journal of Banking and Finance, 2015, 57 (8): 130-142.

[186] Leyshon, A., P. Signoretta, D. Knights, C. Alferoff, D. Burton. Walking with Moneylenders: The Ecology of the UK Home-collected Credit Industry [J]. Urban Studies, 1955, 43 (1): 161-186.

[187] Leite, P. G. and M. Ravallion. Poverty Reduction without Economic Growth?: Explaining Brazil's Povety Dynamics, 1985-2004 [J]. Journal of Development Economics, 2010, 93 (1): 20-36.

[188] Love, I. and M. S. M Peria. How Bank Competition Affects Firms' Access to Finance [J]. The World Bank Economic Review, 2015, 29 (3): 413-448.

[189] Lothian, J. R. Institutions, Capital Flows and Financial Integration [J]. Journal of International Money and Finance, 2006, 25 (3): 1-12.

[190] Leyshon, A., N. Thrift. Financial Exclusion and the Shifting Boundaries of the Financial System [J]. Environment and Planning A, 1996, 28 (7): 1150-1156.

[191] Lensink R. The Allocative Efficiency of the Formal Versus the Informal Financial Sector [J]. Applied Economics Letters, 1996, 3 (3): 163-165.

[192] Lothian, J. R. Institutions, Capital Flows and Financial Integration [J]. Journal of International Money and Finance, 2006, 25 (3): 1-12.

[193] Lothian, J. R. The Internationalization of Money and Finance and the Globalization of Financial Markets [J]. Journal of International Money and Finance, 2002, 21 (6): 699-724.

[194] Lanzillotti, R. F, T. R. Saving. State Branching Restrictions and A-

vailability of Branching Services Comment [J]. Journal of Money, Credit and Banking, 1969, 1 (4): 778 -788.

[195] McKinnon, R. I. Money and Capital in Economic Development [M]. Washington, DC: Brookings Institution, 1973.

[196] Moore, D. E., R. Summer, J. D. Byerlee. Sliding Behavior and Deformation Textures of Heated Illite Gouge [J]. Journal of Structural Geology, 1989, 11 (3): 329 -342.

[197] Mundell, R A.. International Trade and factor mobility [J]. The American Economic Review, 1957, 47 (3): 321 -335.

[198] Myrdal, G. The Trend Towards Economic Planning [J]. The Manchester School, 1951, 19 (1): 1 -42.

[199] Nurkse, R. Problems of Capital Formation in Underdeveloped Countries [M]. New York: Oxford University Press, 1953.

[200] Owyong, D. T. and A. S. Iyer. Risk Characteristics of Emerging Market Bonds [R]. MSCI Barra Research Paper No 2010 -11, 2010.

[201] Patrick, H. T. Financial Development and Economic Growth in Underdeveloped Countries [J]. Economic Development and Cultural Change, 1966, 14 (2): 174 -189.

[202] Park, Y. S. International Banking and Financial Centers [M]. Boston Kluwer Academic Publishers, 1989.

[203] Paxton J. Technical Efficiency in the Rural Financial Sector: Evidence from Mexico [J]. Journal of Developing Areas, 2006, 39 (2): 101 -119.

[204] Panagariya, A. Bank Branch Expansion and Poverty Reduction [C]. A Comment, Working Paper, 2006.

[205] Ravallion, M. Pro -poor Growth: A Primer [C]. Policy Research Working Paper 3242, World Bank, 2004.

[206] Sanya, S. and S. Wolfe. Can Banks in Emerging Economies Benefit from Revenue Diversification? [J]. Journal of Financial Services Research, 2011, 40 (1 -2): 79 -101.

[207] Sanya, S. and S. Wolfe. Can Banks in Emerging Economies Benefit

from Revenue Diversification? [J] . Journal of Financial Services Research, 2011, 40 (1-2): 79-101.

[208] Sehrawat, M. and A. K. Giri. Financial Development, Poverty and Rural-urban Income Inequality: Evidence from South Asian Countries [J] . Quality and Quantity, 2016, 50 (2): 577-590.

[209] Shaw, E. S. Financial Deepening in Economic Development [M] . Washington, DC: Brookings Institution, 1973.

[210] Spoor, M. and A. Khaitov. Agriculture, Rural Development and Poverty [R] . in: Macroeconomic Policy and Poverty Reduction: The Case of Uzbekistan. Consultancy Report for UNDP, Tashkent, 2003.

[211] Srinivasan, A. and R. L. Meyer. An Empirical Analysis of Rural Deposit Mobilization in South Asia [J] . Economics and Sociology Occasional Paper No. 1249, Department of Agricultural Economics and Rural Sociology, The Ohio State University, 1986.

[212] Tobler, W. R. A Computer Movie Simulating Urban Growth in the Detroit Region [J] . Economic Geography, 1970, 46 (2): 234-240.

[213] Townsend, R. M. and K. Ueda. Financial Deepening, Inequality, and Growth: A Model-based Quantitative Evaluation [J] . The Review of Economic Studies, 2006, 73 (1): 251-293.

[214] Tschoegl, A. E. International Banking Centers, Geography, and Foreign Banks [J] . Financial Markets, Institutions & Instruments, 2000, 9 (1): 1-32.

[215] Uryasev, S. and G. Serraino. Risk-return Optimization with Different Risk-aggregation Strategies [J] . Journal of Risk Finance, 2010, 11 (2): 129-146.

[216] Van den Heuvel, S. J. The Welfare Cost of Bank Capital Requirements [J] . Journal of Monetary Economics, 2008, 55 (2): 298-320.

[217] Wurgler J. Financial Market and the Allocation of Capital [J] . Journal of Financial Economics, 2000, 58 (2): 187-214.

[218] Yaron, J. M. Benjamin, G. Piprek. Rural Finance: Issue, Design,

and Best Practices [M]. Environmentally Sustainable Development Studies and Monograph No. 14, Washington, D. C.: World Bank, 1992.

[219] Yaron, J. What makes Rural Finance Institutions Successful? [J]. The World Bank Research Observer, 1994, 9 (1): 49-70.

[220] Yildirim, H. S. and G. C. Philippatos. Competition and Contestability in Central and Eastern European Banking Markets [J]. Managerial Finance, 2007, 33 (3): 195-209.

后　记

本书获得了南京大学应用经济学博士后流动站、中国博士后基金面上项目（2019M661802）、国家自然科学基金项目（71403116、70973055）、江苏高校哲社科题一般项目（2019SJA0266）和全国统计科学研究项目（2022LZ09）的支持和资助。

在本书出版之际，首先感谢南京大学商学院沈坤荣教授，在沈教授的《经济增长专题》课上，老师的悉心指导和同学们的热烈讨论极大地促进了我的学术思考，丰富了我的知识结构，带我理解了充满创见的理论和概念框架。沈教授严谨的学术态度和广博的学识，以及同学们互动共修的同仁学风，使我获益良多。这份宝贵经历带来的视野突破和思维拓展，为我未来的学术探索形成了重要启发和影响。此外，感谢南京农业大学金融学院周月书教授在写作过程中提供的宝贵意见和建议，周教授的学识、睿智与严谨，是我学习和追求的楷模。南京财经大学金融学院张雪萍、陈晶仪、陈张霞、慕京、高鹏等同学参与了数据整理和分析，本书的顺利出版也有他们的一份贡献。感谢南京大学应用经济学博士后流动站张浩老师、路瑶老师和南京大学博管办魏强老师、胡民众老师给予的诸多关心和帮助。

最后，感谢所有曾经给予我们关心、帮助和支持的单位和个人，这里不再一一列出。祝愿大家在未来的日子里事业顺利，收获丰硕。

莫媛

2022 年 12 月